普通高等院校"十三五"规划教材

市场调查与预测

SHICHANG DIAOCHA
YU YUCE

刘一书　周丽娟　宋　微◎主　编
陈文满　曹慧娟　徐　旭◎副主编
李　晓◎参　编

清华大学出版社
北京

内 容 简 介

随着市场经济的发展和当代社会企业竞争的加剧,市场调查与预测已经成为社会经济管理和企业经营决策不可或缺的重要内容。本书基于"以实践任务驱动,理论支持与系统实践相融"的原则进行整体设计与内容构建。全书共有 11 个项目,包括认识市场调查工作、设计市场调查方案、选择市场调查方法、设计市场调查问卷、选择市场调查组织方式、组织实施市场调查、整理与分析市场调查资料、认识市场预测、实施定性预测、实施定量预测和撰写市场调查报告。

本书适合应用型高等院校的市场营销、工商管理、国际经济与贸易、国际商务等专业的学生使用,也能够满足经管大类所有学生及企业市场调查工作初级从业人员的学习和培训需求。

图书在版编目(CIP)数据

市场调查与预测 / 刘一书,周丽娟,宋微主编. —北京:清华大学出版社,2018(2023.1重印)
(普通高等院校"十三五"规划教材)
ISBN 978-7-302-51124-3

Ⅰ.①市… Ⅱ.①刘… ②周… ③宋… Ⅲ.①市场调查-高等学校-教材 ②市场预测-高等学校-教材 Ⅳ.①F713.52

中国版本图书馆 CIP 数据核字(2018)第 201473 号

责任编辑:刘志彬
封面设计:汉风唐韵
责任校对:宋玉莲
责任印制:丛怀宇

出版发行:清华大学出版社
   网 址:http://www.tup.com.cn,http://www.wqbook.com
   地 址:北京清华大学学研大厦 A 座   邮 编:100084
   社 总 机:010-83470000   邮 购:010-62786544
   投稿与读者服务:010-62776969,c-service@tup.tsinghua.edu.cn
   质量反馈:010-62772015,zhiliang@tup.tsinghua.edu.cn
印 装 者:三河市科茂嘉荣印务有限公司
经 销:全国新华书店
开 本:185mm×260mm   印 张:15.75   字 数:378 千字
版 次:2018 年 8 月第 1 版   印 次:2023 年 1 月第 8 次印刷
定 价:48.00 元

产品编号:079058-01

前　言

应用型高等教育旨在根据社会经济发展的需要，为社会培养高素质和高层次的应用型、技能型人才。随着市场经济的发展和当代社会企业竞争的加剧，市场调查与预测已经成为社会经济管理与企业经营决策不可或缺的重要内容。社会需求的扩大也对高等教育应用型人才的培养提出了更高的要求。为了适应这种要求，本书基于"以实践任务驱动，理论支持与系统实践相融"的原则进行了整体设计与内容构建。

本书以应用型高等院校的市场营销、工商管理、国际经济与贸易、国际商务等专业的学生为主要读者对象，兼顾经管大类所有学生及企业市场调查工作初级从业人员的学习和培训需求。考虑读者对象的特点和要求，本书重点突出以下特点。

1. 突出实践目标与主题，实现真实任务引领

本书以市场调查与预测职业分析为基础，以市场调查活动过程为导向，围绕"明确调查选题—设计调查方案—全面组织实施—提交调查成果"的真实市场调查与预测过程展开教学，引领学生对职业内容和工作环境产生感性认识，建立知识与职业的直接联系。

2. 体现"学中做"与"做中学"，知识与能力相融共生

本书设置了认识市场调查工作、设计市场调查方案、选择市场调查方法、设计市场调查问卷、选择市场调查组织方式、组织实施市场调查、整理与分析市场调查资料、认识市场预测、实施定性预测、实施定量预测、撰写市场调查报告共 11 个项目，每个项目都根据真实的市场调查和预测活动设置了若干任务。在介绍市场调查和预测的基本理论和基本方法的同时，力图把这些理论和方法与企业的市场营销实践相结合，帮助学习者构建知识体系和提高实践能力。

3. 强调团队学习与自主学习，全面强化学习者素质

根据市场调查与测验相关岗位的工作特点，本书强化了团队学习的要求，将课后实训设置为团队任务，旨在提高学习者的团队意识和团队协作能力，以全面强化学习者的素质。

　　本书由刘一书、周丽娟、宋微任主编，陈文满、曹慧娟、徐旭任副主编，李晓参与编写。在编写本书的过程中，我们参考了多本教材及多处参考资料，在此对原作者表示衷心的感谢。鉴于编者水平有限，书中不足之处在所难免，敬请广大读者批评指正，以便再版修订。

编　者

目 录

项目一

认识市场调查工作

学习目标 ☞

1. 了解市场调查的定义和特点；

2. 了解市场调查的产生与发展过程，以及发展前景；

3. 了解市场调查工作的重要性；

4. 掌握市场调查的内容；

5. 掌握市场调查的类型；

6. 了解市场调查的原则、程序和基本要求。

案例引入

万家乐缘何"乐"不下去了？

"万家乐，乐万家"，这曾是一句风靡全中国、数次被评为中国十大广告创意的广告词。这句广告词的创作者万家乐公司一度被视为"新粤货"的代表企业，可是由于投资决策和品牌经营的重大失误，致使这家新兴企业在刚刚度过十周年生日之际就被迫踏上了被收购的道路。

1988年，万家乐诞生于广东"四小虎"之一的顺德市（现顺德区）。顺德是我国著名的小家电城，加工能力之强、制造企业之多无出其右。在1997年6月于北京召开的"顺德名优产品博览会"上，人们再次为下面的数字所惊愕：电风扇产量占全国1/3；微波炉产量占全国1/3；电饭锅产量占全国1/2；电冰箱产量占全国1/8；热水器产量占全国1/2。不过，这些数字的背后却掩藏着一个令人担忧的事实：产业严重同构，盲目投资趋多。有消息说，顺德有11个镇都设有电风扇厂，有6个镇同时上马空调厂，另有四五个镇一起申报了摩托车项目。

1993年以后，随着万家乐的崛起，顺德市一夜之间冒出无数燃气具生产企业，仅经政府批准并领有"身份证"的企业就多达30家，而招之即来、挥之即去的地下工厂更是无法统计。万家乐在这些有形、无形的竞争对手的夹击下，虽然苦苦保持了国内市场1/3份额的"大哥"级地位，但经营成本始终无法降下来。而与此同时，由于竞争企业急剧增多，热水器的售价逐年下降，这也让万家乐难以提高主营业务的利润水平。

与市场的无序竞争相比，经营决策上的失误是导致万家乐最终走向萎缩的根本原因。20世纪90年代中期以来，国内热水器市场逐渐出现电热水器走俏的趋势。然而，作为业界老大，万家乐出现了判断上的重大失误——决策层始终坚持发展燃气热水器的思路。据统计资料显示，1997年，万家乐电热水器产量只有6.5万台，是燃气热水器产量的1/8。失去先机等于失去生机，万家乐由此逐渐失去市场主导权。

"万家乐"品牌效应的低效使用是其品牌经营策略上的又一失误。股份公司在"万家乐"品牌的使用原则上出现了紊乱：一方面，公司对"万家乐"品牌十分珍惜，认为不是百分之百成功的产品决不能使用这一商标；另一方面，则"创"出了一大堆品牌，股份公司一度拥有23家子公司和关联企业，生产从缝纫机到化妆品的多类产品，且不说产品多元化所带来的种种经营乱象，单是品牌管理便漏洞百出。

1998年，不堪亏损的万家乐突然宣布，以3.2亿元的价格将其29.8%的法人股转让给同城一家知名度不高的企业——新力集团，由此退居第二大股东并交出了品牌经营权。

资料来源：吴晓波.大败局[M].杭州：浙江人民出版社，2001.

思考：什么原因使万家乐公司在短短几年内如此迅速地退出了市场？

任务一 市场调查概述

在激烈的市场竞争中，企业经营决策的制定和实施必须紧跟市场的步伐，而研究市场的需求动态、了解消费者的购买特点、探寻产品的流行趋势是每一个企业的首要工作。

市场调查是任何企业在经营过程中都必须面对的一项经常性的基础工作，也是企业最重要的营销职能之一，它的发展与市场营销的发展基本同步，于 19 世纪末开始出现，发展到 20 世纪中期走向成熟。

随着市场经济的发展，市场调查正逐渐发挥越来越重要的作用。只有通过市场调查，才能获得相应的数据和信息，才能顺应市场需求的变化趋势，增强企业的应变能力，把握经营的主动权，以帮助企业实现预期的经营目标。

一、市场调查的定义和特点

（一）市场调查的定义

市场调查（marketing research）也称市场研究、市场调研、营销调研等，虽然名称不同，但包含的意思基本相同。随着社会和经济的发展，市场调查的内容、作用和范围发生了很大的变化，它从最初的主要针对消费者进行调查发展到对企业的各种营销决策进行调查，而且其范围还在进一步扩大。

▶ 1. 调查和研究的关系

最初，调查和研究是两个独立的概念，调查是人们有目的、有意识地去了解客观事实的一种感性认识活动，而研究则是对通过调查获取的资料进行分析加工，以了解事物本质及发展规律的理性认识活动，两者有本质的区别。随着社会的发展，两者之间的界限越来越模糊。

▶ 2. 狭义和广义的市场调查

由于市场的定义有狭义和广义之分，在此基础上产生的市场调查也就有了狭义和广义的区别。狭义的市场主要是指消费者的集合，所以狭义的市场调查就是企业针对消费者进行的调查研究，主要研究消费者及其行为。广义的市场主要是指商品交换关系的总和，它包含的范围更加广泛，所以广义的市场调查除了对消费者进行调查研究外，还包含了对市场其他行为主体及行为进行的调查研究活动，如政府进行的环境调查研究及非营利组织进行的市场调查研究等。

▶ 3. 本书对市场调查的定义

综合各种观点，本书对市场调查做出下述定义：市场调查就是指按照一定的程序，运用科学的方法、客观的态度，系统地收集、记录、整理和分析市场信息资料，以了解市场发展变化的现状和趋势，为决策部门制定更加有效的营销战略和策略提供所需的基础性数据和资料的过程。

在对市场调查的含义进行理解时，应注意以下四个方面的问题。

（1）市场调查是针对具体的市场营销决策所进行的调查研究，因此，它并不需要对所有的问题进行调查。

（2）市场调查是企业制定营销决策和进行市场预测的前提，它是企业营销管理过程中的重要手段。只有通过市场调查，才能及时掌握市场的变化规律和发展趋势，才有可能做出正确的决策。

（3）市场调查是一个系统的过程，从收集资料开始，环环相扣，任何一个环节出问题，都可能影响最终的决策。

（4）进行市场调查时必须注意方法的科学性和适用性，即要根据调查研究的内容来选择不同的调查方法。

（二）市场调查的特点

市场调查活动一般具有以下特点。

▶ 1. 目的性

任何一项市场调查都应该具有明确的目的，并且后续的所有具体的调查研究活动都应该围绕该目的展开，以提高预测和决策的科学性。

▶ 2. 过程性

市场调查要对生产经营活动中的市场状况进行整体的、全程性的研究，包括事前、事中和事后，是一个包括调查方案设计、调查方法选择、资料记录、资料收集、资料整理、资料分析和预测在内的完整过程。

▶ 3. 约束性

市场调查通常要受调查经费、调查时间、空间范围、信息项目等因素的约束，只能按客户的要求和约束条件"量体裁衣"，应尽量使调查方案设计尽可能满足客户的信息要求和经费预算。

▶ 4. 广泛性

根据市场调查的目的不同，市场调查的内容涉及企业生产经营活动的各个方面，调查内容和研究范围较为广泛。

▶ 5. 科学性

市场调查的过程中，收集、整理和分析资料的方法都是在一定的科学原理指导下形成的，并被实践证明是行之有效的，具有科学性和可行性。这种科学性不仅体现在进行市场调查时要用到科学的方法和科学的技术手段，而且体现在科学地分析相关数据，得到科学的结论。

▶ 6. 系统性

市场调查的系统性主要体现在两个方面：第一，影响市场调查的因素是一个系统，诸多因素互相联系、互相影响，构成了一个整体；第二，市场调查活动也是一个系统，它完整地包括了编制调查计划、设计调查方案、抽取样本、收集资料、整理资料、分析资料及撰写市场调查报告等工作。

▶ 7. 创造性

虽然市场调查活动可以遵循一定的程序，也有合适的研究方法可供选择，但即使是面对同样的问题时，市场调查人员也必须充分发挥创造性，设计科学合理的调查方案，选择更加合理的研究方法，撰写更加切合实际的调查报告。

▶ 8. 社会性

市场调查的社会性体现在研究主体与研究内容上。从事市场调查的研究主体是具有丰富知识的专业人员，而市场调查的研究内容往往也具有很强的社会性。

▶ 9. 不稳定性

市场调查是一项复杂的工作，它的过程和结论受到多种因素如方法、方案等的影响，而其中很多影响因素本身都是不确定的，导致它的过程和结论存在很大的不确定性。

拓展阅读

有效的市场调查的七个特征

对于市场调查的特征问题，美国市场营销学专家菲利普·科特勒在其著作《市场营销管理》中提出了自己的看法。他认为有效的市场调查具有以下七个特征。

1. 科学的方法

有效的市场调查是使用科学的方法仔细观察、形成假设、预测并试验。例如，某个邮购公司的退货率高达30％，管理层要求调查原因。调查员检查了退回订单的特征，如顾客的地理位置、退回订单的金额和商品种类，然后做出假设：顾客等候订购商品的时间越长，退货的可能性就越大。统计分析证实了这个假设，调查员进而估计出使退货率下降所要求的服务速度。公司采纳了他的建议，结果退货率大幅下降。

2. 调查的创造性

市场调查最好能提出解决问题的建设性的方法。

3. 多种方法

优秀的市场调查员并不依赖一种方法，强调方法要适应问题，而不是问题适应方法。他们也知道通过多种来源收集信息可使信息有更大的可信度。

4. 模型和数据的相互依赖

优秀的市场调查员懂得事实源自问题的设计，这些问题的设计决定了要收集的信息。因此，应尽可能予以明确。

5. 信息的价值和成本

优秀的市场调查员应注意衡量信息的价值与成本之比。价值和成本能帮助市场调查部门确定应该进行哪个调查项目、应该应用什么样的调查设计，以及初期结果出来后应该收集哪些更多的信息。调查的成本很容易计算，而信息的价值就很难确定了。信息的价值取决于调查结果的可靠性和有效性，以及管理层是否愿意承认调查结果并加以使用。

6. 正常的怀疑态度

优秀的市场调查员对经理轻率做出的关于市场运转方式的假设应持怀疑态度。

7. 合乎职业道德的市场营销

略。

资料来源：［美］菲利普·科特勒. 营销管理：分析、计划、执行和控制［M］. 上海：上海人民出版社，1999.

二、市场调查的产生和发展

市场调查作为获取市场信息的一种重要手段，是伴随商品经济的产生而出现的，同时随着商品经济的发展而得到发展。和市场营销学一样，市场调查也起源于美国。

1961年，美国市场营销协会（AMA）对市场调查做出定义：市场调查是指系统地收集、记录和分析与产品和服务的市场营销问题有关的资料。市场调查为企业的决策提供依据，用系统化的信息指导企业行为，是现代企业进行市场营销活动的客观需要。

在自然经济时代，生产水平低下，劳动生产率低，劳动者生产出来的产品基本上只能满足自己的需要，交换经济不发达，市场得不到发展，市场调查也就没有用武之地。随着生产水平和劳动生产率的提高，商品经济产生，劳动者生产出来的产品不仅可以用于自我消费还可以进入市场进行交换和销售。市场出现后，对市场信息进行收集的重要性就得到了显现，市场调查也就得以发展。18 世纪的工业革命使得西方资本主义市场经济快速发展，市场规模日益扩大，市场上的竞争也日趋激烈。对广大工厂主来说，只有了解市场动态和市场信息才可以根据市场需要调整生产，在竞争中取胜，市场调查因此得到进一步发展。进入 20 世纪，市场调查作为一门学科得以建立和完善，并随着数学方法的改进和计算机的普遍应用得到快速发展。

（一）国外市场调查的产生和发展

▶ 1. 起步阶段

20 世纪初—30 年代是市场调查的起步阶段。1907—1912 年，美国的哈佛商务学校创建了市场调查所。1911 年，美国纽约柯蒂斯出版公司的经理佩林编写了《销售机会》一书，他率先把市场调查理论和实践结合起来，被推崇为市场调查学科的先驱。1915 年，美国的橡胶公司成立了商业调研部。1917 年，斯威夫特公司也成立商业调研部。1918 年，西北商业学校创建了商务调查所。1919 年，美国芝加哥大学教授邓肯出版了《商业调研》，这是市场调查方面的第一本学术专著。1921 年，怀特出版了《市场分析》，这是第一本市场调查手册。1929 年，在美国政府的主持下，全美开展了一项分销调查，内容涉及市场结构、商品销售通道、中间商和分配渠道、中间商的经营成本等，为企业提供了较为系统和准确的市场活动资料，这次调查被视为美国市场调查史上的里程碑。1937 年，美国市场营销协会资助的出版物《市场调查技术》问世，该书汇集了有关市场调查理论和实践两方面的知识，"市场调查"正式成为大学商学院的课程之一。同年，布朗的《市场调查与分析》出版，该书一经推出就作为有关市场调查方面的教材而被广泛使用。

▶ 2. 发展阶段

20 世纪 30 年代末—50 年代初是市场调查的发展阶段。在这个阶段，市场调查的方法得到创新。30 年代末 40 年代初，样本设计技术获得很大进步，抽样调查兴起，调查方法的革新使市场调查方法应用得更加广泛。40 年代，在罗伯特·莫顿的领导下，创造了"焦点小组"方法，使得抽样技术和调查方法取得很大进展。1946 年，著名社会学家莫顿和邓德尔在《美国社会学》杂志上发表专文，对"焦点小组"方法进行了系统的论述，并且在其后的几十年里，一直应用于商业性的市场调查中。20 世纪 40 年代以后，有关市场调查的书籍陆续出版，越来越多的大学商学院开设了"市场调查"课程，教科书也不断翻新。在此期间，配额抽样、随机抽样、消费者固定样本调查、问卷访问、统计推断、回归分析、简单相关分析、趋势分析等理论也得到了广泛的应用和发展。

▶ 3. 规范和成熟阶段

20 世纪 50 年代，市场调查学进入规范和成熟阶段，调查方法和分析方法不断创新、计算机技术被广泛应用，形成了一股研究市场调查方法的热潮。"二战"结束后，西方资本主义国家进入经济迅速发展阶段，企业竞争日益激烈，企业经营理念由生产导向转变为市场消费需求导向，企业更加重视对市场的调查研究和市场情报的收集工作。西方国家大约73％的公司都设有市场调查和研究部门。美国有 1 300 多家公司直接从事市场调查和咨询服务业，美国企业每年花在市场调查方面的费用超过 100 亿美元。市场调查的结果在企业的决策中起着举足轻重的作用。

同时，社会和企业对市场调查的普遍重视和广泛应用又反过来促进了学科的发展。很多大学已经把市场调查作为重要课程，有关市场调查的书籍、教材、报纸、杂志得到大量的出版和发行。市场调查的理论、方法、技术越来越高级化、系统化、实用化。各种调查技术，如动态分析、运筹学运用、态度测量表、多元回归分析、数理模式、计算机模拟、经济计量模型、决策理论和方法都得到创新和发展。计算机的普及又促进了各种分析工具的应用，如 SPSS 软件、SAS 软件等。这些现象都标志着市场调查进入了规范和成熟阶段。

（二）我国市场调查的产生和发展

我国市场调查的产生和发展，既部分继承了国外的发展方式，又由于我国的特殊国情和经济、政治体制，带有明显的中国特色。

▶ 1. 萌芽期

中华人民共和国成立以后，政府部门是进行市场调查的开山鼻祖和主导力量。国家、地方、各部门都设立了统计机构，开始对国民经济、社会发展等资料进行全面收集、整理和分析工作，如 20 世纪 50 年代成立的城市抽样调查队伍，主要了解城市职工生活状况及市场变动。同时，少数企业也设立了专门的调查机构，并由专门的调查人员从事市场调查工作。由于在中华人民共和国成立以后的较长时间里，我国一直处于计划经济体制，对市场经济和市场信息的认识不足，市场调查的重要性一直得不到足够认识，业务范围也基本局限为政府市场调查的范围。

▶ 2. 发展期

我国经济体制改革以后，市场调查得到了迅速的发展。1984 年，国家统计局中国统计信息服务中心开始向国内外客户提供统计信息资料和市场调查与咨询服务，这是我国市场调查作为一个行业的开端。2004 年 4 月，国家统计局成立了中国市场信息调查业协会，一些省级统计局纷纷成立了民意调查中心，政府部门在市场调查方面的投入逐渐增多。另外，企业也越来越重视对市场信息的收集和分析工作，促进了市场调查业的发展。1987 年 8 月，广州市场研究公司成立，是我国第一家专业性市场调查公司。20 世纪 90 年代，市场调查业在我国蓬勃发展。1992—1993 年，仅北京一地，就新增市场调查公司 200 多家。发展到 2005 年，我国已经有 2 000 多家专业市场与媒介研究公司服务于国内外各种营利和非营利机构。

（三）我国市场调查机构的现状

▶ 1. 政府系统

政府系统，如国家统计局、商务部等部门力争转变职能，在为政府宏观决策服务的同时也主动地转向市场，为企业和公众提供各种信息咨询和服务。它们相继成立了市场调查机构，经常开展有关的市场调查活动和文案信息的收集活动，为政府制定行业管理政策提供客观的依据和数据。这些机构每年都发表了大量的调查报告，为推进我国的市场调查工作和市场调查的学科建设做出了积极的贡献。但是，这些政府系统的市场调查是出于宏观调控和制定产业政策需要而进行的，调查的角度、方法、技术、结论有一定的局限性，对企业缺乏针对性、适应性、操作性和指导性，与企业的市场经营活动还有相当的距离。

▶ **2. 科研系统与高等院校**

科研系统与高等院校的经济与社会研究人员专业水准高、理论性强，使用方法科学，在项目投资和消费者行为方面的市场调查中积累了不少的实际经验，尤其在调查设计和数据分析与论证上表现出了自身的专长和优势。但是，具有调查理论和基本方法的教学与科研人员不等于能够出色地做好市场调查。从事经济研究和教学研究的知识分子大都远离企业，缺少企业营销实践经验，因此所得出的市场调查报告往往缺乏针对性和适用性，也不能形成专业化、规模化强的市场调查机构。自然，其发展趋势与前景存在一定的限制。

▶ **3. 专业调查机构**

专业调查机构，如大众传播媒体、市场调查公司、营销顾问公司、信息咨询中心等，于1987年在我国出现。广州市场研究公司首开先河，成为我国第一家从事市场调查的机构。此后，民间组织成立的信息咨询公司，如北京华通人商用信息有限公司、广州的华南国际市场研究公司等纷纷问世，同时国外的一些调查公司，如美国的亚太市场研究公司（SRG）和精实顾问公司等也在广州、上海、北京等地登陆，这些公司对国内市场调查业的发展起到了推动作用，同时也在一定程度上分割了中国市场调查行业的市场，形成了其特有的品牌形象。专业调查机构为我国市场体系增添了一丝春色，但由于各公司独立作战、小规模营运、资源浪费比比皆是，效率不高司空见惯，尽管辛勤耕耘，却不能快速发展。另外，有些市场调查公司水平不高，有名无实，只想赚企业的钱，不能为企业提供高质量的服务，开出的价格使企业望而却步。

▶ **4. 企业内部的调查机构**

根据20世纪90年代初的统计，国外几乎所有大公司均有正规的市场调查和研究部门，负责进行市场调查、预测、咨询等工作。这些部门对企业的发展起到了至关重要的作用，如美国的宝洁公司、雀巢公司等都有一支市场调查队伍和规范的市场调查工作程序。国内的一些上市企业，特别是一些规模较大的企业，如广东的今日集团、中国金轮集团等也相继设立了市场调查机构，并在一定程度上委托专业市场调查公司进行产品测试或消费者行为调查。但是，相当多的国内企业，尤其是国有企业则对此认识不够，企业调查技术、人才、经费严重不足，市场调查工作不尽人意，大大地阻碍了企业的运行，在一定程度上限制了企业的发展。

（四）我国市场调查行业所面临的突出问题

随着市场调查行业逐步走向成熟，我国市场调查行业面临的问题也日益凸显。

▶ **1. 业内大公司发展模式趋同，提供的服务高度同质化**

现在业内的公司，尤其是大公司，在发展模式上有趋同现象，提供的服务差异性不强。越来越多的市场调查公司能够提供全产品线的服务，各公司业务交叉重叠的现象十分突出，产品同质化、技术同质化、方法同质化的问题不断加重。这不仅导致了服务特色不突出、专业化水准下降，而且还大大降低了客户对市场调查行业的整体信任度，严重威胁行业的健康、可持续发展。

市场经济环境下，竞争无处不在。本土市场调查公司间的竞争此起彼伏，有时不得不打价格战，导致整个行业不能保持合理的利润率。同类型、同层次企业之间的竞争更为明显，由于存在同质化的问题，从而造成行业竞争的相对无序和滥价竞争。

面对中国市场调查行业巨大的发展空间，在激烈的竞争局面下，各市场调查公司应该走分工协作的道路，明确各自的定位，打造各自的经营特色，从而形成各自的核心竞争力。大型的市场调查公司应该肩负起更多的培育新市场、引领新方向的责任；偏研究型的中小公司应该实现差异化，专注于特定的研究类型或者特定的区域市场，找出自己的优势；偏执行型的中小公司应该专注于执行质量，保证数据收集的准确性，形成独特、高效、高质的质量控制措施。

▶ 2. 调查质量下降问题受到关注，企业应选择何种生存之道成为一个行业命题

为客户提供客观、真实、准确的调查结果，这是市场调查的核心价值。不论数据采集方法和分析技术如何日新月异，调研结果都要建立在客观、真实、准确的基础之上。受金融危机影响，有些市场调查公司提供了不够水准的服务，从行业协会的角度，很难指令性地要求每个企业都必须提供较高的调查质量。从长久来看，那些始终坚持高调查质量的企业，其得到的回报就是可以长期生存和发展下去；反之，企业就可能面临垮台。坚持质量的企业生存，不坚持质量的企业垮掉，这是自然淘汰的法则。

（五）我国市场调查行业的未来

从宏观经济层面来看，我国已经成为全球经济体最具发展活力和潜力的区域市场之一，可以预见，未来几年的海外投资、产品、服务、技术的引进必将促进我国市场调查行业的高速发展。由于发展历程短、基数小，目前我国市场调查仅占全球市场调查总额的约3%。总体来看，我国市场调查行业发展潜力巨大，未来发展所面临的机遇与挑战并存。

▶ 1. 我国已由生产大国变成消费大国，对消费趋势的预期尤为重要

随着我国经济的发展，消费市场日趋成熟，居民的消费水平不断升级，出现了许多新兴的消费领域，如汽车、房地产、电信、家电、保险、个人金融产品、快餐等，这些领域对市场调查的需求不断增加，消费市场格局在不断适应城乡居民的消费需求和消费愿望的过程中得到了多层次的调整。准确把握和预期我国主流消费趋势的走向将越来越重要。

▶ 2. 市场的地域差异，引发市场调查企业的广泛关注与思考

我国地域辽阔，从南到北、从东到西，由于气候地理条件的不同、历史文化传统的差异，以及经济发展的不均衡，形成了明显的地域差异。市场调查在我国得到了快速发展，但地域的差异显著。从地区划分来看，市场调查企业多集中于北京、上海、广东等经济发达地区，东西部发展很不平衡，各地区在市场调查研究的数据采集方式、技术设备建设，以及对市场调查行业的认知等方面均有一定差异。此外，我国的三、四线城市市场正呈现出蓬勃的消费生机。市场调查企业除了要将视角转向对区域消费差异的关注外，开拓区域市场也成为越来越重要的议事课题。

三、市场调查的作用

市场调查的作用能否体现出来主要取决于使用者如何合理地利用调查结果。面对日趋激烈的国际及国内竞争环境，无论是国家还是企业，在进行相关决策时，都离不开对市场信息的掌握和对市场动向的关注。

从宏观层面来看，国家要通过市场调查获取相关信息，为制定宏观经济政策提供依

据，并通过市场调查得到市场的反馈信息，从而检验政策的效果，提升相关部门的管理水平。从微观层面来看，市场调查作为企业的一项重要的营销职能，贯穿企业经营的全过程，关系企业的生死存亡，其作用主要体现在以下几个方面。

▶ 1. 有助于企业把握市场发展规律

通过选择合适的调查方式和方法，收集各个方面的资料，帮助企业更清晰地把握市场脉搏，认识市场需求动向，为产品的经营决策提供依据。例如，企业每一年度的市场需求调查都能为企业选择经营方向提供依据。

▶ 2. 有助于企业提高经营管理水平

当今世界，科技发展迅速，新发明、新创造、新技术和新产品层出不穷，通过市场调查，有助于及时了解市场经济动态和科技信息，为企业提供最新的市场情报和技术生产情报，以便学习同行的先进经验，提高产品的质量，增强企业的竞争力。

▶ 3. 有助于企业经营者科学决策

企业管理者进行决策，如改变产品策略、价格策略、分销策略或促销策略时，都要了解多方面的市场信息，而这些信息必须通过具体的市场调查才能获得。只有在充分调查的基础上，才能保证经营决策的成功实施。

▶ 4. 有助于增强企业的竞争力

市场是千变万化的，企业在调查研究市场动向的基础上，不断改变产品、更新换代、推陈出新，都有利于企业更好地满足消费者的需求，增强企业在同类产品中的竞争力，帮助企业在竞争中取胜。

▶ 5. 有助于企业开发新产品、开拓新市场

产品的不断丰富导致市场在不断细分，要想在竞争中取胜并赢得消费者，一定要比竞争者更早发现市场的空白点。例如，海尔的"大地瓜"洗衣机，就是在产品经营过程中发现了全新的市场需求，不仅开发出新的产品，而且满足了新的市场需求，拓宽了产品的销售市场。

四、市场调查的发展前景

由于市场调查在制定营销策略中的重要作用，在未来的一段时间内，市场调查将在数量上和质量上都得到极大的提高。与此同时，随着信息产业的飞速发展，一些区别于以往的调查方法也会被广泛地使用，调查的范围也将快速地扩展到一些非营利组织和政府服务部门。几乎所有的企业都会有属于自己的市场调查部门，同时更多、更专业的市场调查公司将纷纷涌现。值得一提的是，市场调查的未来将会由于多了互联网这种工具，而以前所未有的速度发展。这主要是因为互联网会在市场调查的许多领域得到广泛应用，并可以使一些工作的效率更高。利用互联网进行市场调查主要有以下几个创新。

▶ 1. 互联网上的信息可以替代传统的图书馆和印刷材料作为二手资料的来源

互联网上有大量并已经被详细归类的信息，可以很容易地被市场调查者获得，而且这些信息比在传统的图书馆里获得的资料更准确、更快捷。

▶ 2. 数据收集

借助互联网这种工具进行数据收集的过程可以被大大地缩短，数据的收集范围可以被

大大地拓宽。

▶ 3. 项目管理

互联网可以被用于发送项目进展报告、高层报告以及其他项目管理信息的沟通。现在一些基于 Lotus Notes 等工具的办公室管理软件可以使调研者更快、更准确地把握市场调研项目的进展。

▶ 4. 一般沟通

借助互联网，参与市场调查的成员可以随时在彼此之间以及与客户之间进行更快速、更有效的沟通。

拓展阅读

市场调查语录

- 没有理论统领的调查是低档的调查。
- 不能解决问题的调查是无用的调查。
- 市场目标过多的调查是空洞的调查。
- 只研究战术的调查可能是近视的调查。
- 只想少投入的调查可能是最费钱的调查。

任务二 市场调查的内容

市场调查主要是对能够决定或影响企业经营活动、企业生存和发展的所有因素的调查，包括与企业经营活动相关的方方面面。根据调查的侧重点不同，分别从宏观环境调查、微观环境调查、广告效应调查、客户满意度调查及市场机会调查几个方面介绍市场调查的内容。当然，企业的调查目的不同，市场调查的内容也要灵活地加以调整。

一、宏观环境调查

宏观环境也称总体环境，是决定或影响企业市场营销活动的外在力量。对企业宏观环境的调查主要是对一个地区的社会环境因素的调查，主要包括政治环境调查、法律环境调查、经济环境调查、人口环境调查、文化环境调查、自然地理环境调查和技术环境调查，这些环境因素往往是企业自身难以驾驭和改变的。

（一）政治环境调查

政治环境是指企业面临的外部政治形势、状况和制度。政治环境调查主要是对企业市场营销活动的外部政治形势和状况，以及国家方针政策的变化对市场营销活动带来的或可能带来的影响等方面的调查。进行政治环境调查，主要是了解对市场造成影响和制约的国内外政治形势以及国家管理市场的有关方针政策，从而为企业的投资和营销决策提供依据。对政治环境的调查主要包括以下几个方面的内容。

▶ 1. 国家制度和政策

国家制度和政策是企业进行决策的风向标，任何企业在进行决策前都必须对此进行基本的了解和把握。西部大开发就是国家政策对企业决策产生重要影响的一个典型例子。在国家提出"西部大开发"口号后，我国西部地区在国家政策的帮助下经济发展势头迅猛，经济发展速度大大超出经济水平相对发达的东部地区。在这种情况下，大量的东部企业纷纷在西部进行投资，对西部经济发展带来了巨大影响。

▶ **2. 国家或地区之间的政治关系**

国家或地区之间的政治关系是非常复杂多变的，而且这种关系往往带有一定的时期性，这就要求企业尤其是进行跨国经营的企业要有敏锐的洞察力，准确把握这种微妙的关系，为企业做出正确决策提供依据。

▶ **3. 政治和社会局势**

政治和社会局势的稳定是保证企业正常经营的前提，政治和社会的动乱往往会影响企业的投资信心和企业的正常运营。我国企业在国外的投资项目就曾经因社会动乱而受到重创，所以企业在进行投资决策及经营的过程中，必须密切关注该国的政治和社会局势。

（二）法律环境调查

法律环境调查是指对国家和地区的各项法律、法规进行分析和研究，尤其是其中的经济法规。企业开展市场营销活动，必须了解并遵守国家或政府颁布的有关经营、贸易、投资等方面的法律、法规。从事国际营销活动，企业还要了解和遵守市场国的法律制度和有关的国际法规、国际惯例和准则。

法律是任何企业和个人在从事社会和个人活动时都必须遵守的，企业在经营活动中必须做到知法、懂法、守法和用法。法律环境调查就是分析相关国家的各项法规、法令和条款等，尤其是经济方面的立法，如进出口关税条例、商标法、专利法和环境保护法等。从事国际贸易的企业，除了要了解相关国家的法规、法令外，还应了解国际贸易的相关惯例和要求等，例如，日本政府就曾经规定，任何外国企业进入日本市场，都必须找一个日本公司与它合伙。具体来讲，企业对法律环境的调查通常着重于以下几个方面。

▶ **1. 现有的政策和法律**

对现有政策和法律的调查不仅可以帮助企业分析什么可以做，从而有效把握市场机会，实现企业经营目标，而且使企业了解什么不可以做，从而有效进行规避，防止产生不必要的损失。

▶ **2. 政策和法律的变化趋势**

政策和法律不是制定下来后就一成不变的，它往往是随着社会的发展和环境的变化而发生改变的，对政策和法律变化趋势的调查可以帮助企业探寻未来的发展方向，争取主动，以立于不败之地。

▶ **3. 现有政策和法律及其变化趋势对企业的影响程度**

现有政策和法律及其变化趋势对不同企业的影响程度是不同的，例如，环境保护法对重度污染的企业和轻度污染的企业的影响程度是不同的。对企业来讲，对此进行调研有助于帮助企业决定自身的经营是否应转向，或者是否应做出调整。

（三）经济环境调查

经济环境是指企业面临的社会经济条件，其运行状况和发展趋势会直接或间接地对企业营销活动产生影响。经济环境调查主要包括对经济发展水平和消费者收支状况的调查。

▶ 1. 经济发展水平

企业的市场营销活动要受到一个国家或地区的整体经济发展水平的制约。经济发展阶段不同，居民的收入水平不同，顾客对产品的需求也不同。例如，经济发展水平比较高的地区，强调产品款式、性能及特色，品质竞争多于价格竞争；而在经济发展水平比较低的地区，则侧重于产品的功能及实用性，价格因素比产品品质更为重要。因此，对于不同经济发展水平的地区，企业应采取不同的市场营销策略。

▶ 2. 消费者收支状况

1）消费者收入水平

消费者收入是指消费者个人从各种来源中所得的全部收入，包括消费者个人的工资、退休金、红利、租金、赠予等。消费者的购买力来自消费者的收入，但消费者并不是把全部收入都用来购买商品或劳务，购买力只是收入的一部分。因此，在研究消费收入时，要注意个人可支配收入和个人可任意支配收入的大小。个人可支配收入是在个人收入中扣除税款和非税性负担后所得余额，它是个人收入中可以用于消费支出或储蓄的部分，构成实际的购买力；个人可任意支配收入是在个人可支配收入中减去用于维持个人与家庭生存不可缺少的费用（如房租、水电、食物、燃料、衣着等项开支）后剩余的部分。个人可任意支配收入是消费需求变化中最活跃的因素，一般用于购买高档耐用消费品、旅游、储蓄等，是企业开展营销活动时考虑的主要对象。

2）消费者支出模式

随着消费者收入水平的变化，消费者支出模式会发生相应的变化。西方一些经济学家常用恩格尔系数来反映这种变化。恩格尔系数表明，在一定的条件下，当家庭个人收入增加时，收入中用于食物开支部分的增长速度要小于用于教育、医疗、享受等方面的开支增长速度。食物开支占总消费量的比重越大，恩格尔系数越高，生活水平越低；反之，食物开支所占比重越小，恩格尔系数越小，生活水平越高。

3）消费者储蓄情况

消费者个人收入不可能全部花掉，总有一部分以各种形式储蓄起来。消费者储蓄一般有两种形式：一是银行存款，增加现有银行存款额；二是购买有价证券。当收入一定时，储蓄越多，现实消费量就越小，但潜在消费量越大；反之，储蓄越少，现实消费量就越大，但潜在消费量越小。企业调查人员应全面了解消费者的储蓄情况，尤其要了解消费者储蓄目的的差异。储蓄目的不同，往往影响潜在需求量、消费模式、消费内容、消费发展方向。

（四）人口环境调查

▶ 1. 人口数量与增长速度

人口越多，如果收入水平不变，则对食物、衣着、日用品的需要量也越多，那么市场也就越大。因此，按人口数量可大略推算出市场规模。我国人口众多，无疑是一个巨大的市场。

人口增加，消费需求也会迅速增加，市场潜力变大，消费规模和消费结构也会产生变化。例如，随着人口增加，人均耕地减少，粮食供应不足，人们的食物消费模式将发生变化，这就可能对我国的食品加工业产生重要影响；随着人口增长，能源供需矛盾将进一步扩大，研制节能技术和产品成为必须。

▶ 2. 人口结构

人口结构主要包括人口的年龄结构、性别结构、家庭结构、社会结构和民族结构。人口结构不同，市场需求也不一样。例如，2000年以后，我国老龄化趋势明显，也直接催生了城市老龄人口"银发经济"的潜在市场，特别是在老龄人口的日常生活用品、医疗卫生保健、社区护理、文化娱乐、旅游等方面，消费水平将有明显的增长。

▶ 3. 人口的地理分布及区间流动

地理分布是指人口在不同地区的密集程度。由于自然地理条件和经济发展程度等多方面因素的影响，人口的分布绝不会是均匀的。从我国来看，人口主要集中在东南沿海一带，而且人口密度由东南向西北逐渐递减。另外，城市的人口比较集中，尤其是大城市人口密度很大，而农村人口则相对分散。人口的集中程度不同，则市场大小不同；人口的消费习惯不同，则市场需求特性不同。例如，南方人以大米为主食，北方人以面粉为主食，江浙沪沿海一带的人喜食甜，而川湘鄂一带的人则喜辣。在我国，人口的流动主要表现在农村人口向城市或工矿地区流动；内地人口向沿海经济开放地区流动。另外，经商、观光旅游、学习等也使人口流动加速。

（五）文化环境调查

文化是一个复杂的整体概念，通常包括价值观念、信仰、兴趣、行为方式、社会群体及相互关系、生活习惯、文化传统和社会风俗等。文化环境不仅建立了人们日常行为的准则，也形成了不同国家和地区市场消费者态度和购买动机的取向模式。在研究文化环境时，要重视文化、亚文化群对消费需求的影响。

文化是一个多因素影响变量，它不仅包括知识、信仰、道德、风俗、时尚和艺术等要素，还包括个人作为社会成员所获得的一切社会观念和习惯。文化使一个社会的规范、行为及观念更为系统化，文化是一个社会价值观和规范体系的最好诠释。在不同的国家、地区或民族之间，文化之间的差别往往要比其他因素表现得更加明显和深刻，它对人们的生活方式和行为规范产生最直接、最重要的影响。例如，在销往中东地区的各种用品中不能含有酒精，这是因为该地区绝大多数的居民笃信伊斯兰教，严禁饮酒；又如，有些地区消费者喜欢标有"进口"或"合资"字样的商品，而另一些地区消费者却可能相反，这种情况不仅与民族感情有关；也与各国、各民族的保守意识和开放意识有关，这些都要通过市场调查去掌握。

由此可见，文化环境会对企业的营销决策产生重要的影响，企业必须在营销活动中注意文化差别对企业经营活动的影响。一般来讲，企业对文化环境的调查主要集中在以下几个方面。

▶ 1. 宗教信仰

宗教信仰是企业在进行文化环境调查时必须要考虑的重要内容，不同的地区、不同的民族，其宗教信仰存在较大的差别，而这种差别会使消费者的价值观和消费行为呈现出很大的不同。例如，伊斯兰教比较著名的"斋月"，基督教对数字13的禁忌，这些都是企业在进行营销活动及制定营销决策时必须考虑的。

▶ 2. 居民文化水平

居民的文化水平会在很大程度上影响其职业、文化素养、收入及消费行为等，从而对企业的决策产生重要的影响。例如，在受教育程度普遍较高的国家或地区所做广告的内容，应与受教育程度较低的国家或地区有较大的区别，不了解这方面的情况，必然会影响企业所制定决策的正确性。

▶ 3. 风俗习惯

风俗习惯是指个人或集体的传统风尚、礼节、习性，是特定社会文化区域内历代人们共同遵守的行为模式或规范，主要包括民族风俗、节日习俗、传统礼仪等。风俗习惯对社会成员有非常强烈的行为制约作用，也是社会道德与法律的基础和相辅部分，所以在市场调查中必须对此方面的内容进行深入研究。

▶ 4. 社会时尚的变化

社会时尚的变化也会对企业的营销活动产生非常重要的影响，这就要求企业必须对此进行调研，以掌握一段时期内某些消费行为在广大群众中的流行趋势和流行性影响，并分析时尚的流行周期及其可能对市场产生的影响。

（六）自然地理环境调查

一个国家和地区的自然地理环境也是影响市场的重要环境因素，与企业经营活动密切相关。自然地理环境主要包括气候、季节、自然资源、地理位置等，会从多方面对企业的市场营销活动产生影响。一个国家和地区的海拔高度、温度、湿度等气候特征，影响着产品的功能与效果。人们的服装、食品也受气候的明显影响。地理因素也在一定程度上影响人们的消费模式，还会对经济、社会发展、民族性格产生复杂的影响。

▶ 1. 自然物质环境调查

自然物质环境是指自然界提供给人类的各种形式的自然资源，如矿产资源、森林资源、土地资源、水力资源等。自然资源是任何企业都要面临的重要影响因素，对于企业而言，要进行生产经营活动首先要考虑的就是生产所需的原材料，而自然资源则是原材料的一个重要来源，所以对自然资源的调查对于企业尤其是生产型企业有着重要的意义。例如，与煤炭、天然气和石油等相关的企业，在进行宏观环境调查时，自然资源的调查就是非常重要的一项调查任务。

▶ 2. 自然地理环境调查

自然地理环境调查包括对地区条件、气候条件、季节因素、使用条件等方面进行的调查，这些也是企业在进行营销活动时必须考虑的因素。例如，在海南做服装生意和在东北地区做服装生意时，其产品类别差别巨大；又如，加湿器在南方很少有人问津，但在北方的冬天却很畅销，这些都是自然地理环境在起作用。

（七）技术环境调查

科学技术的发展使商品的市场生命周期迅速缩短，生产力的增长也越来越多地依赖科技的进步。以电子技术、信息技术、新材料技术、生物技术为主要特征的新技术革命不断改造着传统产业，使产品的数量、质量、品种和规格有了新的飞跃，同时也使一批新兴产业建立和发展起来。新兴科技的发展和新兴产业的出现可能给某些企业带来新的市场机会，也可能给某些企业带来环境威胁。

二、微观环境调查

企业的微观环境是指与企业经营活动密切相关，会对企业经营产生直接影响的相关因素。企业的微观环境调查主要包括市场需求调查、企业自身情况调查、供应商调查、消费者调查、竞争对手调查、中间商调查和公众调查等几个方面。

（一）市场需求调查

市场需求调查是市场调查中最基本的内容，它主要针对市场商品的需求量、需求结构和需求时间进行调查。通俗来讲，就是通过调查了解消费者在何时何地需要什么以及需要多少。通过对市场营销学的学习，我们知道需求是由购买力和购买欲望两部分组成的，购买力是营销人员没有办法控制的因素，所以对商品需求量的调查主要是调查社会购买力。所谓社会购买力，是指在一定时期内，全社会在市场上用于购买商品和服务的货币支付能力。社会购买力主要由居民购买力、社会集团购买力和生产资料购买力三部分构成。

▶ **1. 需求量调查**

在调查市场需求量时，不仅需要了解企业在某地区的需求总量、已满足的需求量和潜在的需求量，而且要了解企业的市场销售量在该商品需求总量中所占的比重，从而判断企业的竞争实力，便于企业制定合理的竞争和营销策略。

▶ **2. 需求结构调查**

需求结构调查主要调查购买力的投向，也就是消费者把钱花在哪些方面。通常，需求结构调查就是按照不同的细分变量，如消费者的收入水平、性别、职业类型、受教育程度、居住区域等对消费者进行具体的分类，然后再具体测算不同类别消费者的购买力投向。在进行需求结构调查时，不仅需要了解需求商品的总量结构，还必须了解每类商品的具体需求结构。与此同时，我们在进行具体的调查时，还应该深入了解细分市场的发展动向，了解需求结构的变化趋势及引起这种变化的影响因素，了解企业开拓消费新领域的可能性等。

▶ **3. 需求时间调查**

需求时间调查主要是调查消费者在不同时间的商品需求量及需求结构。通过需求时间调查，可以发现消费规律，便于企业发现并抓住机会。

（二）企业自身情况调查

针对企业自身的调查包括企业物质基础调查、企业组织机构调查及企业文化调查，这些内容不仅能够显示企业资源的整体优势、企业组织机构及职能配合效率，而且能观察企业的价值标准、企业精神、管理制度、行为规范等，为企业制定决策提供依据。

（三）供应商调查

供应商就是向企业及其竞争者提供资源的企业和个人。对供应商的调查应侧重于供应商的资金实力、生产规模与能力、技术进步情况，所提供产品的质量、数量、品种、规格的发展情况，原材料、零配件的供应变化趋势情况，以及供应商的整体服务水平情况等。

对于企业来说，首先应选择那些企业形象好并有实力的供应商，其次避免选择独家供应商。许多企业对某些重要材料过于依赖同一家供应商，这种情况导致供应商常常能左右价格，给企业造成极大的压力。这就要求企业在采购同种商品时，最好选择 2～3 家供应商。

（四）消费者调查

▶ **1. 消费者基本状况调查**

消费者基本状况调查包括以下几个方面的内容。

（1）消费者的总量。这个数据直接决定了市场规模的大小。

（2）家庭总数和家庭平均人口数。这在一定程度上决定了市场的结构及消费结构。

（3）人口地理分布。不同的国家和地区，人口地理分布会存在较大的差异，而这种差异将会影响消费者的消费行为。

（4）民族构成。不同民族的风俗习惯、宗教信仰等都会存在较大的差异，企业在不同的地区尤其是多民族地区进行经营活动时，必须进行民族结构调查，从而制定合适的营销策略。

（5）性别差异。男性和女性在消费心理、消费结构及消费行为方面存在较大的差别，这些方面已经在实践中得到了验证。

（6）年龄构成。不同年龄段的消费者，其价值观和消费行为等也存在一定的差别。

（7）职业构成。

（8）教育程度。

（9）个人收入和家庭收入。

企业可根据实际情况有选择地进行调查，例如，我国在进行消费者购买力调查时，通常都要把家庭收入考虑进来，但在国外，家庭收入受重视的程度可能就比较低，这是因为我国家庭成员之间不流行 AA 制；又如，对文化产品市场进行调查时，受教育的程度将是一项重要的考察指标，但对日常生活用品市场进行调查时，可能此项指标就不是必需的。

▶ **2. 消费者购买动机调查**

消费者购买动机更多地反映消费者是否有购买某种商品的想法或打算，消费者购买动机调查不仅有助于预测企业商品的未来需求量，帮助企业制定合理的生产决策，而且可以了解企业潜在的竞争对手，帮助企业制定有效的竞争策略和营销策略。动机要转化成行为往往还需要一定的条件，这种条件在营销学中被称为刺激物。所以在进行购买动机调查时，不仅要了解其购买动机，而且要了解促使购买动机转化为购买行为的因素，尽可能使购买动机真实地反映为购买行为。

▶ **3. 消费者购买行为调查**

消费者购买行为是消费者购买动机在实际购买过程中的具体表现。消费者购买行为调查就是对消费者购买模式和习惯的调查，即通常所讲的 6W2H 调查，包括消费者在何时购买（when）、何处购买（where）、由谁购买（who）、谁参与购买（who）、为何购买（why）、购买什么（what）、如何购买（how）及购买多少（how much）等具体的购买情况。除了这些常见的调查内容之外，还需要在调查中了解有关消费者心理和消费观念方面的信息等。

▶ **4. 消费者满意度调查**

随着消费者在市场中所扮演的角色越来越重要，企业也越来越重视对消费者满意度的调查，可以说，消费者满意度直接影响企业的利润和未来的发展前景。消费者满意度是指消费者对企业提供的产品或服务的满意程度，涉及产品的质量、品牌、价格、广告、促销及相关的配套服务等。在进行具体调研活动时，需要调查消费者对有关产品或服务的整体满意度及各个方面的满意度、满意或不满意的原因、对改进产品或服务质量的建议、对竞争对手产品或服务的满意度等。除此之外，在调查中还需要了解有关消费者的生活方式和消费观念方面的信息。

（五）竞争对手调查

▶ **1. 竞争对手基本情况调查**

企业的竞争对手不仅包括现实的竞争对手，而且包括潜在的竞争对手；不仅包括同行业的竞争对手，而且包括替代品的竞争对手；还包括竞争对手作为卖方讨价还价的能力和作为买方讨价还价的能力。本书在对竞争对手基本情况进行调查时，侧重于调查现实的竞争对手和潜在的竞争对手。

在对竞争对手的基本情况进行调查时，主要应从以下几个方面展开。

（1）是否存在现实或潜在的竞争对手，如果有的话，现实的竞争对手是谁，力量强弱对比状况如何，哪些是主要竞争者，哪些是次要竞争者。

（2）确定主要竞争对手的所在地、活动范围、生产经营规模和资金状况。

（3）了解主要竞争对手生产经营商品的各项具体指标、在消费者中的声誉形象、竞争对手的技术水平以及新产品开发经营情况。

（4）主要竞争对手的销售渠道、宣传手段和广告策略。

（5）企业所处市场的竞争程度、范围和行业间采用的主要竞争方式。

（6）次要竞争对手演化为主要竞争对手的可能性及完成这个演化过程所要经历的时间。

（7）潜在竞争对手的数量、力量强弱对比状况、转变为现实竞争对手的可能性，以及这种变化对企业会产生的影响等。

（8）竞争者的加入或退出情况以及这些变化趋势可能对企业产生的影响等。

▶ **2. 竞争对手策略调查**

对竞争对手策略进行调查主要应从竞争对手的核心竞争力、竞争对手所采取的各种营销战略和策略等方面展开，具体的调查内容包括以下几个方面。

（1）竞争者会在竞争中采用什么策略，其采用此种策略的条件是否完善，成功的概率有多大。

（2）采用某竞争策略的竞争者，其优势和劣势分别是什么；其核心竞争力是什么；竞争者采用某策略的目的是什么，是试探虚实还是志在必得。

（3）竞争者在竞争过程中，其策略变化的影响因素有哪些，这些因素对策略变化的影响程度有多大。

（4）企业有无必要采取相应措施，如果有，应采取什么样的相应措施；这些措施具体怎么实施，实施成功的概率及收益如何等。

（六）中间商调查

对中间商进行调查便于企业选择合适的中间商，在生产和消费之间建立更加牢固的纽带，增加企业产品的市场份额和美誉度。对中间商的调研主要集中在以下几个方面。

▶ **1. 中间商资信调查**

企业在对中间商进行调查时，首先要仔细调查所选择中间商的资金实力和信誉度，这些因素不仅会影响中间商的经营能力，也会给企业的资金回笼及周转速度产生直接的影响。

▶ **2. 中间商经营范围调查**

中间商经营范围调查包括了解中间商经营商品的品种和主要品牌，是否经营同类产品和主要竞争对手的产品，有多少畅销的品种在经营，以及中间商是否有扩大或缩减经营范围的打算等。

▶ 3. 中间商仓储及其他设施的具体情况调查

中间商仓储设施调查主要集中于中间商的仓储面积及容积、仓库的通风效果和防潮程度、仓储的现实管理水平等；其他设施调查主要集中在是否有运输设施，如果有，运输能力如何等。

▶ 4. 中间商销售网络调查

中间商销售网络调查包括了解中间商的终端市场覆盖率，中间商自己拥有的店面，店面的规模及分布情况，销售产品的包装、设计及价格等，对地方市场和批发市场的分销能力，销售网络是否有业务员分片管理和开拓等。

▶ 5. 中间商员工调查

对中间商员工的调查内容主要包括了解领导的集体文化程度、事业心和责任感，尤其是中间商经理的个人素质和事业心。除此之外，还要调查领导班子是否制定了近期和远期目标，是否经常开展公司的内部培训，是否制定了有利于企业员工学习的制度，是否对员工的职业生涯进行科学规划等。

（七）公众调查

公众是指与组织利益相关的个人、群体组织集合而成的集体，是组织生存和发展的社会环境。对于企业来说，公众分为内部公众和外部公众。

▶ 1. 内部公众调查

内部公众是指组织内部全体成员，包括管理人员和基础员工。内部公众调查是在掌握了企业内部的基本情况后，调查企业内部成员，掌握全体成员对本企业的态度、看法和评价等，了解全体成员对企业的意见、希望和要求。

▶ 2. 外部公众调查

外部公众主要包括社区公众、媒介公众、政府公众、国际公众及名流公众等。外部公众调查主要了解社区公众、媒介公众、政府公众、国际公众及名流公众等对企业品牌的定位、对企业产品的了解程度、对企业形象的认同程度等。

▌三、广告效应调查

在市场营销活动中，广告不仅帮助企业推销商品或服务，而且也改变着人们的生活方式，引领人们的购买行动。

广告效应是指广告通过广告媒体传播，对信息传播、生产销售及社会等产生影响的总和。

广告效应调查主要从三个方面进行：广告的经济效益、广告的社会效益和广告的心理效益。广告的经济效益是指广告活动促进商品销售或劳务销售和利润增加的程度。广告的社会效益是指该广告的社会教育作用。广告的心理效益主要是指广告在消费者心理上的反映程度，即产品所树立的品牌印象对促进购买的影响程度，具体调查内容包括品牌知名度、广告接触率、对广告的理解程度、对广告的美誉度、购买行动等。

四、客户满意度调查

近年来，客户满意度调查在国内外得到了普遍重视，特别是服务性行业的客户满意度调查已经成为企业发现问题、改进服务的重要手段之一。

客户满意度是客户期望值与客户体验的匹配程度。客户满意是一个人通过对一个产品的可感知的效果（或结果）与他的期望值相比较后，所形成的愉悦或失望的感觉状态。消费者的满意或不满意的感觉及其程度主要受到产品让渡价值的大小、消费者的情绪、对服务成功与失败的归因，以及消费者对平等和公正的感知等因素的影响。其中，让渡价值的大小是关键因素，如果消费者得到的让渡价值高于他的期望值，他就倾向于满意，差额越大越满意；反之，如果消费者得到的让渡价值低于他的期望值，他就倾向于不满意，差额越大越不满意。

客户满意度调查用来测量一家企业在满足顾客购买产品的期望方面所达到的程度。测量客户满意度的过程就是客户满意度调查。通过调查，明确顾客的需要、需求与期望，从而找出让客户不满的原因，诊断出企业存在的问题并采取纠正措施。测定客户满意度是为了改善客户体验，最终实现增强企业市场竞争能力和盈利能力的目的。

针对顾客满意度的调查方法是顾客满意度专项调查，通常情况下，公司在现有的顾客中随机抽取样本，向其发送问卷或打电话询问，以了解顾客对公司及其竞争对手在运营中的各方面的印象。满意度调查所采用的问题的类型通常是等级型封闭式，例如，请问您对本公司的维修速度是否满意？选项为完全不满意、不满意、尚可、满意、完全满意，答案的等级可以根据需要进行调整，有时为了得出最终得分，以便对不同的调查结果进行比较，可以用 1～5 分来区别 5 个等级。

五、市场机会调查

市场机会是指特定的营销环境条件下，企业可以通过一定的营销活动创造利益的机会。市场机会的价值越大，能为企业带来的利益越高。市场机会来自营销环境的变化，如新市场的开发，竞争对手的失误，新产品、新工艺的采用等。市场机会调查主要从以下几个方面进行。

（一）市场机会的吸引力调查

市场机会的吸引力是指企业利用该市场机会可能创造的最大利益，表明企业在理想条件下充分利用该市场机会的最大收益。反映市场机会吸引力的指标主要有市场需求规模、利润率、发展潜力。

▶ 1. 市场需求规模调查

市场需求规模表明市场机会当前所提供的待满足的市场需求总量的大小，通常用产品销售数量或销售金额来表示。事实上，市场机会提供的需求总量往往由多个企业共享，对于特定企业，这一指标可以由企业在该市场需求规模中当前可能达到的最大市场份额代替。尽管如此，若提供的市场需求规模大，则该市场机会使每个企业获得更大需求份额的可能性也大一些，该市场机会对这些企业的吸引力也更大一些。

▶ 2. 利润率调查

利润率是指市场机会提供的单位市场需求量可以为企业带来的最大利益。不同经营现状的企业，其利润率是不一样的。利润率反映了市场机会所提供的市场需求在利益方面的特性，它和市场需求规模一起决定了企业当前利用该市场机会可创造的最高利益。

▶ 3. 发展潜力调查

发展潜力反映市场机会为企业提供的市场需求规模、利润率的发展趋势及其速度情况。发展潜力同样也是确定市场机会吸引力大小的重要依据。即使企业当前面临的某一市场机会所提供的市场需求规模很小或利润率很低，但由于整个市场规模或该企业的市场份额或利润率有迅速增大的趋势，则该市场机会对企业来说仍可能具有相当大的吸引力。

（二）市场机会的可行性调查

调查市场机会的可行性是对企业把握住市场机会并将其转化为具体利益的可能性的调查。从特定企业角度来讲，仅仅具有吸引力的市场机会并不一定能成为本企业实际的发展良机，具有大吸引力的市场机会必须同时具有强可行性才是企业高价值的市场机会。例如，某公司在准备进入数据终端处理市场时，意识到尽管该市场潜力很大（吸引力大），但公司缺乏必要的技术能力（可行性差），所以开始并未进入该市场。后来，公司通过收购另一家公司具备了应有的技术（可行性增强），这时公司才正式进入该市场。市场机会的可行性调查主要从以下两方面进行。

▶ 1. 企业内部环境调查

企业内部环境条件是能否把握住市场机会的主观决定因素。它对市场机会可行性的决定作用体现在三个方面：一是市场机会只有适合企业的经营目标、经营规模与资源状况，才会具有较大的可行性。二是市场机会必须有利于企业内部差别优势的发挥才会具有较大的可行性。所谓企业的内部差别优势，是指该企业比市场中其他企业更优越的内部条件，通常是先进的工艺技术、强大的生产力、良好的企业声誉等。企业应对自身的优势和弱点进行正确分析，了解自身的内部差别优势所在，并据此更好地弄清市场机会的可行性大小；企业还可以有针对性地改进自身的内部条件，创造出新的差别优势。三是企业内部的协调程度也影响市场机会可行性的大小。市场机会的把握程度是由企业的整体能力决定的，针对某一市场机会，只有企业的组织结构及所有各部门的经营能力都与之相匹配时，该市场机会对企业才会有较大的可行性。

▶ 2. 企业外部环境调查

企业的外部环境从客观上决定了市场机会对于企业可行性的大小。外部环境中的每一个宏观、微观环境要素的变化都可能使市场机会的可行性发生很大的变化。即使企业的内部条件没变，但由于一些外部因素发生了重大变化，也会使该市场机会的可行性大为降低。

拓展阅读

不要小看"入乡随俗"的重要性

商海沉浮，世事难料。1973 年 9 月，我国香港市场的肯德基公司突然宣布多间家乡鸡快餐店停业，只剩下四间还在勉强支持。

肯德基家乡鸡采用当地鸡种，但其喂养方式仍是美国式的，用鱼肉喂养出来的鸡破坏了中国鸡的特有口味。另外，家乡鸡的价格对于一般市民来说有点承受不了。

在美国，顾客一般是驾车到快餐店，买了食物回家吃，因此，店内通常不设座。我国香港市场的肯德基公司仍然采取不设座位的服务方式。

为了使肯德基家乡鸡首次在香港推出获得成功，肯德基公司配合了声势浩大的宣传攻势，在新闻媒体上大做广告，采用该公司的世界性宣传口号"好味到舔手指"。

凭着广告攻势和新鲜劲儿，肯德基家乡鸡还是火了一阵子，很多人都乐于一试，一时间也门庭若市。可惜好景不长，3个月后，生意开始冷清，截至1975年2月，首批进入香港的美国肯德基连锁店全军覆没。

在世界各地拥有数千家连锁店的肯德基为什么唯独在我国香港遭受如此厄运呢？经过认真总结经验教训，发现是中国人固有的文化观念决定了肯德基的惨败。

10年后，肯德基带着对中国文化的了解卷土重来，并大幅度调整了营销策略。广告宣传方面低调，市场定价符合当地消费水平，市场定位于16～39岁的消费者。1986年，肯德基家乡鸡新老分店的总数在我国香港共有716家，占世界各地分店总数的十分之一强，与麦当劳、汉堡王、必胜客并称香港快餐业四大快餐连锁店。

思考：

(1) 20世纪70年代，肯德基为什么会在香港全军覆没？

(2) 20世纪80年代，肯德基为什么又能取得辉煌的成绩？

任务三 市场调查的类型

一、按照调查性质分类

按照市场调查的性质分类，可以分为探索性市场调查、描述性市场调查、因果性市场调查和预测性市场调查几种类型。

▶ 1. 探索性市场调查

探索性市场调查是为了界定调查问题的性质以及更好地理解问题的环境而进行的小规模的调查活动，常常用于帮助调研者将问题定义得更准确、帮助确定相关的行动路线或获取更多的有关资料。这一阶段所需的信息是不精确定义的，研究过程具有灵活性，没有固定结构。例如，向行业专家咨询就是一种探索性的市场调查。探索性市场调查的样本量一般较小，也没有什么代表性，原始数据一般是定性的，其结果一般只是试验性的、暂时性的，或作为进一步研究的开始。

▶ 2. 描述性市场调查

描述性市场调查是指在收集、整理市场资料的基础上，描述某一总体或现象的基本特征的调查，主要解决"是什么"的问题。例如，在销售研究中，收集不同时期的销售量、广告支出、广告效果等资料，经统计分析能说明广告支出又增加了多少个百分点、销售量有多少百分点的变化。

▶ 3. 因果性市场调查

因果性市场调查是为了研究市场现象与影响因素之间客观存在的联系而进行的市场调

查。通常在描述性市场调查的基础上，对影响市场现象的各种因素进行资料收集，研究市场现象间相互联系的趋势和程度，进而研究这种联系的规律性。因果性市场调查主要解决"为什么"的问题，例如，快餐店的销售额受地点、价格、广告等因素的影响，通过明确因变量与自变量之间的关系，改变其中一个重要的自变量来观察因变量受到影响的程度。

▶ 4. 预测性市场调查

预测性市场调查是指在收集研究对象事物过去和现在的资料的基础上，预测市场趋势的调查，主要解决"怎么样"的问题。例如，根据 2010—2018 年的销售资料，找出变化规律，预测 2019 年的销售量。

二、按照调查对象分类

按照调查对象的不同，可以分为消费者市场调查和产业市场调查。

▶ 1. 消费者市场调查

消费者市场也称生活资料市场，人们购买生活资料的目的是满足个人或家庭的生活需要，是社会再生产消费环节的实现。对消费者市场进行调查，除直接了解消费者的需求数量及其结构外，还必须对其他的影响因素进行调查，如人口、经济、社会文化、购买心理和购买行为等。

▶ 2. 产业市场调查

产业市场也称生产者市场或工业市场，是由将购买的货物和劳务进行再生产，以出售、出租给其他人的个人或组织构成。对产业市场的调查主要从市场商品供应量、产品的市场寿命周期、商品流通渠道等方面进行调查。

三、按照资料的来源分类

按照资料来源的不同，可以分为文案调查和实地调查。

▶ 1. 文案调查

文案调查是指通过收集各种历史和现实的动态统计资料，从中摘取与市场调查课题有关的信息进行研究分析的调查方法。文案调查具有简单、快速、成本低等特点，它既可以作为一种独立方法来运用，也可作为实地调查的补充。

▶ 2. 实地调查

实地调查是指调查者收集第一手市场资料的方法，包括观察法、实验法、访问法等。为了得到更加丰富、真实的调查资料，实地调查方法更为常用，借助科学方法和工具，能够得到比较真实的统计分析资料。

四、按照调查时间的连续性不同分类

按照调查时间的连续性不同，可以分为一次性调查、定期性调查和经常性调查。

▶ 1. 一次性调查

一次性调查又称临时性调查，是指为了研究某一特殊问题而进行的一次性的市场调查。

▶ 2. 定期性调查

定期性调查是指对市场情况或业务经营情况每隔一定时期所进行的调查。

▶ 3．经常性调查

经常性调查是指在选定调查的课题和内容之后，组织长时间的、不间断的调查，以收集具有时间序列化的信息资料。

五、按照调查的组织方式不同分类

按照调查的组织方式不同，可以分为全面调查和非全面调查。

▶ 1．全面调查

全面调查又称普查，是指调查者为了收集一定时空范围内调查对象的较为全面、准确、系统的调查资料，对调查对象的全部个体单位进行逐一、无遗漏的调查，如国家按照一定周期组织的经济普查、工业普查、农业普查、第三产业普查和人口普查等。

▶ 2．非全面调查

与全面调查相对的是非全面调查，这类调查是指仅调查对象总体中的一部分个体，不进行逐一调查。非全面调查的方式有重点调查、典型调查和抽样调查。

六、按照市场调查主体划分

根据市场调查的主体不同，可以把市场调查分为政府的市场调查、企业的市场调查、社会组织的市场调查和个人的市场调查四大类。下面重点介绍政府的市场调查和企业的市场调查。

▶ 1．政府的市场调查

政府在社会经济中扮演着无可替代的角色，它一方面承担着宏观管理者和协调者的职能；另一方面还从事一些直接的经营活动。不管其从事哪一方面的工作，政府都需要了解和掌握真实、全面、有效的信息。因此，政府部门经常需要开展各个方面的调查工作，例如，人口普查、经济普查等一般企业无法完成的调查任务都是由政府开展的，这些调查活动涉及内容比较多，范围比较广，对政府和相关企业能否做出正确的决策有着至关重要的意义。

▶ 2．企业的市场调查

企业的市场调查是最常见的一种市场调查活动。在企业的经营管理过程中，尤其是现在企业所处的激烈的市场竞争环境决定了进行市场调查的必要性。在激烈的市场竞争中，企业要想生存下来，就必须比竞争对手做得更好、跑得更快。为了做到这一点，企业必须进行市场调查，以做到"知己知彼知顾客"，从而帮助企业做出正确的决策。在进行市场调查时，可以由企业自己进行，也可以委托专业的市场调查机构来完成。

任务四　组织市场调查的原则、程序和基本要求

一、市场调查的原则

为了尽可能获得客观、真实的市场信息，企业在市场调查中还需遵循以下原则。

▶ 1. 时效性原则

在现代市场经营中，时间就是机遇，也意味着金钱。丧失机遇，会导致整个经营策略和活动失败；抓住机遇，则为成功铺平了道路。市场调查的时效性就表现为及时捕捉和抓住市场上任何有用的情报、信息，及时分析、及时反馈，为企业在经营过程中适时地制定和调整策略创造条件。在市场调查工作开始进行之后，要充分利用有限的时间，尽可能多地收集所需要的资料和情报。调查工作的拖延，不但会增加费用支出，浪费金钱，也会使生产和经营决策出现滞后，对生产和经营的顺利进行极为不利。

▶ 2. 准确性原则

市场调查工作要把收集到的资料、情报和信息进行筛选、整理，经过调查人员的分析后得出调查结论，供企业决策之用。因此，市场调查收集到的资料必须体现准确性原则，对调查资料的分析必须实事求是，尊重客观实际，切忌以主观臆造来代替科学的分析。同样，片面、以偏概全也是不可取的。要使企业的经营活动在正确的轨道上运行，就必须以准确的信息作为依据，才能瞄准市场，看清问题，抓住时机。

▶ 3. 系统性原则

市场调查的系统性表现为应全面收集有关企业生产和经营方面的信息资料。因为在社会大生产条件下，企业的生产和经营活动既受内部因素也受外部因素的制约和影响，这些因素不仅会起积极作用，而且也会阻碍企业的正常发展。由于很多因素之间的变动是互为因果的，如果只是单纯地了解某一事物，而不去考察这一事物如何对企业发挥作用和为什么会产生如此作用，就不能把握这一事物的本质，也就难以对影响经营的关键因素做出正确的结论。从这个意义上说，市场调查既要了解企业的生产和经营实际，又要了解竞争对手的有关情况；既要认识到企业内部机构设置、人员配备、管理素质和方式等对经营的影响，也要调查社会环境的各方面对企业和消费者的影响程度。

▶ 4. 经济性原则

市场调查是一件费时、费力、费财的活动，它不仅需要人的体力和脑力的支出，同时还要采取一定的物质手段，以确保调查工作顺利进行和调查结果的准确。在调查内容不变的情况下，采用的调查方式不同，费用支出也会有所差别；同样，在费用支出相同的情况下，不同的调查方案也会产生不同的效果。由于各企业的财力情况不同，因此需要根据自己的实力去确定调查费用的支出，并制定相应的调查方案。对中小企业来说，没有必要像大型企业那样花费巨大的财力去进行规模较大的市场调查，可以更多地采用参观访问、直接听取顾客意见、大量阅读各种宣传媒体上的有关信息、收集竞争者的产品等方式进行市场调查，只要工作做得认真细致又有连续性，同样会收到很好的调查效果。因此，市场调查也要讲求经济效益，力争以较少的投入取得最好的效果。

拓展阅读

知己知彼，百战百胜

20世纪90年代，中国彩电市场经历了四次价格大战，促使长虹彩电在家电行业中独领风骚。然而，1999年年初，长虹公司发现其彩电零售市场份额的领先地位开始动摇。厦华、康佳等品牌正直追而至。是消费者的需求发生了变化？还是进口彩电占据了大量的市场份额？长虹公司经过市场调查发现：上述两者都不是，而是其他几家品牌的彩电拥有相对的价格优势，从而导致了长虹彩电在一定程度出现销售滑坡，而此时长虹彩电整机库存超过 250 万台。查出症结以后，长虹公司依据自身的优势，实施了新一轮价格战略，点燃了我国彩电业第五次降价的烽火。结果，长虹公司重新巩固了自己的市场霸主地位，为公司创造了良好的经济效益和社会效益。

▶ 5. 科学性原则

市场调查不是简单地收集情报和信息的活动，为了在时间和经费有限的情况下获得更多、更准确的资料和信息，就必须对调查的过程进行科学的安排。采用什么调查方式，选择谁作为调查对象，问卷如何拟订才能达到既明确表达意图，又能被调查者易于答复的效果，这些都需要进行认真的研究。同时，还要运用一些社会学和心理学等方面的知识，以便与被调查者更好地交流。在汇集调查资料的过程中，要使用计算机这种高科技产品来代替手工操作，对大量信息进行准确、严格的分类和统计。对资料所做的分析应由具有一定专业知识的人员进行，以便对汇总的资料和信息做出更深入的分析，分析人员还要掌握和运用相关数学模型和公式，从而将汇总的资料以理性化的数据表示出来，精确地反映调查结果。

▶ 6. 保密性原则

市场调查的保密性原则体现在以下两个方面。

（1）为客户保密。许多市场调查是由客户委托市场调查公司进行的，因此市场调查公司以及从事市场调查的人员必须对调查获得的信息保密，不能将信息泄露给第三者。在激烈的市场竞争中，信息是非常重要的，不管是有意或是无意，也不管信息泄露给谁，只要将信息泄露出去就有可能损害客户的利益；反之，也会损害市场调查公司的信誉。

（2）为被调查者提供的信息保密，不管被调查者提供的是什么样的信息，也不管被调查者提供信息的重要性程度如何，如果被调查者发现自己提供的信息被暴露出来，不仅可能给他们带来某种程度的伤害，同时也会使他们失去对市场调查的信任。被调查者愿意接受调查是调查业存在的前提，如果市场调查不能得到被调查者的信任和配合，那么整个市场调查业的前景也是不堪设想的。

二、市场调查的程序

市场调查是一项较为复杂、细致的工作，为了确保市场调查的质量，使调查工作有条理、高效率地进行，必须加强组织管理，建立一套系统、科学的程序来安排调查工作。虽然不同类型的市场调查，其程序不尽相同，但从最基本的层面分析，正式的市场调查大体上需要经过四个阶段：准备阶段、实施阶段、总结阶段和后续阶段。

（一）准备阶段

准备阶段是市场调查工作的开始。准备工作是否充分，对后续的实际调查工作的开展和调查质量影响很大。准备阶段包括明确调查的主题和目标、调查的可行性分析和调查方案的设计及确定三方面的内容。

▶ 1. 明确调查的主题和目标

明确调查的主题和目标即明确调查主题的性质，调查要了解什么，以及调查的意义和目的是什么。

▶ 2. 调查的可行性分析

无论是企业外部委托的调查项目，还是企业内部组织的调查与预测项目，事前都需要做严谨的可行性分析与研究。例如，调查活动从技术角度看是否具有可行性；市场调查机构从人力、物力、财力等方面是否具备承担活动的能力和条件；相关主题的调查活动是否有法律保障，是否有违社会道德准则等。

▶ 3. 市场调查方案的设计及确定

确定好市场调查主题和目标，研究具有调查的可行性之后，就可以进行方案的设计了，这是确保市场调查取得成功的关键内容。市场调查必须事先编制详细、周密的调查方案，为了提高调查方案的科学性、可操作性，还必须对方案进行可行性论证，最终为整个调查活动制定详细的、内容完整的策划书。

市场调查方案是整个市场调查活动的指导书。客观上不存在唯一的、最好的调查方案，相反，调查人员可以设计多种备选方案。每一种方案都有优缺点，需要根据调查成本、决策信息的质量、时间限制和调查类型等权衡选择。通常所获得的信息越精确、错误越少，成本就越高。

（二）实施阶段

实施阶段就是市场调查资料的收集阶段，也是整个市场调查过程中的关键阶段，对调查工作能否满足准确、及时、完整、节约等基本要求有直接的影响。这个阶段包括两个主要步骤。

▶ 1. 事先培训

事先对调查人员进行培训，让调查人员理解调查计划，掌握调查技术及有关的经济知识，解答调查人员对调查表和问卷的疑问，这是保证调查质量的一项重要措施。

▶ 2. 实地调查

市场调查资料的收集阶段是调查者受种种外部因素制约而无法完全控制或掌握工作进程的阶段，市场调查工作的领导者和组织者在这个阶段要特别注意听取被调查者的意见，做好外部协调工作和内部指导工作。实地调查的质量取决于调查人员的素质、责任心和组织管理的科学性。

外部协调工作主要包括两个方面：一是要紧紧依靠被调查单位或地区的有关组织，努力争取它们的积极支持和帮助，要尽可能在不影响正常工作的前提下，合理安排调查工作的进程；二是要密切联系被调查的全部对象，努力争取他们的充分理解和合作。

市场调查的类型和方法不同，各阶段的工作指导内容也不相同。一般来说，在调查实施阶段的初期，应指导调查人员尽快打开调查工作的局面，注重调查人员的"实战"训练和收集材料工作的质量，为整个调查工作开一个好头；在调查实施阶段的中期，应注意总结和交流调查工作的经验，及时发现和解决工作中出现的新情况、新问题，特别是要采取得力措施，加强后进的单位和环节，促进调查工作的平衡发展，加快整个调查工作的进度；在调查实施阶段的后期，要狠抓收集材料的扫尾工作，同时要对调查资料进行严格的质量检查和初步整理工作，以便及时发现问题，就地补充调查。

（三）总结阶段

总结阶段的主要内容是做好所收集资料的分类、整理、统计分析，并撰写调查报告。这个阶段的工作可以分为两大部分。

▶ 1. 资料的整理与分析

当收集资料完成后，首先要对这些资料进行分类、整理，去粗取精、去伪存真、由此及彼、由表及里，选取一切有关的、重要的资料，剔除没有参考价值的资料；然后对这些资料进行编组或分类，并进行相关的统计分析；最后把有关资料用适当的表格形式展示出来，以便说明问题或从中发现某种规律。

▶ 2. 撰写调查报告

经过对调查材料的综合分析整理，便可根据调查目的写出一份调查报告，得出调查结论和建议。

（四）后续阶段

提交了市场调查报告并不是调查过程的完结，调查人员还要继续追踪，了解该结论是否被重视和采纳、采纳的程度和采纳后的实际效果，以及调查结论与市场发展是否一致。只有这样才能不断积累经验，改进和提高调查工作的质量。

三、市场调查的基本要求

▶ 1. 端正指导思想

要树立为解决实际问题才进行调查研究的思想，注意防止为了某种特殊需要而内定的调查，或者带着事先想出的观点和结论去寻找"相应"的素材来验证的虚假调查。

▶ 2. 如实反映情况

对调查得到的情况，一是一，二是二，必须讲真话。

▶ 3. 选择有效的调查方法

采用何种调查方法，一般应综合考虑调查的效果，以及人力、物力、财力及时间要求等。对于某些调查项目，往往需要同时采用多种不同的调查方法，如典型调查，就需要交叉运用座谈会、访问法、观察法等多种方式。

▶ 4. 安排适当的场合

安排调查的时间和地点时，要为被调查者着想，充分考虑被调查者是否方便，是否能引起被调查者的兴趣。

▶ 5. 遵守调查纪律

遵守调查纪律包括遵纪守法、尊重被调查单位领导的意见、尊重人民群众的风俗习惯、在少数民族地区严格执行民族政策，注意保密和保管好调查的资料等。

案例分析

可口可乐：跌入调研陷阱

20世纪70年代中期以前，可口可乐一直是美国饮料市场的霸主，市场占有率一度达到80％。然而，70年代中后期，它的老对手百事可乐迅速崛起，1975年，可口可乐的市场份额仅比百事可乐多 7%；9 年后，这个差距更缩小到 3%，微乎其微。

百事可乐的营销策略：第一，针对饮料市场的最大消费群体——年轻人，以"百事新一代"为主题推出一系列青春、时尚、激情的广告，让百事可乐成为"年轻人的可乐"；第二，进行口味对比。请毫不知情的消费者分别品尝没有贴任何标志的可口可乐与百事可乐，同时百事可乐公司将这一对比实况进行现场直播。结果，有八成的消费者回答百事可乐的口感优于可口可乐，此举马上使百事可乐的销量激增。

对手的步步紧逼让可口可乐感到了极大的威胁，它试图尽快摆脱这种尴尬的境地。1982 年，为找出可口可乐衰退的真正原因，可口可乐决定在全国 10 个主要城市进行一次深入的消费者调查。

可口可乐设计了"你认为可口可乐的口味如何？""你想试一试新饮料吗？""可口可乐的口味变得更柔和一些，您是否满意？"等问题，希望了解消费者对可口可乐口味的评价并征询对新可乐口味的意见。调查结果显示，大多数消费者愿意尝试新口味可乐。

可口可乐的决策层以此为依据，决定结束可口可乐传统配方的历史使命，同时开发新口味可乐。没过多久，比老可乐口感更柔和、口味更甜的新可口可乐样品便出现在世人面前。

为确保万无一失，在新可口可乐正式推向市场之前，可口可乐公司又花费数百万美元在 13 个城市中进行了口味测试，邀请了近 20 万人品尝无标签的新、老可口可乐。结果让决策者们更加放心，六成的消费者回答说新可口可乐味道比老可口可乐要好，认为新可口可乐味道胜过百事可乐的也超过半数。至此，推出新可口可乐似乎是顺理成章的事了。

可口可乐不惜血本协助瓶装商改造了生产线，而且，为配合新可口可乐的上市，可口可乐还进行了大量的广告宣传。1985 年 4 月，可口可乐在纽约举办了一次盛大的新闻发布会，邀请 200 多家新闻媒体参加，依靠传媒的巨大影响力，新可口可乐一举成名。

看起来一切顺利，刚上市一段时间，有一半以上的美国人品尝了新可口可乐。但让可口可乐的决策者们始料未及的是，噩梦正向他们逼近——越来越多的老可口可乐的忠实消费者开始抵制新可口可乐。

对于这些消费者来说，传统配方的可口可乐意味着一种传统的美国精神，放弃传统配方就等于背叛美国精神，"只有老可口可乐才是真正的可乐"。有的顾客甚至扬言将再也不买可口可乐。

每天，可口可乐公司都会收到来自愤怒的消费者的成袋信件和上千个批评电话。尽管公司竭尽全力平息消费者的不满，但他们的愤怒情绪犹如火山爆发般难以控制。

迫于巨大的压力，决策者们不得不做出让步，在保留新可口可乐生产线的同时，再次启用近 100 年历史的传统配方，生产让美国人视为骄傲的老可口可乐。

资料来源：百度文库.

思考：可口可乐进行的市场调查工作存在什么问题？为什么费时、费力的市场调查及新可口可乐的推广工作最后以失败告终？请为可口可乐公司提出调查建议。

课后实训

全班同学分为不同的调查小组，每个小组 4～6 人，按照教师模拟的调查情境或以下参考题目，承接调查项目。

参考选题：关于大学生课外读物阅读情况调查、关于大学生手机使用状况调查、关于大学生业余爱好调查、关于大学生创业情况调查。

实训要求：每个小组选择并设计一个合适的调查项目名称，根据调查的目的和要求，初步设计本项目的调查内容，并将其罗列出来。

项目二
———
设计市场调查方案

学习目标

1. 了解市场调查方案的含义和意义；
2. 掌握市场调查方案的主要内容；
3. 能够进行市场调查方案的可行性分析和总体评价；
4. 掌握市场调查方案的格式。

案例引入

某市居民轿车需求与用户反馈调查方案

一、问题的提出

某轿车经销商在某市从事轿车代理经销多年，有一定的经营实力，商誉较好，知名度高。但近两年，该市又新成立了几家轿车经销公司，这对该轿车经销商的经营造成了一定的冲击，轿车销售量有所下降。为了应对市场竞争，该轿车经销商急需了解本市居民私家车的市场普及率和市场需求潜力，了解居民对轿车的购买欲望、动机和行为，了解现有私家车用户在轿车使用方面的各种信息，以便调整公司的市场营销策略。为此，该轿车经销商要求市场调查部门组织一次以本市居民轿车需求与用户反馈为主题的市场调查。

二、调查目的与任务

调查目的是获取居民轿车需求与现有用户使用等方面的各种信息，为公司调整、完善市场营销策略提供信息支持。调查任务是准确、系统地收集该市私家车市场普及率、市场需求潜力、购买动机与行为、用户使用状况等方面的信息。

三、调查对象和调查单位

调查对象为本市的全部市区居民家庭，不包括市辖县的居民家庭。调查单位为每户居民家庭。

四、调查内容与项目

1. 被调查家庭的基本情况

调查项目包括户主的年龄、性别、文化程度、职业；家庭人口、就业人口、人均年收入、住房面积、停车位等。

2. 居民家庭是否拥有私家车

如果有，则调查项目包括私家车的类型、品牌、价位、购入时间等。

3. 用户车况与使用测评

调查项目包括节能、加速、制动、外观造型、平稳性、故障率、零件供应、售后服务等。

4. 私家车市场需求情况调查

调查项目包括购买意愿、何时购买、购买何种品牌、价位、购买目的、选择因素、轿车信息获取等。

5. 经销店商圈研究

调查项目包括本经销店顾客的地理分布、职业分布、收入阶层分布、文化程度分布、行业分布及商圈构成要素等。

6. 竞争对手调查

调查项目包括竞争对手的数量、经营情况和经营策略等。

五、调查表和问卷设计

（1）居民私家车需求与用户调查问卷。

（2）经销商商圈研究调查表。

（3）竞争对手调查提纲。

六、调查时间和调查期限

1. 调查时间

私家车拥有量的调查标准时点为本月末,私家车需求量的调查时距为近3年。

2. 调查期限

从本月1日到下月30日共计60天完成,包括调查策划、实施和结果处理。

七、调查方法

(1)竞争对手调查采用现场暗访及用户测评等方式以获取相关信息。

(2)居民私家车需求与用户调查采用抽样的调查方法,样本量为1000户,并采用调查员上门访问的方式。

(3)经销店商圈研究对本经销店建立的用户信息库做全面的调研分析。

(4)居民私家车的社会拥有量和普及率通过走访统计局、交通大队了解。

(5)居民的消费收支情况及社会经济发展状况通过统计年鉴来了解。

(6)利用本经销店的用户信息库进行分类统计和信息开发。

(7)召开一次用户焦点座谈会。

八、资料分析方案

(1)进行用户分布及满意度分析,重点揭示用户的特征,为调整营销目标提供信息支持;用户满意与否的分析是为改进营销工作提供依据的,也作为选择供货商的依据。需求潜力、需求特征、需求分布、需求决定因素研究,是为市场营销策略的制定、调整和完善提供信息支持的,应重点揭示向谁营销、营销什么、怎样营销的问题。

(2)本经销店竞争优势与劣势研究、提高市场竞争力的策略研究。

(3)撰写市场调查报告。

(4)重点揭示调研所得的启示,并提出相应的对策建议。

九、资料整理方案

(1)用户数据的整理方案,包括编制用户特征分布数列;私家车类型品种分布数列;价位、购入时间分布数列;私家车使用满意度测评数列等。

(2)需求数据的整理方案,包括编制需求者特征、购买欲望、购买动机、购买行为、购买时间、购买选择、信息获取等分布数列。

(3)编制本经销商商圈层次划分数列、客户的分类统计数列等。

(4)对定性资料的分类归档。

(5)对居民私家车市场普及率统计,对市场需求潜量和市场占有率的测定。

十、确定市场调查进度

(1)调查策划、确定调查目标,5天;

(2)收集文字资料,3天;

(3)进行实地调查,20天;

(4)对资料进行汇总、整理、统计、核对及分析,2天;

(5)撰写市场调查报告的初稿,7天;

(6)调查报告的修改与定稿,3天;

(7)调查报告的完成、提交,2天。

十一、调查组织计划

(1)由市场营销教研室全面负责规划与实施。

（2）找 30 名训练有素的市场营销专业大学生作为调查员。

（3）由市场营销教研室教师对调查员的访问质量进行抽查并及时审核。

十二、撰写调查计划

资料来源：豆丁网.

思考：对该市场调查方案进行总体评价。

市场调查方案是市场调查工作对各个方面和各个阶段进行的整体构思和安排，市场调查工作能够有目的、有计划、有组织地进行必须先制定市场调查方案。

任务一 认识市场调查方案

市场调查方案是市场调查活动的指导书，市场调查方案的正确设计为市场调查工作的顺利开展提供了整体思路和方向，是市场调查工作成功完成的基础。

一、市场调查方案的含义

市场调查方案又称市场调查计划书，它是在正式进行市场调查之前，根据调查的目的和调查对象的性质等要求，对调查的各个方面和各个阶段进行的全方位的考虑和安排，提出相应的调查实施方案，制定科学、合理的调查工作程序的过程。

市场调查方案包括横向设计和纵向设计两个大的方面。横向设计是指调查工作的各个方面，即调查所要涉及的各个组成项目，例如对某行业企业的竞争能力进行调查，就应将所有该行业企业经营品种、质量、价格、服务等方面作为一个整体，对各种相互区别又有密切联系的调查项目进行整体考虑，避免出现调查内容的重复和遗漏。纵向设计是指调查工作所需经历的各个阶段和环节，即调查资料的收集、整理和分析等，是为保证调查工作有序进行，减少调查误差，提高调查质量，对调查工作所做的统一考虑和安排。

二、市场调查方案的意义

市场调查方案是保障调查工作有序开展，使各个环节能有连贯性和协同性而做的统筹安排，对整个市场调查工作具有指导作用。具体来讲，设计市场调查方案的意义有以下几个方面。

（一）市场调查方案是整个市场调查过程的行动纲领

市场调查方案起着统筹兼顾、统一协调的作用。现代市场调查是一项很复杂的系统工程，调查中会遇到很多问题。例如，抽样调查中样本量的确定，抽样样本数越多，那么样本指标的代表性越强，但是这样会延长调查时间、增加调查费用。所以，在方案设计时就应该兼顾样本数量和调查费用两方面的因素，提高调查工作的经济效益。

（二）市场调查方案是对市场从定性认识过渡到定量认识的开始阶段

任何调查工作都是先从问题的定性认识开始的，例如，在具体调查之前，首先要对该企业生产经营活动状况、特点等有一个详细的了解，然后明确调查什么和怎样调查，解决什么问题和如何解决，所有这些考虑都是研究者的定性考虑。在此基础上，设计相应的指标以及收集、整理资料的方法，然后实施。所以，市场调查方案是从定性认识到定量认识的过渡。

（三）市场调查方案能够适应现代市场调查发展的需求

现代市场调查已经从单纯的收集资料活动发展到将调查对象作为一个整体来反映的调查活动。与此相适应，市场调查过程也应被视为市场调查方案设计、资料收集、资料整理和资料分析的一个完整工作过程，调查方案的设计正是这个过程的第一步。

任务二　市场调查方案的主要内容

市场调查方案是对市场调查工作各个方面的通盘考虑，涉及调查工作的全部内容，市场调查方案设计得是否科学、可行是整个调查工作成败的关键。市场调查方案主要包括以下内容。

一、前言

前言部分要简明扼要地介绍整个调查背景，即说明这次调查是在什么样的情况下产生的。例如，广州某医疗股份有限公司研发出了采血管自动开盖机——一种血液检验的标本前处理安全设备，用于替代现有血液标本检验前处理过程中的手工开盖操作及血样气溶胶的无害化处理。在征询并吸取部分相关专家意见后进行设计、修改，如今的样机已成型，但该项目缺乏对潜在和现有的市场需求的了解，也缺乏对购买者的购买意向以及他们对开盖机功能、外观的需求等方面的了解，故组织市场调查以征询潜在购买者对开盖机的改进意见和建议，并了解其购买意向。

二、确定市场调查目的

明确市场调查目的是市场调查方案设计的首要问题，只有确定了调查目标，才能确定调查范围、内容和方法，否则就会列入一些无关紧要的调查项目，或漏掉一些重要的调查项目，导致无法满足市场调查的需求。具体而言，确定调查目标就是要明确客户为什么要进行调查，即调查的意义；客户想通过调查获得什么信息，即调查的基本内容；客户获得这些信息想要做什么，即客户调查获得的信息能否解决客户所面临的问题。

衡量一个调查方案设计是否科学的标准，主要就是看市场调查方案是否能够体现调查目的和要求，是否能够解决客户所面临的问题。

拓展阅读

市场调查数据给企业带来的噩梦

上海生产宠物食品的一位企业家柴先生出差来北京的时候，在西单买了一本关于市场调查的书。3个月以后，他为这本书付出了三十几万元的代价。更可怕的是，这种损失还在继续，除非柴先生的宠物食品公司关门，否则那本书会如同魔咒般伴随着他的商业生涯。

柴先生说："最近两年，宠物食品市场空间增加了两三倍，激烈的市场竞争把很多国内企业逼到了死角。渠道相近，谁开发出好的产品谁就有前途。以前做生意靠经验，我觉得产品设计要建立在科学调研的基础上，于是决定开始为产品设计做消费调查。"

为了能够了解更多的消费信息，柴先生设计了精细的问卷，在上海选择了1000个样本，并且保证所有的抽样在超级市场的宠物组购物人群中产生，内容涉及价格、包装、食量、周期、口味、配料等6大方面，覆盖了所能想到的全部因素。沉甸甸的问卷让柴氏企业的高层着实振奋了一段时间，谁也没有想到市场调查正把他们拖向溃败。

2005年年初，上海柴氏的新配方、新包装狗粮产品上市了，短暂的旺销持续了一星期，随后就是全面萧条，后来产品在一些渠道甚至遭到了抵制。过低的销量让企业高层不知所措，当时远在美国的柴先生更是惊讶："科学的调研为什么还不如以前我们凭感觉定位来得准确？"2005年2月初，新产品被迫从终端撤回，产品革新宣布失败。

柴先生说："我回国以后，请了十几个新产品的购买者来座谈，他们拒绝再次购买的原因是宠物不喜欢吃。"产品的最终消费者并不是"人"，人只是一个购买者，错误的市场调查方向决定了调查结论的局限性，甚至可能得到荒谬的结论。

经历了这次失败，柴先生认识到了调研的两面性，调研可以增加商战的胜算，而失败的调研对企业来说是一场噩梦。

资料来源：百度文库.

思考：这位企业家以调查结论形成的决策为什么会失败？

三、确定调查对象和单位

确定了调查目的以后，就要确定调查对象和调查单位，这主要是为了解决向谁调查和由谁来提供资料的问题。调查对象是根据调查目的、任务确定调查的范围以及所要调查的总体，它是由具有某一共同性质的许多个体单位所组成的整体。确定调查对象即解决向谁调查的问题，例如，2000年第五次人口普查规定："人口普查对象是具有中华人民共和国国籍并在中华人民共和国境内常住的人"；又如，对某地区中学学生情况进行普查，则调查对象是该地区各中学的全部学生。

调查单位是调查对象的个体单位，是调查实施中承担调查问题的承担者。例如，人口普查中，每个人就是一个调查单位；又如，对某地区中学学生情况进行普查，则调查单位是该地区各中学的每一位学生。

在确定调查对象和单位时，应注意以下两方面的问题。

（1）严格界定调查对象的含义，并指出它与其他非调查现象的界限。例如，以城市职工为调查对象，就应明确职工的含义，划清城市职工与非城市职工、职工与居民等概念的界限，以免造成调查登记时由于界限不清而发生差错。

（2）分清调查单位和填报单位。调查单位和填报单位是有区别的，调查单位是调查项目的承担者，而填报单位是调查中填报调查资料的单位。例如，对某地区工业企业设备进行普查，调查单位为该地区工业企业的每台设备，而填报单位是该地区每个工业企业。但是有的情况下，两者又是一致的，例如在进行职工基本情况调查时，调查单位和填报单位都是每一个职工。在进行市场调查方案设计中，如果两者不一致，应明确从何处取得资料并防止调查单位重复和遗漏。

四、确定调查项目

调查项目是指对调查单位所要调查的主要内容，确定调查项目就是要明确向被调查者了解哪些问题。在确定具体调查项目时，要注意以下几个方面的问题。

（1）调查项目的确定既要满足调查目的和任务的要求，又要能够取得数据，包括在哪里取得数据和如何取得数据，凡是不能取得数据的调查项目应舍去。

（2）调查项目应包括调查对象的基本特征项目、调查课题的主体项目和调查课题的相关项目。例如，消费者需求调查中，基本项目为年龄、性别、职业、行业、文化程度、家庭人口、居住地等；主体项目为为何买、买什么、买多少、在哪里买、由谁买，何时买等要素；相关项目为消费者收入、消费结构、储蓄、就业、产品价格等。

（3）调查项目的表达必须明确，调查项目的答案选项具有确定的表示形式，如数值式、文字式等，否则，会使调查者产生不同的理解而给出不同的答案，造成汇总的困难。

（4）调查项目之间应尽可能相互关联，使取得的资料能够互相对应，具有一定的逻辑关系，便于了解调查现象发展变化的原因、条件和后果，检查答案的准确性。

（5）调查项目的含义必须明确、肯定，必要时可附加调查项目的指标解释及填写要求。

五、制定调查提纲和调查表

当调查项目确定后，可将调查项目科学地分类、排列，构成调查提纲或者调查表，方便调查登记和汇总。调查表一般由表头、表体和表脚三个部分构成。

（一）表头

表头包括调查表的名称、调查单位(填报单位)的名称、性质和隶属关系等，表头上填写的内容一般不作为统计分析之用，但它是核实和复查调查单位的依据。

（二）表体

表体包括调查项目、栏号和计量单位等，是调查表的主要部分。

（三）表脚

表脚包括调查者或者填报人的签名和调查日期等，其目的是明确责任，一旦发现问题，便于查询。调查表分单一表和一览表两种，单一表是每张调查表只登记一个调查单位的资料，常在调查项目较多时使用。它的优点是便于分组整理；缺点是每张表都注有调查地点、时间及其他共同事项，造成人力、物力和时间的耗费较大。一览表是一张调查表可以登记多个单位的调查资料，它的优点是当调查项目不多时，应用一览表能使人一目了然，还可将调查表中有关单位的资料相互核对；缺点是对每个调查单位不能登记更多的项目。

调查表拟订后，为便于正确填表、统一规格，还要附填表说明，内容包括调查表中各个项目的解释，有关计算方法及填表时应注意的事项等，填表说明应力求准确、简明扼要、通俗易懂。

六、确定调查方式和方法

在市场调查方案中，还要规定采用什么组织形式发放、获取调查资料，调查的组织形式就是市场调查方式，通常有市场普查、重点市场调查、典型市场调查、抽样市场调查、非概率抽样调查等。在调查时，采用何种方式、方法不是固定和统一的，而是取决于调查对象和调查任务。为了准确、及时、全面地取得市场信息、完成调查目标，调查方式的选择往往不是单一的，常常是根据实际需要选择几种方式相结合。需要注意的是，针对某项调查任务的市场调查方式是否是单一的，必须在方案中明确。

市场调查方法是指在调查方式既定的情况下收集资料的具体方法，通常有观察法、访问法、实验法、网络调查法、文案调查法等。选择的调查方法在市场调查方案中并不做硬性规定，通常是以能获取需要调查的资料为原则，由调查机构灵活掌握。

拓展阅读

"某医疗公司自动开盖机市场调查"焦点小组座谈提纲

访谈对象：7～10人，包括操作人员和检验科科长、生化组组长，其中操作人员不少于2人；同时，科长、组长和操作人员来自不同的医院，彼此不存在上下级关系，增加了所获信息的真实性。

访谈时间：计划2小时，可以根据具体情况适当增减。

主持人：××

记录人：××

具体的访谈提纲：

1. 前期准备(5分钟)

• 欢迎和致谢；

• 培养小组气氛；

• 说明访谈的目的；

• 强调答案没有对错之分，只是了解情况；

• 介绍讨论的话题——采血管开盖的相关问题。

2. 介绍和热身(2分钟)

小组成员自我介绍(只要求姓名)。

3. 对采血管人工开盖的认识和看法(15分钟)

就目前人工开盖的现状谈谈各自的认识和看法，其余人员不得打断或者提反对意见。

4. 谈谈采血管人工开盖有哪些好处和不足(15分钟)

5. 播放一段自动开盖机开盖的视频，并介绍其功能和用途，请大家谈谈感受和认识(15分钟)

6. 介绍国外开盖机产品以及全自动化系统，并请大家谈谈对此的认识和看法(15分钟)

7. 对于采血管自动开盖机，您认为应该有什么样的功能和设计(10分钟)

8. 您比较看重哪些功能或者在购买的时候主要考虑哪些因素(15分钟)

9. 您认为自动开盖机的技术含量如何，请给出一个可以接受的价格范围(10分钟)

10. 结束、致谢、派发小礼物(18 分钟)

七、确定调查时间进度

时间进度是对调查工作每个阶段需要完成的任务做出具体时间规定。严谨的时间进度计划不仅可以指导调查小组和调查人员正确把握调查工作的时间进度和活动的目标要求，而且是保证各调查小组和调查人员在各项调查活动的时间上保持衔接，减少和避免调查与预测过程中由时间的错误分配而造成的人力资源及财力的浪费与损失。设计时间进度表时，最好为补充调查留有一定的时间，因为工作中常常出现调查项目不全，而且所缺调查项目又很关键的情况，这就需要进行补充调查才能保证调查任务的圆满完成。

关于调查时间进度安排，需要详细列出每一个阶段的工作内容、时间、参与单位和活动小组，以及主要负责人及成员，可做成调查进度计划表，如表 2-1 所示。

表 2-1　调查进度计划表

工作与活动内容	时　间	参与单位和活动小组	主要负责人及成员	备　注

八、预算表

市场调查费用预算是保障调查工作顺利开展和调查方案成功中标的重要因素，预算表的制作依据调查项目和调查内容的不同而不同。在美国，单项小规模的调查要花费约 5000 美元，大规模调查的花费会超过 10 万美元。在我国，小规模的调查一般花费几千元、上万元，大规模调查需要花费几十万元甚至更多。由此也可以看出，我国市场调查的受重视程度还不够。进行市场调查费用预算时，方案设计者应制订较详细的分工费用计划，这即使客户明白所花的费用是必须的，也是调查实施控制支出的重要手段。一般来说，市场调查所需的费用包括以下几个方面：

(1) 总体方案策划费和设计费；

(2) 抽样设计费；

(3) 调查问卷设计费；

(4) 调查问卷印刷费、邮寄费；

(5) 调查实施费，包括选拔、培训调查员，试点调查费、交通费，调查员劳务费、差旅费，被调查者的礼品等；

(6) 数据录入费，包括编码、录入、差错等；

(7) 数据统计分析费，包括上机、统计、制作、绘图、购买必需品等；

(8) 调研报告撰写费；

(9) 资料费、复印费、通信联络等办公费用；

（10）专家咨询费；

（11）劳务费，包括公关、协作人员劳务费等；

（12）向国家或相关管理部门上缴的管理费或税金等；

（13）鉴定费、新闻发布会及出版印刷费等。

在进行预算时，要将可能需要的费用尽可能考虑全面，以免将来出现一些不必要的麻烦而影响调查的进度。

九、调查资料整理和分析方法

调查资料整理和分析主要包括对资料进行分类、编号、整理、汇总、分析等一系列资料研究工作。一般要在市场调查方案中明确规定调查所取得的资料由谁负责整理，怎样整理，整理后的原始资料如何汇总，由谁来分析，采用什么方法进行分析等。

十、调查报告的提交方式

调查报告的提交方式主要包括报告书的形式和份数、报告书的基本内容、报告书的图表要求等。

十一、市场调查的组织计划

市场调查是一项有计划、有组织的调研活动，为保障调查工作的顺利实施，必须制订调查的组织计划、成立专门的调查组织机构、配置相应的工作人员，主要工作内容包括调查的组织领导、调查机构的设置、调查员的选择与培训、课题负责人及成员的确定、各项调研工作的分工等。调查工作的组织实施是一项非常考究的事情，调查方案设计者应充分考虑人员的自身素质和能力，做到知人善任，这样才能充分挖掘调查队伍中每个成员的潜力，充分发挥其作用。例如，需要在网络上收集公开的数据时，就应该安排能够熟练使用计算机、互联网等工具的人员去做；而收集政府部门的相关数据时，应该安排人脉较好、政府部门熟人较多的人员去做。

企业委托外部市场调查机构进行市场调查时，还应对双方的责任人、责任范围联系人和联系方式等做出规定。

任务三 市场调查方案的可行性分析与总体评价

一、市场调查方案的可行性分析

市场调查方案的可行性分析是市场调查工作的主要环节。在对复杂的社会经济现象所进行的调查中，针对同一个调查主题往往可以设计出不同的市场调查方案，市场调查组织者总是试图在这些备选方案中选择最优的方案来实施，这使得市场调查方案设计工作不可能一次完成，总是通过实践来发现问题并不断改进，这也就决定了对市场调查方案进行可行性分析和总体评价是必不可少的。因此，必须采取一些有效的方法和指标来评价调查方案的可行性，这对保证调查结果的科学性及调查工作的顺利实施具有极其重要的意义。

对市场调查方案进行可行性分析的方法有很多，这里主要介绍三种比较常用的方法。

（一）经验判断法

经验判断法也叫专家判断法，即市场调查组织者通过组织一些具有丰富市场调查经验的专家或专业人士对设计出来的方案进行初步的研究和判断，从而论证方案是否合理可行。经验判断法是用过去的实践经验判断调查方案是否可行，例如，对劳务市场中的保姆情况进行调查，往往采用抽样调查；而对于小麦、棉花等集中产区的农作物生长情况进行调查，则适合采用重点调查的方式。经验判断法的最大优点就是节省人力和物力，能在较短时间内做出结论。但这种方法也存在一定的局限性，就是随着事物的不断发展变化，各种主客观因素都会影响经验判断的准确性。在运用经验判断法时，具体可从调查目的、调查对象、调查单位、调查方法、调查内容、调查时间和调查组织计划等方面进行考察。

（二）逻辑分析法

逻辑分析法是指从逻辑层面对调查方案进行把关，观察所设计调查方案的部分内容是否符合逻辑和情理。例如，对学龄前儿童进行问卷调查、对没有电视信号的地区进行电视广告效果调查等就不符合逻辑。使用逻辑分析法可以非常容易地发现方案设计中存在的一些问题，进而可对方案中的调查项目设计进行可行性分析，却无法对其他方面的设计进行判断，这就使得逻辑分析法的适用领域及准确性受到较大的影响。

（三）试点调查

试点调查是指在小范围内选择部分单位进行试点调查，以检测市场调查方案的可行性。试点调查是整个调查方案可行性研究中一个非常重要的步骤，对于大规模的市场调查而言，其作用更加突出。试点调查可以通过实践把客观现象反馈到认识主体，以便起到修改、补充、丰富、完善主体认识的作用。所以，试点调查的主要目的不在于收集数据，而是为了使调查方案设计得更加科学和完善。同时，通过试点调查，还可以为正式调查取得实践经验，并把人们对客观事物的了解推进到一个更高的高度。

试点调查的准确性高，容易检查出方案中的不足，同时也是调查人员的战前演习，对确保下一步市场调查活动的全面展开是十分必要的。

在进行试点调查时，应该注意以下几个方面的问题。

（1）建立一个由相关负责人、方案设计者及调查骨干组成的调查队伍，以保证调查工作的顺利进行。

（2）应选择合适的调查对象。合适的调查对象主要指选择的数量合适和选择的样本合适，即样本应具有代表性。

（3）应选择合适的调查方式和调查方法，以验证调查方案的适用性和经济性等，保证正式调查的顺利开展。

（4）调查活动结束后，一定要做好试点调查的分析总结工作，及时发现问题、解决问题，充实和完善调查方案，使之更加科学和易于操作，保证正式调查工作科学、顺利地开展。

二、市场调查方案的总体评价

对于一个调查方案的优劣，可以从不同的角度加以评价，一般来说，对调查方案的总体评价可从以下三个方面进行。

（1）调查方案是否能够体现调查目的和要求，这是评价调查方案的一个最基本的条件。调查方案的设计必须围绕调查的目的和要求来展开，以保证后续调查工作的顺利进行。

（2）调查方案是否具有可操作性，即调查方案中设计的每一个调查项目是否可以操作，操作的难度如何，这也是判断调查方案设计优劣的重要标准，不具备可操作性的方案是没有任何意义的。

（3）调查方案是否科学、完整，即调查方案中使用的调查方式、调查方法和测量技术等是否科学；设置的内容是否能够完整地表达主题思想。

对市场调查方案的总体评价具有两方面的重要意义：第一，在方案与实施之间架起桥梁，为市场调查方案的实施创造了条件；第二，对于研究者来说，可以不断总结经验，提高市场调查的质量，推动市场调查工作的开展。总之，只有科学、可行的市场调查方案才能提高调查工作的质量，保证市场调查活动的顺利进行。

任 务 四　市场调查方案的格式

一般情况下，一个完整的市场调查方案通常包括以下几方面的内容。

（一）概要和前言
概述市场调查方案的要点，提供项目概况。

（二）背景
描述市场调查问题的相关背景。

（三）调查的目的和意义
指出项目的背景，想研究的问题和可能的几种备用决策，指明该项目的调查结果可能给企业带来的决策价值、经济效益、社会效益，以及在理论上的重大价值。描述调查项目要达到的目标，调查项目的完成能够产生的现实意义等。

（四）调查内容和范围
指明调查的主要内容，规定所必须的信息资料，列出主要的调查问题和相关的理论假说，明确界定此次调查的对象和范围。

（五）调查采用的方式和方法
▶ 1. 根据调查问卷内容和要求，确定调查方式
在调查方案中，应事先确定应采用何种组织方式和方法取得调查资料，包括普查、重点调查、典型调查和抽样调查等。
▶ 2. 确定具体的实施方法
具体的实施方法包括面谈调查、电话调查、观察调查、网络调查等市场调查方法。

（六）确定调查资料整理和分析方法
随着市场调查相关理论的发展和计算机的运用，越来越多的现代统计分析手段可供我

们在进行资料分析时选择使用，如回归分析、相关分析等。每种分析技术都有其自身的特点和适用性，因此，应根据调查的要求，选择最佳的分析方法并在调查方案中加以规定。

（七）调查进度安排和有关经费开支预算

调查进度安排要有一定的弹性和余地，以应付可能发生的意外事件。在进行经费预算时，要将可能需要的费用尽可能考虑全面，以免将来出现一些不必要的麻烦而影响调查的进度。

（八）附录

附录主要包括调查负责人及主要参加者，说明每人的专业特长及其在该项目中的主要分工、调查组成员的水平和经历、抽样方案及技术说明、问卷及有关技术说明、数据处理所用软件等。

案例分析

大学生消费现状

现在大学生的生活消费究竟到了一个怎样的层次？根据笔者对本校学生做的一项调查问卷显示，大多数学生的日常消费维持在每月 500～800 元，但有相当一部分学生达到了上千元。由于自身和社会的原因，在他们身上出现了盲目消费、攀比消费等不良消费行为，并呈现以下特点。

一、日常生活消费高档化

有些学生追求吃要营养、穿要名牌、用要高档。学校周围的大小饭馆天天座无虚席，还有学校附近的茶社、咖啡厅等，也是大学生经常光顾的场所；有的同学不惜花血本，全身上下都是名牌，俨然一副老总派头；许多同学购买非常高档的化妆品，日常用品亦追求高档，甚至有的女同学花很多的钱去美容院美容。

二、信息化产品及技术消费的普及化

随着 IT 行业的不断发展，手机、电脑等数码产品在当今大学校园随处可见，甚至数码相机、数码摄像机也不算稀奇品。根据调查发现，17.4% 的人拥有手机、数码相机、电脑三大件；51.7% 的人拥有两件以上，其中手机的拥有率为 67.8%。另外，大学生也是网络消费和通信消费的一支主力军。有 55.6% 的学生每月手机通信费为 40～60 元，25.3% 的学生每月手机通信费为 70～100 元，还有 3.1% 的人每月手机通信费用达到百元以上。

三、休闲娱乐消费的多样化

在休闲娱乐消费方面，大学生比其他社会群体表现出更为旺盛的消费需求，大学生越来越不满足于传统的休闲娱乐消费，而是追求更加新颖、刺激，有品位、动感强的娱乐活动，如 K 歌、蹦迪、去酒吧、溜冰、滑雪等。还有的大学生利用假期、黄金周出去旅游，少则花费几百元，多则花费上千元。这对于没有收入的大学生而言，也是一笔不小的开支。

四、大学生的交际消费上升化

在大学生的交往活动中，交际消费也呈上升趋势。交际消费包括两方面：一方面是人情消费，不论获奖、评优、过生日，甚至是通过某项考试（如英语四级）都要请客，交际消费越来越成为大学生日常消费的一项重要支出，给家庭经济困难的学生带来不小的经济负担；另一方面是爱情消费，大学生谈恋爱屡见不鲜，然而，现在的恋爱不再那么单纯，经常要请对方吃饭，送给对方礼物，而且档次肯定不能太差。

五、学习考证费用激增化

面对日益严峻的就业形势，很多大学生想方设法从各个方面完善自己：一方面为获取各种各样的证书而报名参加各类考级、考证，如英语等级证书、计算机等级证书、报关员证、秘书资格证等。事实上，很多人是随大流去考的，很多证对个人来说并没有多大用处，报名费加辅导书加在一起也是一笔不小的数目。另一方面，面对就业单位高学历的要求，大学生读完专科升本科，读完本科读硕士，不惜花钱去参加辅导班和购买各种各样的参考书。还有一些同学在读完本专业课程的同时辅修其他的专业，为自己就业积累智力资本，从而使大学生在学习上的投入逐年增加。

六、投资性消费非理性化

随着我国经济的发展，证券市场也逐步繁荣，大学校园里也掀起了大学生的炒股热，校园里的"炒股族"一下子有了不小的规模。据调查显示，大学生股民人数已经达到10％左右，而且人数还在不断增长。更有甚者，部分大学生竟然是拿学费、生活费进行炒股，一旦投资失败，大学生将很难承受这一现实，并将严重影响日常生活。

思考：如果让我们进行大学生消费现状调查方案设计，我们应该从哪几个方面进行设计？

课后实训

就"学校食堂满意度调查"进行一次市场调查，设计一份市场调查总体方案。

实训要求：以小组为单位进行交流，各小组提交书面材料。以班为单位进行讨论，进行学生互评与教师点评。

项目三

选择市场调查方法

学习目标 ☞

1. 能够熟练应用文案调查法；

2. 能够熟练应用实地调查法；

3. 能够熟练应用网络调查法；

4. 能够根据市场调查的要求，选择合适的市场调查方法。

案例引入

日本是如何推理出大庆油田机密的?

20世纪60年代,中国大庆油田的位置、规模和加工能力是严格保密的。日本为了确定能否和中国做成炼油设备的交易,迫切需要知道大庆油田的位置、规模和加工能力。为此,日本情报机构从中国公开的刊物中收集了大量有关的信息,对所收集的信息进行了严格的定性及定量处理后,得出了有关大庆油田的位置、规模和加工能力的准确情报。

1. 大庆油田的位置

首先,日本情报机构从1964年的《人民日报》上看到了题为"大庆精神大庆人"的报道,从而判断出中国的大庆油田确有其事。以此为线索,日本情报机构开始全面收集中国报纸、杂志上有关大庆的报道。在1966年的一期《中国画报》上,日本情报机构看到了王进喜站在钻机旁的那张著名的照片,他们根据照片上王进喜的服装衣着确定,只有在北纬46°~48°区域内的冬季才有可能穿这样的衣服,因此大庆油田可能在冬季为零下30℃的齐齐哈尔与哈尔滨之间的东北北部地区。之后,来中国的日本人坐火车时发现,来往的油罐车上有很厚的一层土,根据土的颜色和厚度,日本情报机构得出了"大庆油田在东北三省偏北"的结论。

1966年10月,日本情报机构又对《人民中国》杂志上发表的王进喜的事迹介绍进行了详细的分析,从中知道了"最早的钻井是在北安附近着手的",并从人拉肩扛钻井设备的运输情况中判明:井场离火车站不会太远;在王进喜的事迹报道中有这样一段话:"王进喜一到马家窑看到大片荒野说:'好大的油海!我们要把石油工业落后的帽子丢到太平洋去。'"于是日本情报机构从伪满旧地图上查到:马家窑是位于黑龙江海伦县(现海伦市)东南的一个村子,在北安铁路上一个小车站东边十多公里处。经过对大量有关信息严格的定性与定量分析,日本情报机构终于得到了大庆油田位置的准确情报。

2. 大庆油田的规模

为了弄清楚大庆油田的规模,日本情报机构对王进喜的事迹做了进一步的分析。报道说:"王进喜是玉门油矿的工人,是1959年到北京参加国庆之后志愿去大庆的。"日本情报机构由此断定:大庆油田在1959年以前就开钻了。对于大庆油田的规模,日本情报机构分析后认为:马家窑是大庆油田的北端,即北起海伦的庆安,西南穿过哈尔滨与齐齐哈尔之间的安达附近,包括公主岭西南的大赉,南北四百公里的范围。估计从东北北部到松辽油田统称为"大庆"。

3. 大庆油田的加工能力

为了弄清楚大庆炼油厂的加工能力,日本情报机构从1966年的一期《中国画报》上找到了一张炼油厂反应塔照片,从反应塔上的扶手栏杆(一般为一米多)与塔的相对比例推知塔直径约5米,从而计算出大庆炼油厂年加工原油能力约为100万吨,而在1966年大庆已有820口井出油,年产360万吨,估计到1971年大庆油田年产量可增至1200万吨。通过对大庆油田位置、规模和加工能力的情报分析后,日本决策机构推断:中国在近几年中必然会感到炼油设备不足,买日本的轻油裂解设备是完全可能的,所要买的设备规模和数量要满足每天炼油一万吨的需要。

有了如此多的准确情报,日本人迅速设计出适合大庆油田开采使用的石油设备。当我国政府向世界各国征求开采大庆油田的设计方案时，日本人一举中标。

资料来源：百度文库．

思考：案例中采用了哪种调查法，这种方法有什么优点？

市场调查资料收集在整个市场调查工作中具有极其重要的作用，所有的市场调查、预测和市场决策都是建立在市场调查资料收集的基础之上，而要做好市场调查资料的收集就要学会运用不同的市场调查方法。市场调查获取的信息资料包括二手资料（文案资料）和一手资料（原始资料），收集二手资料的方法叫作文案调查法，收集一手资料的方法主要包括访问调查法、观察法和实验法等实地调查法。网络调查法既可用于收集二手资料，也可用于收集一手资料。

任 务 一　文案调查法

一、文案调查法的含义

文案调查法又称二手资料调查法、间接调查法、资料查询调查法，它是利用企业内部和外部现有的各种信息、情报，对调查内容进行分析研究的一种调查方法。文案调查要求更多的专业知识、实践经验和技巧，这是一项艰辛的工作，要求有耐性、创造性和持久性。

二、文案调查法的特点

（一）文案调查法的优点

▶ 1. 不受时空的限制

从时间上看，文案调查不仅可以掌握现实资料，还可获得实地调查所无法取得的历史资料；从空间上看，文案调查既能对企业内部资料进行收集，还可掌握大量的有关企业外部市场环境的资料。

调查人员只需花费较少的费用和时间就可以获得有用的信息资料，与实地调查相比，文案调查实施起来更方便、更自由，只要找到文献资料就可以查阅，成本较低。

▶ 2. 文案调查收集到的资料可靠性和准确性较强

二手资料都是对已有资料的分析，因此不受调查人员和调查对象主观因素的干扰，反映的信息内容较为真实、客观，特别是政府机关信息中心发布的资料。

（二）文案调查法的缺点

▶ 1. 资料的适应性差

资料的适应性差主要表现为衡量资料的单位、资料的分组和资料的收集时间存在差异，现实中正在发生变化的新情况、新问题难以得到及时反映。

▶ 2. 资料收集受主观因素影响较大

文案调查要求调查人员有较扎实的理论知识、较强的专业技能和技巧，需要具有一定的文化水平的人才能胜任，所以调查人员的素质会影响资料收集的有效性。

拓展阅读

二手资料的优点和局限性

使用文案调查法收集到的二手资料也有一定的优点和局限性。

一、二手资料的优点

1. 节约调研费用和时间

收集一手资料的过程比较复杂，它往往涉及调查方案的设计、调查表的设计和试用、抽样设计、调查人员的挑选和培训、调查活动的具体实施、数据的整理和分析等一系列非常复杂的程序，这些都使一手资料的收集需要花费更多的费用和时间。由于二手资料是已经存在的，直接或者稍做加工就可以拿来使用，所以获取二手资料的成本更低、费用更少且速度更快。

2. 受时间和金钱等因素的限制，有些信息只能通过二手资料获得

由于受到种种因素的制约，有些二手资料是市场调查者无法通过直接调查取得的，例如由国家统计局普查结果所提供的数据，是不可能由任何一个调查公司收集得到的。最关键的是，这些资料很容易以较低的成本从统计机构获得。

3. 在特定情况下，二手资料可能比一手资料更准确

由于受到各种因素的制约，在一些特定情况下，二手资料可能比一手资料更加准确。例如企业想获得竞争对手的销售额、利润等信息，它可以通过官方渠道直接获得这些资料，而且这种资料往往比自己去调查获得的一手资料更加准确。

二、二手资料的局限性

1. 二手资料是为了其他特定目标而收集的资料

由于二手资料是为了其他特定目标而收集的资料，可能满足不了调研人员对数据的要求。

（1）二手资料的度量标准与研究者所需的度量标准不符。例如，某项研究需要一份根据面积大小来划分的商业机构的名单，而得到的资料可能根据销售额、雇员人数和利润水平等来划分；又如，某企业想与竞争对手比较花费在每瓶饮料上的促销费用，但获取的数据却显示，有些企业所给出的促销费用仅仅指现场促销费用，而有些企业则把广告费用作为促销费用的一项重要组成部分，这就给企业的资料分析工作带来了比较大的困难。

（2）二手资料的分组标准对研究者来说可能不适用。

2. 有些情况下根本不存在相关的二手资料

必须指明的是，有些情况下根本不存在相关的二手资料。例如，调查人员想得到消费者对于一种新产品的看法及态度，这时就需要通过实地调查直接收集一手资料，因为市场上不存在这方面的资料；又如，企业需要评估其推出的新款轿车，这时也必须向顾客展示此款轿车，并收集顾客对此车的评价和意见。

3. 二手资料缺乏准确性

二手资料是已存在的资料，它们是其他机构或人员为其他目的而收集、记录和整理出来的有关资料，这些资料在被收集、整理及分析的过程中难免会存在一些错误，甚至会被人为地扭曲，这些都会使二手资料缺乏准确性。因此，在进行二手资料的收集和分析时，

对调查人员的去伪存真能力就提出了较高的要求。

4. 二手资料缺乏时效性

因为二手资料主要是历史资料，过时的资料较多，难以反映现实中的新情况和新变化。例如，调查人员收集到了大量有关中国消费者购买力的数据，结果在使用时却发现是三年前的数据，而在这三年中，中国消费者的购买能力已经发生了翻天覆地的变化，这就使收集到的数据变得毫无价值。此外，二手资料的出版周期也会影响二手资料的时效性。

5. 相关的二手资料不充分

由于收集二手资料要受到很多条件的限制，这就使我们在一定条件下收集到的二手资料可能不全面。例如，体验营销在我国出现的时间比较晚，所以我国现有的有关体验营销的二手资料就不是很全面，这也是我们在进行此方面研究时要参考英文文献的主要原因。

通过上面的分析，现在你应该意识到，你所读到的并不全是正确的。每次收集到一些资料后，在依据这些资料做决定前，一定要对其做出评价，以决定二手资料的可信度。

三、文案调查法的作用

(一) 文案调查可以发现问题并为决策者提供重要的参考依据

文案调查通常作为市场调查的首选方式，几乎所有的调查都开始于文案调查，只有当文案调查资料不能提供足够的证据时，才进行实地调查，因此文案调查为决策者提供重要的参考依据。

(二) 文案调查可以为实地调查创造条件

(1) 通过文案调查，可以初步了解调查对象的性质、范围、内容和重点等，并能提供实地调查无法或难以取得的市场环境等宏观资料，便于进一步开展和组织实地调查，取得良好的效果。

(2) 文案调查所收集的资料还可用于证实各种调查假设，即可通过对以往类似调查资料的研究来指导实地调查的设计，用文案调查资料与实地调查资料进行对比，鉴别和证明实地调查结果的准确性和可靠性。

(3) 利用文案调查资料并经适当的实地调查，可以用来推算所需掌握的数据资料。

(4) 利用文案调查资料，可以有助于探讨现象发生的各种原因并进行说明。

(三) 文案调查可用于经常性的市场调查

与文案调查相比，实地调查更费时、费力，组织起来也比较困难，故不能或不宜经常进行，而文案调查如果经调查人员精心策划，尤其是在建立企业及外部文案市场调查体系的情况下，具有较强的机动性和灵活性，可以随时根据企业经营管理的需要，收集、整理和分析各种市场调查信息。

四、文案调查法的应用范围

文案调查法通常用于以下四种情况的研究。

(一) 市场供求趋势分析

通过收集各种市场动态资料并加以分析对比，以观察市场发展方向。例如，某企业近几年的营业额平均以 10% 的速度增长，根据此信息可推测未来几年营业额的变动情况。

（二）市场现象之间的相关分析和回归分析

利用一系列具有相互关系的现有资料进行相关分析和回归分析，以研究现象之间相互影响的方向和程度，并可在此基础上进行预测。

（三）市场占有率分析

分析一个企业的销售量（或销售额）在市场同类产品中所占的比重，了解企业的竞争地位和盈利能力。

（四）市场覆盖率分析

市场覆盖率分析是本企业产品的投放地区占应销售地区的百分比，反映企业商品销售的广度和宽度。

五、文案资料的来源

二手资料按其来源可以分为内部资料和外部资料。

（一）内部资料

内部资料是指出自所要调查的企业或公司内部的资料。内部资料可以为会计账目、销售记录等和其他各类报告三部分。

▶ 1. 会计账目

每个企业都保存关于自己的财务状况和销售信息的会计账目。会计账目记录是企业或公司用于计划市场营销活动预算的有用信息。

▶ 2. 销售记录等

市场营销调研人员也可以从企业的销售记录、顾客名单、销售人员报告、代理商和经销商的信函、消费者的意见，以及信访中找到有用的信息。

▶ 3. 其他各类报告

其他各类报告包括以前的市场营销调研报告、企业自己做的专门审计报告和以前为解决管理问题所购买的调研报告等信息资料。企业经营的业务范围越多样化，每一次的调查资料越有可能与企业其他的调查问题相关联。因此，以前的调查项目对于相近、相似的目标市场调查来说是很有用的信息来源。西方许多企业都建立了以电子计算机为基础的营销信息系统，其中储存了大量有关市场营销的数据资料，这种信息系统的服务对象之一就是营销调查人员，因此是调查人员的重要的二手资料来源。

（二）外部资料

外部资料是指来自被调查的企业或公司以外的信息资料。对于进出口企业来说，这类信息包括出口国国内的资料和进口国市场的资料。一般来说，二手资料主要有以下外部信息来源。

▶ 1. 政府机构

政府机构主要指本国政府在外国的官方办事机构（如商务处）。通过这些机构，可以系统地收集各国的市场信息。我国的国际贸易促进委员会及各地分会也掌握着大量的国外销售和投资方面的信息。

政府机构还包括外国政府的有关部门。许多国家的政府为了帮助发展中国家对其出口，专门设立了"促进进口办公室"，负责提供以下信息：统计资料；销售机会；进口要求和程序；当地营销技巧和商业习俗；经营某一产品系列的进口商、批发商、代理商等中间机构的名单；某一类产品的求购者名单及求购数量。

▶ 2. 行业协会

许多国家都有行业协会，许多行业协会都定期收集、整理甚至出版一些有关本行业的产销信息。行业协会经常发表和保存详细的有关行业销售情况、经营特点、增长模式及类似的信息资料。此外，这些行业协会也经常开展自己行业中各种有关因素的专门调研。

▶ 3. 专业调研机构

专业调研机构主要指各国的咨询公司、市场调研公司。这些专门从事调研和咨询的机构经验丰富，收集的资料很有价值，但一般收费较高。

▶ 4. 联合服务公司

联合服务公司由许多公司联合协作，定期收发对营销活动有用的资料，并采用订购的方式向客户出售信息。它们在联合协作的基础上定期提供四种基本的信息资料：经批发商流通的产品信息、经零售商流通的产品信息、消费大众对营销组合各因素反馈的信息，以及有关消费者态度和生活方式的信息。

▶ 5. 其他大众传播媒介

其他大众传播媒介包括电视、广播、报纸、广告、期刊、书籍、论文和专利文献等，这些传播媒介不仅有技术情报，也有丰富的经济信息，对预测市场、开发新产品、进行海外投资等有重要的参考价值。

▶ 6. 商会

商会通常能为市场调查人员提供商会成员的名单、当地商业状况和贸易条例的信息、有关成员的资信，以及贸易习惯等内容。大的商会通常还拥有对会员开放的商业图书馆，非会员也可前去阅览。

▶ 7. 银行

银行，尤其是一家国际性大银行的分行，一般能提供下列信息和服务：有关世界上大多数国家的经济趋势、政策及前景，重要产业及外贸发展等方面的信息；某国外公司的有关商业资信状况的报告，各国有关信贷期限、支付方式、外汇汇率等方面的最新情报；介绍外商并帮助安排访问。

有关竞争者信息的一个重要来源就是这些公司本身，调查人员可通过直接或间接的方式从这些公司获取产品目录、价格单、产品说明书、经销商名单和年度财务报告等。

▶ 8. 官方和民间信息机构

许多国家政府经常在本国商务代表的协助下提供贸易信息服务以答复某些特定的资料查询。另外，各国的一些大公司延伸自己的业务范围，把自己从事投资贸易等活动所获得的信息以各种方式提供给其他企业，如日本三井物产公司的"三井环球通信网"，日本贸易振兴会的"海外市场调查会"等。我国的官方和民间信息机构主要有国家经济信息中心、国际经济信息中心、中国银行信息中心、新华社信息部、国家统计署、中国贸促会经济信息部、咨询公司、广告公司等。

六、文案调查的方法

从某种意义上讲，文案调查的方法就是对资料的查询方法。

（一）查找

查找是获取二手资料的基本方法。一般来说，应从查找企业内部的二手资料入手，充分利用企业自己积累起来的各方面的资料，这是最为便捷的方法。在企业内部有关部门查找可以获得反映企业自身状况的大量信息，如企业的成本核算数据、企业的短期经营绩效等，还可以获得有关客户、市场等方面的资料。此外，到企业外部去查找，也可以获得有价值的资料，如在图书馆、资料室、档案馆等查找。在网络飞速发展的今天，通过互联网，利用搜索引擎进行查找，也可以取得事半功倍的效果。

（二）索要

索要是指向占有信息资料的单位或个人无代价索要这些信息资料。国民经济各部门，如财政部门、统计部门等都保存和积累了大量的市场信息资料，这些信息资料具有综合、全面、系统的特点。对于这些资料可直接到有关部门去收集。向企业索要时，最好通过已建立一定关系的企业和个人，这样不容易被拒绝。当然，有些企业为了宣传自己也会向社会提供有关的信息资料。

（三）购买

购买二手资料实际上是实现信息的商品化。企业订阅刊载有关信息的杂志、报纸、书籍等，从本质上讲也属于购买，只是这类购买的价格相对较低。我们这里谈到的购买主要是向专业的市场调查机构、政府信息服务机构，以及其他专业的信息供应商等购买资料。虽然购买二手资料要花费很大的费用，但其参考价值确实非常大。随着信息商品化的发展和人们版权意识的增强，购买将成为收集资料的重要方法。

（四）交换

交换是指与信息机构或单位之间进行对等的信息交流，这种交换不同于商品买卖之间的以物易物，而是一种信息共享的协作关系，交换的双方都有向对方无代价提供资料的义务和获得对方无代价提供资料的权利。

（五）接收

接收是直接获取外界主动、免费提供的信息资料。各种博览会交易会等促销会议，以及专业性、学术性经验交流会上发放的文件和资料就属于此类。另外，随着市场经济的发展，越来越多的企业和单位为了宣传自己的产品和服务，树立良好的社会形象，会主动向社会提供各种信息，包括广告、宣传材料等。作为资料的接收者，要注意长期的收集和积累。

（六）通过参考文献查找

参考文献查找是利用有关著作、论文的末尾所开列的参考文献目录，或者是文中所提到的某些文献资料，以此为线索追踪、查找有关文献资料的方法。采用这种方法，可以提高查找效率。

（七）检索工具查找

检索工具查找是利用已有的检索工具查找文献资料的方法。根据检索工具的不同，检索方法主要有手工检索和计算机检索两种。

▶ 1. 手工检索

进行手工检索的前提是要有检索工具，检索工具因收录范围不同、著录形式不同、出版形式不同而有多种类型。根据著录形式来分类的主要检索工具有三种：一是目录，是根据信息资料的题名进行编制的，常见的目录有产品目录、企业目录、行业目录等；二是索引，是将信息资料的内容特征和表象特征列出，标明出处，按一定的排检方法组织排列，如按人名、地名、符号等特征进行排列；三是文摘，是对资料主要内容所做的一种简要介绍，能使人们用较少的时间获得较多的信息。

▶ 2. 计算机检索

与手工检索相比，计算机检索不仅具有检索速度快、效率高、内容新、范围广、数量大等优点，而且还可打破获取信息资料的地理障碍和时间约束，能向各类用户提供完善、可靠的信息，在市场调查自动化程度提高之后，将主要依靠计算机来检索信息。

七、文案调查的注意事项

(一) 确定信息需求

在收集二手资料时，首先要明确调研的目的，即明确资料收集是用于对社会环境及市场环境分析、数据分析调查，还是区域的分析及销售数据的分析。

(二) 确定收集内容

对于整体居民消费状况的调查可以收集社会环境、经济环境、政策环境、技术环境的相关资料，当然具体收集内容要根据调查主题的不同进行内容的选择。例如，调查人们消费水平的变化，可以收集消费者收入水平的变化、消费者支出模式变化、消费者储蓄和信贷情况的变化等有关的资料。

(三) 确定收集方法

收集二手资料时，由于内部资料的收集相对比较容易，调查费用低，调查比较方便易行，因此，一般来说应尽量利用内部资料。对于外部资料的收集，可以根据不同的情形采取不同的方法。

▶ 1. 具有广告宣传性质的资料

具有广告宣传性质的资料如产品目录、使用说明书、图册、会议资料等，一般可以无偿取得；对于需要采取经济手段获得的资料，只能通过有偿方式获得。有偿方式取得的资料构成了调查成本，因此，要对其可能产生的各种效益加以考虑。

▶ 2. 公开出版发行的资料

公开出版发行的资料一般可通过订购、邮购、交换、索取等方式直接获得，对使用对象有一定限制或具有保密性质的资料，则需要通过间接的方式获取。随着各行业市场竞争的日益加剧，获取商业秘密已成为调查的一个重要内容。

(四) 确定二手资料的评价原则

对所收集的二手资料要进行评价，去除误差大、价值小的二手资料，保留误差小、价值大的二手资料。对二手资料的评价主要从以下几个方面进行。

▶ 1. 技术性

技术性是指收集资料的技术要求和使用的方法，例如，抽样方法、回收率和回答质量、问卷设计和执行、现场调查实施的程序等是考察资料有无可能存在偏差的最重要的准则。

▶ **2. 误差**

调查者应确定二手资料用于当前研究的问题是否足够准确。

▶ **3. 时效性**

时效性也就是资料的收集时间，资料可能不是当前的资料，一般情况下，其发表时间远远早于收集时间。即使是近期的，但对解决目前问题来说可能仍不够及时。二手资料如果过时了，其价值也就消失了。

▶ **4. 目的性**

资料总是按一定的目标或用途来收集的，因此首先要了解为什么要收集这些资料。了解了资料收集的目的，就可以知道在什么情况下这些资料可能相关或有用。根据一定具体目标而收集的资料不一定适用于另外一种场合。

▶ **5. 资料的性质和内容**

从资料的性质或内容方面对二手资料进行评价时，应特别注意关键变量的定义、测量的单位、使用的分类，以及相互关系的研究方法等。如果关键的变量没有定义，或者与调研者的定义不一致，那么资料的利用价值就很有限。

▶ **6. 可靠性**

可靠性即资料是否可以依赖。资料是否可靠要通过专家鉴定资料来源或调研机构的信誉、名声来判断。

（五）确定资料汇总方法

在二手资料收集工作完成后，就要对资料进行汇总，为分析做准备。在开始汇总前，首先要对资料进行存储，因为原始资料一旦修改很难再次分辨资料的出处。在整理时，一般采用人工整理和计算机整理两种方法，后者由于操作方便，易于保存，应用较多。汇总时，需要按照资料项目、资料名称、调查主体、调查年份、资料编号等进行保存。

任务二 实地调查法

一、访问调查法

（一）访问调查法的含义

访问调查法是一手资料收集中最常用、最基本的一种方法。它是调查员通过口头、书面或电话等方法向被调查者了解市场情况，收集资料的一种实地调查方法。采用这种方法可以通过直接或间接的回答来了解被调查者的看法和意见。

（二）访问调查法的分类

按访问方式分类，可以分为直接访问法和间接访问法。

按访问内容分类，可以分为标准化访问法和非标准化访问法。

按访问内容传递方式分类，可以分为面谈调查、电话调查、邮寄调查、留置调查和日记调查等。

(三)主要的访问调查法

▶ **1. 面谈访问法**

面谈访问法是调查人员直接向被调查者口头提问,并当场记录答案的一种面对面的调查。也就是说,面谈访问法一般都是访问者对被访问者进行面对面的直接调查,是通过口头交流方式获取市场信息的调查方法。当面询问有关问题,既可以是个别面谈,也可以是群体面谈,还可以通过座谈会等形式。一般来说,个别面谈主要适用于商品需求、购物习惯等调查资料的采集,群体面谈适用于聘请一些专家就市场价格状况和未来市场走向进行分析和判断。

面谈访问法回答率高,可通过调查人员的解释和启发来帮助被调查者完成调查任务,可以根据被调查者性格特征、心理变化、对访问的态度,以及各种非语言信息扩大或缩小调查范围,具有较强的灵活性,并且可对调查的环境和调查背景进行了解。

1)面谈访问法的分类

面谈访问一般包括三种形式:入户访问、街头拦截式访问和计算机辅助个人面谈访问。

(1)入户访问。入户访问是指调查者到被调查者的家中或工作单位进行访问,调查者按照事先规定的方法,依照问卷或调查提纲向被调查者直接询问,并记录下对方的回答;或是将自填式问卷交给被调查者,讲明方法后,等对方填写完毕再回来收取问卷的调查方式。

入户访问的优点:由于访问是在被调查者家中或工作单位中私下进行的,能确保被调查者在自己熟悉的环境中轻松接受访问;能直接获得反馈信息,可以对复杂问题进行解释,可以对问卷中比较敏感的问题进行访问,可以适当展示图片、产品、卡片等进行复杂而需要很长时间的面谈。

入户访问的主要缺点:成本高、时间长;入户困难,通常被调查者对陌生人的防备性比较强,所以容易被拒绝;面谈访问的结果受调查者的影响较大。

入户访问一般适用于以下情况:时间、经费、人力充足;需要的样本较大程度上代表总体;需要建立长期调查关系,开展追踪式调查;需要使用内容多而复杂的问卷。

(2)街头拦截式访问。街头拦截式访问是根据调查目的和对象的特殊性,在访问对象较为集中的公共场所直接拦截访问对象的一种方法。

街头拦截式访问调查主要有两种方式。

① 由经过培训的访问员在事先选定的若干个地点,如交通路口、户外广告牌前、商城或购物中心内(外)等,按照一定的程序和要求选取访问对象,征得其同意后,在现场根据问卷进行简短的面访调查。

② 中心地调查或厅堂测试,是指在事先选定的若干场所内根据要求摆放若干供被访者观看或试用的物品,然后按照一定的程序,在事先选定的若干场所的附近拦截访问对象,征得其同意后,带到专用的房间或厅堂内进行面访调查。这种方式常用于需要进行实物展示、特别要求有现场控制的探索性研究或需要进行实验的因果关系研究,如广告效果测试、某种新开发产品的试用实验等。

街头拦截式访问的主要优点是不需要四处寻找被访者,可以将大部分时间用来访谈,更容易接近目标顾客、收集资料。

街头拦截式访问的主要缺点是拒访率较高，不适合长时间而且比较复杂的面谈。

（3）计算机辅助个人面谈访问。计算机辅助个人面谈访问在一些发达国家使用比较广泛，可以是入户的计算机辅助个人面谈访问，也可以是街头拦截式的计算机辅助个人面谈访问。

计算机辅助个人面谈访问主要有两种形式。

① 由经过培训的调查员手持笔记本电脑，向被访对象进行面访调查。调查问卷事先已经存放在计算机内，调查员按照屏幕上所显示的问题的顺序和指导逐题提问，并及时将答案输入计算机内。目前，计算机可以十分方便地处理开放式的问答题，可随时将被访者的回答输入计算机中。

② 对被访者进行简单的培训或指导后，让被访者面对计算机屏幕上的问卷，逐题将自己的答案输入计算机内。调查员不参与回答，也不知道被访者输入的答案，但是调查员可以在旁边随时提供必要的帮助。

2）面谈访问法的特点

面谈访问法的优点是简单易行、灵活自由，可随机应变地提出问题，对不清楚的问题可加以阐述，使被调查者充分发表意见，还可相互启发，把调查的问题引向深入，有利于获取较深入的、有用的信息。另外，面谈访问调查表回收率高，可提高调查结果的可信度。

面谈访问法的主要缺陷是调查的成本高、时间长，调查的范围有限。面谈访问调查的结果主要取决于调查者的素质、调查问题的性质和被调查者的合作态度，所以，提高调查员本身的素质和掌握一定的询问技巧至关重要。

3）面谈访问法的应用

面谈访问法是国内使用范围最广泛的方法之一，几乎涉及市场调查的各个应用领域。

（1）消费者研究，如消费者的消费行为研究、消费者的生活形态研究、消费者满意度研究等。

（2）媒介研究，如媒介接触行为研究、广告效果研究等。

（3）产品研究，如对某产品的使用情况和态度研究、对某产品的追踪研究、新产品的开发研究等。

（4）市场容量研究，如对某类产品的目前市场容量和近期的市场潜量的估计、各竞争品牌的市场占有率研究等。

▶ 2. 电话访问调查法

电话访问调查法是指调查者通过电话和被调查者交谈获取信息的一种方法。在电话访问调查中，调查者可以电话簿为基础，进行随机抽样。

电话访问调查法可以分为传统的电话调查和计算机辅助电话调查。

传统的电话调查是调查员在电话室内，按照调查设计所规定的随机拨号方法拨打电话，筛选被访对象，对被访者进行问卷调查的方法。

计算机辅助电话调查是调查员坐在计算机前，采用计算机自动拨号系统随机拨号，通过键盘将数据即时录入计算机的一种调查方式。特点是屏幕上每次只出现一个问题，计算机会根据答案自动跳到下一个相关问题，省去了数据编码和录入的过程，计算机可以随时提供整个调查的进展，能够反映阶段性调查结果。

电话访问调查法的优点：取得市场信息的速度较快；节省调查费用和时间；调查的覆盖面较广；易于实施质量控制。

电话访问调查法的缺点：被调查者只限于有电话的地区和个人；电话访问受时间的限制，访问的时间一般不能太长；被调查者可能因不了解调查的真实、确切的意图而无法回答或无法正确回答；对于某些专业性较强的问题无法获得所需的调查资料。

▶ 3. 邮寄访问法

邮寄访问法是调查人员将设计好的问卷邮寄给被调查者，由被调查者根据问卷填写要求填好后寄回的一种访问方法。

按照抽样方法的不同，邮寄访问又可细分为普通邮寄访问和固定样本邮寄访问。与普通邮寄访问相比，固定样本邮寄访问的最大优势就是问卷回收率得到极大提高，且可以更深入地了解固定样本的特性。

目前，由于种种原因的限制，邮寄访问在中国应用得较少，但在国外却是应用非常广泛的一种调查方法。与其他调查方法相比，邮寄访问的优点包括：高效、方便、费用低廉，节约了人力；能给被访者较充裕的时间思考问题；不会受到访问者有意识或是无意识的干扰等。虽然邮寄访问具备上述优点，但它同样存在一些严重的缺点，主要包括：问卷的回收率低，这直接影响样本的代表性；由于不在现场，调查人员对于问卷填写完全无法控制，这将会影响收集信息的准确性和真实性；信息反馈时间长；对被调查者的文字理解能力和表达能力提出了较高的要求等。

在邮寄调查中，提高答卷质量和回收率是两个关键性的问题，也是决定邮寄调查质量的重要因素，因此在邮寄访问中要注意以下事项。

1) 邮寄问卷设计应注意的方面

(1) 调查表的内容不宜太多，要简单明了。

(2) 问句意思要表达清楚，不能模棱两可。

(3) 必须向被调查者介绍问卷的要求、回收时间等。

(4) 必须向被调查者说明调查的目的、结果的重要性，以及写上请求帮助等客套话。

(5) 增加问卷的趣味性，如填空、补句、判断、图片等。

2) 提高回收率的一些建议

(1) 赠送小礼品来吸引受访者，提高问卷的回收率。

(2) 在调查信件中应该把贴好邮票、写好地址的信封放进去。把贴好邮票的信封装到信件中，让被调查者觉得调查者很有诚意，并为被调查者回邮信件提供便利，可在一定程度上提高回收率。

(3) 采用有奖征询的方式，凡是在规定时间内寄回调查问卷的都有资格参加抽奖活动，如果中奖，可以获得礼品和奖励。

(4) 用电话或跟踪信提醒，注意提前通知或致谢。在调查邮件寄出后应电话通知调查对象，让其有心理准备，在调查过程中还应该提醒调查对象邮件寄回时间和答卷要求，在收到回信后表示感谢。

一般来说，邮寄调查比较适合那些对调查的时效性要求不太高，调查对象的名字、地址都比较清楚，调查经费比较紧缺，而调查内容又比较多、比较敏感的项目。邮寄的问卷涉及的内容主要是有关日常消费、日常的购物习惯、日常接触媒介习惯等比较具体的方面，也可以是有关消费观念、生活形态、意识、看法或态度等比较抽象的方面。

▶ 4. 留置问卷访问法

留置问卷访问法是指调查人员当面将调查表送到被调查者手中，并详细说明填写事项，由被调查者自行填写，再由调查人员定期回收的一种方法。就方法本身而言，留置调查是介于面谈和邮寄之间的一种方法。

留置问卷访问的优点：被调查者依据自己的时间从容作答；可回答需要耗费较长时间或难以当面回答的问题；不需要面谈技术较高的调查员；调查问卷回收率较高；被调查者可以当面了解填写问卷的要求，澄清疑问，避免由于误解提问内容而产生误差；被调查者的意见不受调查人员的影响。

留置问卷访问的缺点：难以确认是否是被调查者本人的回答；需要进行委托调查及回收两次访问，故较耗费交通费用及人工费用；调查地域范围有限；不利于对调查人员的管理和监督。

二、观察法

(一) 观察法的含义

观察法是指调查人员根据特定的研究目的，利用感觉器官和其他辅助工具去直接观察被研究对象，以取得研究所需资料的方法。观察法不直接向被调查者提问，而是从旁观察被调查者的行动、反应和感受。

(二) 观察法的特点

▶ 1. 观察法的主要优点

(1) 它能通过观察直接获得资料，不需要其他中间环节，因此，观察的资料比较真实。

(2) 在自然状态下进行观察，能获得生动的资料。

(3) 观察具有及时性的优点，能捕捉到正在发生的现象。

(4) 观察能收集到一些无法言表的材料。

▶ 2. 观察法的主要缺点

(1) 受时间的限制。某些事件的发生是有一定时间限制的，过了这段时间就不会再发生。

(2) 受观察对象限制。如研究青少年犯罪问题，有些秘密团伙一般不会让别人观察。

(3) 受观察者本身限制。一方面，人的感官都有生理限制，超出这个限度就很难直接观察；另一方面，观察结果也会受到主观意识的影响。

(4) 观察者只能观察外表现象和某些物质结构，不能直接观察到事物的本质和人们的思想意识。

(5) 观察法不适用于大面积调查。

(三) 观察法的分类

▶ 1. 按照观察形式的不同分类

按照观察形式的不同分类，可以分为直接观察法和间接观察法。

直接观察是调查人员直接深入调查现场，对正在发生的市场行为进行观察和记录。按照观察所选择的时机，具体包括以下几种方法：①参与性观察法，调查者直接参与到特定的环境和被调查者对象群体中，与被调查者一起从事某种社会经济活动，甚至改变自己的身份，亲自参与，以便获取有关的信息；②非参与性观察法，调查者不直接参与到被调查对象群体中，以局外人的身份观察事情的发生和发展情况，如测试购物中心的客流量等；③跟踪观察法，调查者对被调查者进行连续的跟踪观察，如对男士的着装进行跟踪观察、对产品使用情况的跟踪调查等。

间接观察法是指调查者采用各种间接观察的手段进行观察，以获取有关的信息。具体包括：①痕迹观察法，通过对现场遗留下来的实物或痕迹，了解或推断市场行为；②仪器观察法，在特定的场所安装录像机、录音机等器材，通过录音、录像等获取信息；③遥感观察法，利用遥感、航测技术等现代科学技术收集调查资料。

▶ 2. 按照观察发生的场所分类

按照观察发生的场所分类，可以分为实地观察和模拟实地观察。

实地观察是指观察者在观察事件中没有扮演任何角色，而被观察者没有意识到他们正在被观察，因此，他们的行为是自然表露出来的，比较客观真实。例如，直接在超市或购物中心观察顾客的行为。

模拟实地观察也称设计观察，是指观察者在经过设计的环境中对被观察者进行观察。由于是经过设计的，所以观察者不仅可以更快地收集到数据，而且能够对外在影响因素进行有效控制，这些都可以使调查活动的成本降低。但由于被观察者事先知道他们参与此项活动，因此表露的行为可能不够真实。

▶ 3. 按照观察结果的标准化分类

按照观察结果的标准化分类，可以分为控制观察和无控制观察。

控制观察在观察调查中是根据观察的目的预先确定范围，有计划地以标准化的观察手段、观察程序和观察技术进行系统观察，以确保观察结果的标准化。在进行控制观察时，观察者必须为每一位被观察者填写一份问卷式表格。

无控制观察则对观察的手段、项目和步骤等不做具体的严格规定，也不需要用标准的方法进行记录，它是一种比较灵活的观察形式。无控制观察适用于对研究问题不甚了解的情况，因此常用于探索性调查或有深度的专题调查。

▶ 4. 按照观察者是否参与观察活动分类

按照观察者是否参与观察活动分类，可以分为参与观察和非参与观察。

参与观察是指观察者置身于观察活动之中进行观察，根据观察者在观察活动中是否隐瞒自己的真实身份，参与观察又可分为完全参与和不完全参与。完全参与是指观察者隐瞒自己的身份，长期和被观察者处于同一环境中展开观察活动，如伪装购物来观察售货员的表现。使用此种方法不仅能了解到事物的表象，而且通过亲身参与还可了解到某些现象发生的本质原因。不完全参与则是指观察者参与被观察者的群体活动，但不隐瞒自己的身份，这种方法的局限是可能使调查结果不全面或失真。

非参与观察是指观察者不置身于被观察群体中，而是以局外人的身份客观地观察事件的发生及发展情况。其优点是结果较真实，但缺点是只能了解事物的表象，无法获得深入、细致的调查资料。

▶ 5. 按照观察的手段分类

按照观察的手段分类，可以分为人员观察和机器观察。

人员观察是由调查人员实地观察被观察者的方法，它是观察法中最主要的形式之一。

机器观察则是借助机器观察被观察者，比较常用的机器有交通流量计数器、脑电图、测瞳仪、阅读器、扫描仪、摄像机和视听设备等。在特定的环境中，机器观察可能比人员观察更方便、快捷，获得的结果更精确。

▶ 6. 按照取得资料的时间特征分类

按照取得资料的时间特征分类，可以分为纵向观察、横向观察和混合观察。

纵向观察又称时间序列观察，是指在不同的时间段所进行的观察。使用这种方法可以获得一连串的观察记录，通过对观察资料进行分析研究，能够从中了解观察对象发展变化的过程和规律。

横向观察又称静态观察，是指在同一时间对若干个被观察对象的行为进行观察记录的方法，例如同时对若干个分店的销售情况进行观察。

在实践中，为了使获取的资料更加全面和可靠，调查者往往将横向观察和纵向观察结合起来使用，也就是通常所说的混合观察。

（四）观察法的记录技术

观察法的记录技术是指在观察过程中，对被调查对象进行记录时所采用的方法和手段，主要包括观察卡片、速记、符号、回忆和借助工具记录等。观察记录技术的好坏直接影响观察调查的结果，不同的观察方法要采用不同的记录技术。采用正确的观察工具和适当的记录技术，对提高调查工作的质量有很大的帮助。

▶ 1. 观察卡片

观察卡片是一种标准化的记录工具，其记录结果即是观察的最终资料。设计观察卡片时，首先要确定观察项目，然后再将各项目进行合理的编排。

▶ 2. 速记

速记是用一套简便易写的线段、圈点等符号系统来代表文字进行记录的一种方法。

▶ 3. 符号

在调查前事先准备易写的简略符号代表观察中可能出现的各种情况，在记录时只需在各种符号下做记录，不需要写文字，这样就可以最快的速度记录观察的结果。

▶ 4. 回忆

回忆是指观察中不记录，观察后采取追忆的方式进行记录，常用于调查时间紧迫，不宜现场记录或缺乏记录工具的情况。

▶ 5. 借助工具记录

借助工具是指采用照相机、录音机、摄像机等器材进行观察记录。它的优点是形象、直观，缺点是容易引起被观察对象的顾虑，使信息失真。

（五）观察法的应用范围

▶ 1. 顾客行为观察

了解顾客行为，可促使企业有针对性地采取恰当的促销方式。所以，调查者要经常观察或者摄录顾客在商场、销售大厅内的活动情况，如顾客在购买商品之前主要观察什么，是商品价格、商品质量还是商品款式等，以及顾客对商场的服务态度有何议论，等等。

▶ 2. 顾客流量观察

观察顾客流量对商场改善经营、提高服务质量有很大的好处。例如，观察一天内各个时间进出商店的顾客数量，可以合理地安排营业员工作的时间，更好地为顾客服务；又如，为新商店选择地址或研究市区商业网点的布局，也需要对顾客流量进行观察。

▶ 3. 产品使用现场观察

调查人员到产品用户使用地观察调查，了解产品质量、性能及用户反映等情况，实地了解使用产品的条件和技术要求，从中发现产品更新换代的前景和趋势。

▶ 4. 商店柜台及橱窗布置观察

为了提高服务质量，调查人员要观察商店内柜台布局是否合理，顾客选购、付款是否方便，柜台商品是否丰富，顾客到台率与成交率，以及营业员的服务态度如何等。

▶ 5. 交通流量观察

为了更合理地定位某一街道、路段的商业价值或提出可行的交通规划方案，常需要调查某一街道的车流量、行人流量及方向。调查时，可由调查人员或用仪器记录该街道在某一时间内所通过的车辆、行人数量及方向，并测定该街道车辆和行人的高峰和平峰的规律，供营销决策参考。

三、实验法

实验法是指市场调查者有目的、有意识地通过改变或控制一个或几个市场影响因素的实践活动，来观察市场现象在这些因素影响下的变动情况，从而认识市场现象的本质和发展变化规律。

实验法被用于市场调查，其原理是把市场当作实验室，研究产品品质、包装、设计、价格、广告、陈列方法等因素的改变对市场销售量及其他因变量的影响。例如，在其他因素不变的情况下，要测定某一商品的价格变化对销售量的影响，可先进行小范围实验，通过价格调整看消费者的反应和销售量的变化，然后根据实验结果判定价格调整的可行性。

（一）实验法的基本要素

▶ 1. 实验者
实验者是实验调查活动的主体，通过一定的实验假设来指导自己的实验活动。

▶ 2. 实验对象
实验对象是实验调查者所要了解认识的客体，往往被分为实验组和对照组两类对象。

▶ 3. 实验环境
实验环境即实验对象所处的各种社会条件的总和，可以分为人工实验环境和自然实验环境。

▶ 4. 实验活动
实验活动即改变实验对象所处社会条件的各种实验活动。

▶ 5. 实验检测
实验检测即在实验过程中对实验对象所做的检查和测定。

（二）实验法的特点

实验法的优点：能够揭示市场变量之间的因果关系，提高决策的科学性；能够提高调查的精确度，能够控制调查环境和调查过程，而不是被动、消极地等待某种现象的发生。

实验法的缺点：花费时间较多、费用较高；实验过程不易控制，实施过程对人员要求高；不易保密。

（三）实验法的类型

根据实验设计的不同，是否设置对照组或对照组的多少，可将实验法分为多种类型。对照组是指在实验中不施加影响，保持原状的变量；实验组是指在实验中施加影响，做出改变的变量。

▶ 1. 单一实验组事前后对比实验

单一实验组事前后对比实验是一种最简单的实验调查法，它是在不设置对照组的情况下，对比实验组本身引入实验因素前后的变化，以测定实验因素对实验对象（调查对象）的影响。通过实验活动前后实验对象变化结果的对比得出实验结论。

实验结果＝实验组实验后检测结果 Y_n －实验组实验前检测结果 Y_0。

【例 3-1】某饮料厂为了增加销售量，经过市场分析，认为应该改变该饮料的包装。但是对于新包装的设计效果如何、能否增加销量，没有切实的把握，于是企业决定采取单一实验组事前后对比实验对市场进行实验调查。

饮料厂将三个系列的饮料作为实验对象，实验期为两个月，实验过程中，首先统计汇总未改变包装前两个月三个系列饮料的市场销售量，然后改变包装，在同一市场销售两个月后，再统计新包装系列饮料的销售量，实验调查结果如表 3-1 所示。

表 3-1　包装对饮料销售量的影响　　　　　　　　　　　　　　　　单位：瓶

产　　品	实验前的销售量	实验后的销售量	销 售 变 动
A	1 200	3 000	＋1 800
B	1 300	2 000	＋700
C	1 500	1 800	＋300
合计	4 000	6 800	＋2 800

实验结果＝（A、B 和 C 实验后的销售量）－（A、B 和 C 实验前的销售量）＝6 800－4 000＝2 800（瓶）

实验调查表明，改变产品的包装对饮料销售量的影响较大，因此，该饮料厂可以对饮料更换新包装，扩大销售量，提高市场竞争能力。

对于单一实验组事前后对比实验来说，这种实验方法简便、易行，但是运用这种方法要注意排除因不同时间而发生的其他非实验因素的影响。

▶ 2. 实验组和对照组对比实验

实验组和对照组对比实验是将对照组的数据和实验组的实验结果进行比较的一种实验调查方法，具体做法为选择若干与实验对象相同或者相似的调查对象作为对照组，并使实验组与对照组处于相同的实验环境之中，实验者只对实验组给予实验活动，而对照组不给予实验活动。为了使对照组与实验组具有可比性，应尽量使对照组与实验组所处的市场环境相同或相似。

$$实验结果 = 实验组实验后检测结果 Y_n - 对照组实验后检测结果 X_n$$

【例3-2】某公司产品上市后销量一直不好，认为是包装不合适，决定改变包装。为了了解改变包装后消费者的反应，选择了一个区域市场作为实验组，再选择与之相似的另一个区域市场作为对照组进行观察。观察一个月后，其调查结果如表3-2所示。

表3-2 产品包装改变前后的销售量　　　　　　　　　　单位：箱

组　别	实验前的销售量	实验后的销售量	变　动　量
实验组	1 000（旧）	1 500（新）	+500
对照组	980（旧）	1 100（旧）	+30

实验调查表明，在产品包装改变后，实验组销量为1 500箱，对照组销量为1 100箱，与包装改变之前相比，销量提高了400箱，说明包装的改变对销量的提升有正面的作用，可以进行推广。

实验组和对照组对比实验的优点是实验组和对照组在同一时间内进行对比，不需要分出时间先后，这样可以排除由于时间不一致引起的外在因素的影响，如市场环境改变、消费心理变化等对实验的影响，从而提高实验调查的准确性。

进行实验组和对照组对比实验时，必须注意两者应具有可比性，即两者的规模、类型、地理位置、管理水平、营销渠道等各种条件应大致相同。只有这样，实验调查结果才具有较高的准确性。但是，这种方法对实验组和对照组都是采取实验后检测，无法反映实验前后非实验变量对实验对象的影响。

▶ 3. 实验组与对照组事前后对比实验

实验组与对照组事前后对比实验实际上是对前两种方法的综合，是先对实验组和对照组都进行实验前后对比，再将实验组与对照组进行对比的一种双重对比方法。这是最复杂也是最科学的一种实验调查法，具体做法是在同一时间内，选择两组条件相似的实验单位，一组作为实验组，另一组作为对照组，在实验前后分别对两组进行比较。这种方法既可以控制外部因素对实验过程的影响，又可以反映实验前的变化程度。

$$实验结果 = 实验组前后对比(Y_n - Y_0) - 对照组前后对比(X_n - X_0)$$

【例3-3】某食品公司投放了新的广告，想要调查新广告的效果，原广告强调食品的营养，新广告强调食品的口感。该公司选择了一个市场投放新广告，并选择一个相似的市场继续投放原广告作为对照市场，进行对比后，结果如表3-3所示。

表3-3 某食品公司新广告片投放前后的销售量　　　　　　单位：万包

实验单位	新广告片段投放前的销售量	新广告片段投放后的销售量	前后对比
新市场	30	36	+6
对照市场	30	31	+1

实验调查表明，新广告投放带来的销售量变化要大于原广告投放带来的销售量变化，

说明新广告的市场效果好于原广告，公司应该采用新广告。

（四）实验法的应用范围

▶ 1. 市场反应调查

在人口数量、购买力水平、销售类型等方面近似的细分市场，将改变了产品品质或价格、包装的产品在其中一个市场推出，然后对比观察市场的反应，了解其对市场销售的影响。

▶ 2. 产品试销实验

企业将新开发的产品投放到某一市场，对消费者的态度和反应进行测试，了解消费者对产品的接受程度以及意见和要求，以决定是否大批量生产经营，制订企业相关的产品推广计划。

▶ 3. 市场饱和度调查

当企业某种产品出现滞销时，为了查明市场需求是否饱和，可向市场投放一种改进后的同类产品，观察其销量变化，测试市场是否有潜力。

▶ 4. 广告效果实验

将某种产品做广告前和做广告后的销售量进行对比，分析广告对销售量的影响程度。

任务三 网络调查法

一、网络调查法的含义

网络调查法也叫网上调查法，是指企业利用互联网了解和掌握市场信息的方式。与传统的调查方法相比，网络调查法在组织实施、信息采集、调查效果等方面具有明显的优势。

进入数字化信息时代，互联网为企业进行市场调查提供了强有力的工具，因为互联网本身就是一个巨大的信息资源库。企业能够通过网络进行有系统、有计划、有组织地收集、调查、记录、整理、分析与产品或劳务有关的市场信息，客观地测定及评价现有市场及潜在市场，用于解决市场营销的有关问题，其调研结果可作为各项营销决策的依据。在市场调查技术手段方面，网络调查法是一种新兴的调查方法，它的出现是对传统调查方法的一个补充，随着我国互联网技术的进一步发展，网络调查将得到更广泛的应用。

二、网络调查法的特点

▶ 1. 网络信息的及时性和共享性

网络的传输速度非常快，网络信息能迅速传递给网络上的任何用户。网络调查是开放的，任何网民都可以参加投票和查看结果，这保证了网络信息的及时性和共享性。

▶ 2. 网络调查的互动性和充分性

网络调查可以节省传统调查中所耗费的大量的人力和物力，只需要一台能上网的计算机，调查者通过企业站点发出电子调查问卷，网民自愿填写，然后通过统计分析软件对访问者反馈回来的信息进行整理和收集。

▶ 3. 调研结果的可靠性和客观性

由于公司站点的访问者一般都对公司产品有一定的兴趣，所以这种基于顾客和潜在顾客的市场调查结果是客观真实的，它在很大程度上反映了消费者的消费心态和市场发展的趋向。

在网络调查中，被调查者是在完全自愿的原则下参与调查的，调查的针对性更强；而传统的市场调查法中有时候受主观的影响很大，例如面谈访问中可能由于调查者的某些言论而导致一定的诱导性。调查问卷的填写是自愿的，不是传统调查中的"强迫式"，填写者一般对调查内容感兴趣，回答问题会相对认真一些，所以问卷填写的可靠性高。网络调查可以避免传统调查中人为错误所导致的结论偏差，被调查者是在完全独立思考的环境下接受调查，最大限度地保证调查结果的客观性。

▶ 4. 无时空和地域的限制

网络调查可以 24 小时全天候进行，这与传统的调查方法相比有很大的不同。

三、网络调查法的分类

根据调查方法的不同，网络调查一般可以分为网络直接调查和网络间接调查两种方法。

(一) 网络直接调查

网络直接调查方法是利用互联网直接进行问卷调查，收集一手资料的调查方法。

▶ 1. 按照采用调查方法的不同划分

按照采用调查方法的不同划分，可以分为网上问卷法，网上实验法，网上访谈、观察法。

网上问卷法是指将问卷发布在网上，被调查对象通过互联网完成问卷调查。

网上实验法是指将产品或服务免费提供给消费者试用，然后再收集消费者需求信息。

网上访谈、观察法是指通过与网民进行交谈，观察网民行为，总结分析企业所需信息。

▶ 2. 按照调查者组织调查样本的行为划分

按照调查者组织调查样本的行为划分，可以分为主动调查法和被动调查法。

主动调查法是指调查者主动组织调查样本，完成统计调查的方法。

被动调查法是指调查者被动地等待调查样本拜访，完成统计调查的方法。

▶ 3. 按照网络调查采用的技术划分

按照网络调查采用的技术划分，可以分为站点法、电子邮件法、随机 IP 法和视讯会议法。

站点法是指将调查问卷的文件附加在一个或几个网络网站的页面上，由浏览这些站点的网络用户在该页面上回答调查问题。

电子邮件法是指通过被调查者发送电子邮件的形式将调查问卷发给一些特定的网上用户，由用户填写后以电子邮件的形式再反馈给调查者。

随机 IP 法是指以随机 IP 地址作为抽样样本进行调查的一种方法。

视讯会议法是指基于 Web 的计算机辅助访问，将分散在不同地域的被调查者通过互联网视讯会议功能虚拟地组织起来，在主持人的引导下讨论调查问题。

(二) 网络间接调查

网络间接调查主要是利用互联网收集与企业营销有关的市场、竞争者、消费者和宏观环境等方面的信息。一般是通过搜索引擎搜索或检索有关站点的网址，然后访问所想查找信息的网站或网页。在提供信息服务和查询的网站中，网站一般都提供信息检索和查询功能。

四、网络二手资料的收集方法

互联网上二手资料的来源有很多，如政府出版物、公共图书馆、大学图书馆、贸易协会、市场调查公司、广告代理公司和媒体、专业团体、企业情报室等。其中，许多单位和机构都已在互联网上建立了自己的网站，各种各样的信息都可通过访问其网站获得。再加上众多综合型 ICP(互联网内容提供商)、专业型 ICP，以及成千上万个搜索引擎网站，使互联网上的二手资料的收集非常方便。

互联网上虽有海量的二手资料，但要找到自己需要的信息，首先，必须熟悉搜索引擎的使用；其次，要掌握专题型网络信息资源的分布。归纳一下，在互联网上查找资料主要通过三种方法：利用搜索引擎；访问相关的网站，如各种专题性或综合性网站；利用相关的网上数据库。

(一) 利用搜索引擎查找资料

搜索引擎使用自动索引软件来发现、收集并索引网页，建立数据库，以 Web 形式提供给用户一个检索界面，供用户以关键词、词组或短语等检索项查询与提问匹配的记录。

(二) 访问相关的网站查找资料

如果知道某一调查主题的信息主要集中在哪些网站，可直接访问这些网站，获得所需的资料。

(三) 利用相关的网上数据库查找资料

网上数据库有付费和免费两种。在国外，市场调查用的数据库一般都是付费的。我国的数据库行业近十年有较大的发展，近几年也出现了几个网页版的数据库，但都是文献信息型的数据库。

五、网络一手资料的收集方法

网络一手资料收集是指为特定的目的在互联网上收集一手资料或原始信息的过程，主要方法有四种：观察法、专题讨论法、在线问卷法和实验法，使用最多的是专题讨论法和在线问卷法，下面重点介绍这两种方法。收集资料的过程中具体应采用哪一种方法，要根据实际调查的目的和需要而定。但是无论采用哪种方法，都应遵循网络规范和礼仪。

(一) 专题讨论法

专题讨论法可通过 Usenet 新闻组、电子公告牌(BBS)或邮件列表讨论组进行，其步骤如下。

（1）确定要调查的目标市场。

（2）识别目标市场中要加以调查的讨论组。

（3）确定可以讨论或准备讨论的具体话题。

（4）登录相应的讨论组，通过过滤系统发现有用的信息，或创建新的话题让大家讨论，从而获得有用的信息。

具体来说，目标市场的确定可根据 Usenet 新闻组、BBS 讨论组或邮件列表讨论组的分层话题选择，也可通过讨论组的参与者查询其他相关名录。还应注意查阅讨论组上的FAQ（常见问题），以便确定能否根据名录来进行市场调查。

（二）在线问卷法

在线问卷法即请求浏览其网站的每个人参与企业的各种调查。在线问卷法可以委托专业公司进行。

▶ 1. 具体做法

（1）向相关的讨论组发送简略的问卷。

（2）在自己的网站上放置简略的问卷。

（3）向讨论组发送相关信息，并把链接指向自己网站上的问卷。

▶ 2. 需要注意的问题

（1）在线问卷不能过于复杂、详细，否则会使被调查者产生厌烦情绪，从而影响调查问卷所收集数据的质量。

（2）可采取一定的激励措施，如提供免费礼品、抽奖送礼等。

六、网络调查法的注意事项

网络调查的优点很明显，但同时也不应忽视其存在的问题，主要表现在调查设计、样本质量和数量、个人信息保护等方面。基于以上问题，在进行网络调查时，要注意以下几点。

（一）认真设计在线调查问卷

由于在线调查占用被访问者的上网时间，所以在设计上应讲究技巧，首先应强调是专门针对某一个体的，确定调查主题的针对性；调查问卷内容应简洁明了，尽可能少地占用被访者上网的时间。

（二）样本的数量和质量

对于一些访问量较低的网站，如何吸引人们参与调查是一个重要的问题，因为达到一定的样本数量需要较长的时间。如果为了调查而加大网站推广力度，则需要增加不少的推广费用。

网络调查中，样本分布不均衡同样可能造成调查结果误差大。网民结构有明显的特征，用户的地理分布和不同网站的特定用户群体也是影响调查结果的不可忽视的原因。

（三）个人信息保护

人们担心个人信息被滥用，通常不愿在问卷中暴露准确的个人信息。为了在人们不反感的情况下尽量获取足够的信息，在线调查应尽可能地避免调查最敏感的资料，同时公布保护个人信息声明，尊重个人隐私。

（四）要设法吸引网民参与调查，特别是被动问卷调查

要寻找大家感兴趣的话题，提供物质奖励和非物质奖励；注意使用合适的电子邮件开头，多种调查方式结合。进行市场调查时，采用任何单一的调查方式都是有利弊的，多种调查方式结合才能得到更全面的调查结果。

案例分析

速溶咖啡广告失败的原因调查

速溶咖啡出现在 20 世纪 40 年代，制造商投入大量的广告宣传，但未打开销路。问卷调查结果显示，被调查者中不愿使用速溶咖啡的人回答说他们不喜欢这种咖啡的味道。然而，速溶咖啡公司老板们深信，大部分人说不出速溶咖啡与鲜咖啡有何区别，怀疑是另有原因。心理学家 M. Haire 于 1950 年使用投射技术进一步了解消费者对速溶咖啡的态度。将两张购物表发放给两组妇女，并让她们描述一下列出这两张购物表的主妇的特点和个性特征。

购物表 1	购物表 2
朗福德焙粉	朗福德焙粉
沃德面包	沃德面包
胡萝卜	胡萝卜
速溶咖啡	鲜咖啡
汉堡牛排	汉堡牛排
土豆	土豆

结果，这些妇女所描述的两个假想主妇的个性特征有很大的差异。人们把那个买了速溶咖啡的主妇描述成一个喜欢凑合的妻子；而那个买了鲜咖啡的主妇则被描述成一个勤快能干、明晓事理、热爱家庭、喜欢做饭的妻子。

研究结果表明，速溶咖啡的使用者给人们的是一个非常消极的印象，广告所宣传的速溶咖啡有效、省时、易做的优点，被人看成债务而不是资本了。

资料来源：百度文库.

思考：这次关于速溶咖啡的市场调查用了什么方法？

课后实训

选择一个调查主题并设计一份问卷进行校内访问，可访问老师、同学等。以两人为一个小组的形式进行，一人提问，另一人记录，各小组需提交书面材料。

项目四

设计市场调查问卷

学习目标 ☞

1. 了解调查问卷的含义、种类和结构；
2. 掌握调查问卷的内容；
3. 掌握调查问卷中问句和答案的设计技术；
4. 掌握调查问卷中常用量表的设计方法。

案例引入

有关啤酒市场的调查

1. 您已经 18 周岁了吗？

　　是（　　）　　　否（　　）

2. 您喝酒吗？

　　是（　　）　　　否（　　）

3. 您喝什么类型的酒？

　　白酒（　　）　　　葡萄酒（　　）　　　香槟酒（　　）　　　啤酒（　　）　　　其他（　　）

4. 您在什么场合喝啤酒？

　　日常进餐时（　　）　　　特别节日（　　）　　　来客人（　　）　　　周末假日（　　）

　　聚会（　　）　　　郊游（　　）　　　感到轻松愉快时（　　）　　　其他（　　）

5. 您多长时间喝一次啤酒？

　　天天喝（　　）　　　一星期一次（　　）　　　半个月一次（　　）

　　一个月一次（　　）　　　一年几次（　　）

6. 您一般一次喝多少啤酒？

　　少于 1 瓶（　　）　　　1 瓶（　　）　　　2 瓶及以上（　　）

7. 您准备购买六个一组包装在一起的啤酒吗？

　　好主意（　　）　　　不好（　　）　　　无所谓（　　）

8. 如果组合包装的价格不比单瓶装贵的话，您愿意购买组合包装的啤酒吗？

　　愿意（　　）　　　可能（　　）　　　不愿意（　　）　　　不知道（　　）

9. 您希望在哪类商店买到这种包装的啤酒？

　　食品商店（　　）　　　专门商店（　　）　　　百货公司（　　）　　　连锁超市（　　）

　　其他（　　）

10. 您认为这种包装的啤酒应该与哪些酒类摆在一起？

　　白酒（　　）　　　香槟酒（　　）　　　葡萄酒（　　）　　　其他啤酒（　　）

　　其他（　　）

　　市场调查问卷是调查者收集市场信息的最普遍的工具，市场调查问卷的设计是市场调查的重要环节，是市场调查中的一项基础工作，直接关系到调查能否达到预期目的。

任务一　设计调查问卷的准备工作

一、调查问卷的含义

　　调查问卷又称调查表，是指以书面回答的形式了解调查对象的反应和看法，以此获得资料和信息的一种调查方式。调查问卷是获取市场信息资料，实现调查目的和任务的一种形式。采用调查问卷进行调查是国际通行的一种调查方式，也是我国近年来发展最快、应用最广的一种调查手段。

二、调查问卷的种类

按照不同的分类标准，可以把问卷划分成不同的类型，比较常见的分类方法主要有以下几种。

（一）按照问题答案划分

按照问题答案划分，可以分为结构式问卷、开放式问卷和半结构式问卷。

▶ **1. 结构式问卷**

结构式问卷也称封闭式或闭口式问卷。这种问卷的答案是研究者在问卷上早已确定的，由回答者认真选择一个或几个，并在对应的答案上画上圈或打上钩就可以了。

▶ **2. 开放式问卷**

开放式问卷也称开口式问卷，这种问卷不设置固定的答案，让回答者自由发挥。

▶ **3. 半结构式问卷**

半结构式问卷介于结构式和开放式两者之间，问题的答案既有固定的、标准的，也有让回答者自由发挥的，吸取了两者的长处，这类问卷在实际调查中的运用还是比较广泛的。

（二）按照调查方式划分

按照调查方式划分，可以分为访问问卷和自填问卷。

▶ **1. 访问问卷**

访问问卷是由调查员访问被调查者，再由调查员填答的问卷。访问问卷的回收率最高，填答的结果也最可靠，但是成本高、费时长，这种问卷的回收率一般要求在90％以上。

▶ **2. 自填问卷**

自填问卷是由被调查者自己填写的问卷。自填问卷由于发送的方式不同又分为邮寄式自填问卷和发送式自填问卷两类。邮寄式自填问卷是由调查单位直接邮寄给被调查者，被调查者自己填写后，再邮寄给调查单位的调查形式。发送式自填问卷是由调查员直接将问卷送到被调查者手中，并由调查员直接回收的调查形式。邮寄式自填问卷的回收率低，调查过程不能进行控制，因此可信性与有效性都较低，而且由于回收率低，会导致样本出现偏差，影响样本对总体的推断。一般来讲，邮寄式自填问卷的回收率在50％左右就可以了；发送式自填问卷的优缺点介于访问问卷和邮寄式自填问卷两者之间，回收率要求在67％以上。

由于访问问卷和自填问卷的填写者不同，这就使两类问卷在具体结构、问题类型以及排版方面都存在很大的区别。一般而言，由于被调查者介入程度比较高，且可以借助视觉功能，自填问卷在设计上可以更加灵活，问题的数量可以适当增加，备选答案的形式可以更加多样化。但在使用自填问卷时，调查者的介入程度比较低，所以对问题的措辞以及被调查者的文化程度都提出了比较高的要求。而访问问卷由于双方介入程度比较高，所以对被调查的文化程度要求不高，但由于仅依靠听觉功能，所以要求问卷的设计务必简单，最好是采用双向选择题，且题量不宜过多。

(三) 按照发送方式划分

按照发送方式划分，又可以将调查问卷分为报刊式问卷、邮寄式问卷、留置式问卷、人员访问式问卷、电话访问式问卷和网络访问式问卷六大类。

▶ 1. 报刊式问卷

报刊式问卷是随报刊发放的问卷，报刊读者填写完问卷后将问卷回寄给市场调查的组织者。报刊式问卷的优点是目标顾客稳定且具有较强的针对性，成本费用相对比较低，匿名性比较好。缺点是回收率比较低，为了解决这一问题，很多调查机构以抽奖的方式来吸引读者参与。目前，报刊式问卷的范围开始扩展到期刊、杂志等领域，期刊、杂志问卷比较突出的优点是专业性比较强，便于寻找企业的目标顾客群体。

▶ 2. 邮寄式问卷

邮寄式问卷是通过邮局将事先设计好的问卷邮寄到特定的被调查者手中，要求被调查者按规定的要求填写问卷，并在指定的时间内将问卷回寄给市场调查者的问卷。其优点是匿名性比较好，缺点是地址不易获得，问卷的回收率较低。应对这些缺点的手段是提供回寄的信封和邮票，以及对回寄的问卷进行抽奖。

▶ 3. 留置式问卷

留置式问卷也称送发式问卷，是指由调查人员将问卷送发给事先选定的被调查者，然后约定上门回收的日期，待被调查者填答完毕后再进行统一回收的问卷。这类问卷的优点是回收率比较高，缺点是成本比较高。

▶ 4. 人员访问式问卷

人员访问式问卷是由调查者根据事先设计好的问卷或者问卷提纲向被调查者提问，然后调查者根据被调查者的口头回答来填写的问卷。由于是面对面进行交流，人员访问式问卷的回收率高，便于对相关问题进行深入探讨。但其效率较低，且不便进行敏感性问题的讨论。

▶ 5. 电话访问式问卷

电话访问式问卷就是通过电话对被调查者进行访问的问卷。在对此类问卷进行设计时，要求问题简单明了，备选答案选项不宜过多，且要综合考虑用户选择、通话时间限制、听觉功能的局限性、记忆的规律性以及进行信息记录的需要等因素的影响。电话访问式问卷一般适用于问题比较简单，答案比较明确，不需要进行深入思考即可给出答案的调查项目，例如，我们平时比较常见的保险公司关于用户信息的调查以及电信运营商关于顾客满意度的调查等都是比较典型的电话访问式问卷。但目前随着智能手机的广泛应用和手机功能的扩展，手机的来电号码标注功能使得电话访问变得越来越困难。

▶ 6. 网络访问式问卷

网络访问式问卷是通过互联网进行调查的问卷类型。此类问卷基本不受时间和空间的限制，费用比较低，且匿名性好，便于获取大量的信息，尤其是针对一些敏感性的问题更易获得比较真实全面的答案。其缺点是互联网在一些偏远地区的覆盖率有限，且在老年人群体中，相当一部分人对网络不熟悉甚至不会操作，这些都使得网络访问式问卷在特定调查项目上呈现出一定的局限性。

（四）按照问卷用途划分

按照问卷用途划分，可以分为甄别问卷、调查问卷和回访问卷等。

▶ **1. 甄别问卷**

甄别问卷是为了保证被调查者确实是调查产品的目标消费设者而设计的一组问题。它一般包括对个体自然状态变量的排除、对产品适用性的排除、对产品使用频率的排除、对产品评价有特殊影响状态的排除和对调查拒绝的排除5个方面。例如，我国使用化妆品的人群具有明显的年龄倾向，要排除年少的人和年老的人，所以年龄的甄别问题设计如下。

您的年龄：

18 岁以下，终止访问

18～45 岁，继续

45 岁以上，终止访问

▶ **2. 调查问卷**

调查问卷是问卷调查最基本的形式，也是研究的主体形式。任何调查，可以没有甄别问卷，也可以没有复核问卷，但是必须有调查问卷，它是分析的基础。

▶ **3. 回访问卷**

回访问卷又称复核问卷，是指为了检查调查者是否按照访问要求进行调查而设计的一种监督形式问卷。回访问卷一般由卷首语、甄别问卷的所有问题和调查问卷中一些关键性问题所组成。

三、调查问卷的结构

尽管调查主题不同，设计的调查问卷在内容、题型、版式等方面会有所差异，但在结构上，调查问卷一般由下列几部分组成：问卷的标题、问卷说明、问卷的主体、编码、工作记载和结束语。

（一）问卷的标题

问卷的标题主要概括说明调查的主题，是对调查主题的高度概括，即调查表的总标题。例如，"2017 年大学生就业情况调查""关于某某产品市场需求状况调查"等，一般位于问卷表的顶端居中。

（二）问卷说明

问卷说明又称前言或引言，一般是对调查的目的和意义、调查主要内容以及问卷填写的有关事项进行的说明。问卷说明一般放在问卷开头，通过它可以使被调查者了解调查目的，消除顾虑，并按一定的要求填写问卷。例如：

亲爱的女士/先生：

为了不断地改进产品质量，更好地满足消费者的需求，我公司特制定此项调查问卷，请您抽出一点宝贵的时间，回答下列问题，并将您的答案写在每题后面的括号里，您的意见对我们的决策很重要，谢谢您的合作！

（三）问卷的主体

问卷的主体是问卷设计的主要内容，是问卷的核心部分，包括问题和答案。问题从形式上看，可以分为开放式、封闭式和混合式三种。问卷中的问答题，从内容上看也可以分为以下三类。

▶ **1. 对人们的行为进行的调查**

对人们的行为进行的调查包括对被调查者本人的行为或通过被调查者了解他人的行为。

▶ **2. 对人们的行为后果进行的调查**

例如，对阿里巴巴招财宝的满意度进行专项调查，就要调查人们应用招财宝之后对余额宝的影响、招财宝出现后人们如何处理自己余额宝的存款等。

▶ **3. 对人们的态度、意见、感觉、偏好的调查**

对人们的态度、意见、感觉、偏好的调查包括对人们接触媒体的习惯、购物的习惯、对商品品牌的喜好等进行调查。

（四）编码

编码是将问卷中的问题和答案变成用数字所表示的代码的过程，大多数市场调查问卷均需加以编码，以便分类整理，便于进行计算机处理和统计分析。所以，在问卷设计时，应对每一个调查问题和答案设置相应的编码，同时每份问卷还必须有编号，即问卷编号。此编号除了顺序号以外，还应包括与该样本单位有关的抽样信息。例如，进行全国范围的市场调查，对问卷可进行 10 位数编码，前 6 位数的每 2 位分别代表省、市、区（县），后 4 位代表问卷的顺序号。这种设计编码，便于掌握不同区域的问卷回收率，为决策提供依据。

（五）工作记载

▶ **1. 问卷编号**

问卷编号放卷首、卷尾均可，一般建议放卷首。

▶ **2. 与被调查者相关的信息**

与被调查者相关的信息如调查者的姓名、地址和联系电话等，有助于对调查问卷的回访，而被调查者的性别、民族、职业、收入、文化程度、婚姻状况、家庭人口等内容，在设计问卷项目时就可以置入。

▶ **3. 与调查者相关的信息**

与调查者相关的信息包括调查员的姓名、调查日期、调查时间、对被调查者回答的评价等内容，往往是付给调查者报酬的依据，对这些信息进行详细记录也可以做到权责明晰。

（六）结束语

结束语一般放在问卷的最后面，用来简短地对被调查者的合作表示感谢，也可征询一下被调查者对问卷设计和问卷调查本身的看法和感受。

四、调查问卷的功能

在市场调查行业，调查问卷最基本的功能就是作为提问、记录和编码的工具，可以帮助调查人员获得原始的数据资料，并最终为管理层提供决策所需要的信息。通过问卷，调查人员不仅可以获得被调查者的基本特征，如性别、年龄、个人收入、家庭收入、婚姻状况及职业等，还可以测量出被调查者对某种经济事物或社会现象的态度、看法和认识等，从而预测消费者的行为，帮助企业做出正确的决策。可以说，调查问卷设计的好坏将直接决定一次调查活动的成功与失败。调查问卷设计得不好，后续的所有努力将变得没有意义。具体来说，调查问卷具有以下几项重要功能。

▶ 1. 调查问卷将调查目标转化成被调查者可以且愿意回答的一系列具体问题

为了实现调查目标，调查人员需要收集信息，而对这些信息的收集就可以通过由具体问题构成的问卷来进行。可以说，调查问卷是获取市场研究所需信息资料的基本手段。除实验法外，观察法和各种询问法都离不开问卷，特别是计算机在现代市场调查应用中的普及，使得规范、科学的问卷是不可缺少的调查工具或手段。

▶ 2. 设计合理的调查问卷有利于全面、准确地收集资料

设计合理的调查问卷可以使研究的问题和答案范围标准化，让不同的被调查者或者同一个被调查者在不同的时间和地点都处在相似或一致的问题环境中，从而保证问卷的适用性及对调查结果进行统计分析的可能性。设计合理的问卷可以通过对措辞、问题排序及卷面结构等进行设计，引导被调查者参与并配合完成调查工作，减少因被调查者而产生的计量误差。设计合理的问卷还可以使调查人员的提问趋于标准化，减少因调查人员而引起的计量误差。

▶ 3. 问卷可以记录和反映被调查者的回答

问卷不仅能够提供准确的信息，而且可以作为调查的永久记录。问卷都是围绕调查项目或主题来设计，通过被调查者作答来完成的，因而有利于全面、准确地反映被调查者对所询问问题的基本倾向，从而获得可靠的调查资料。而且问卷作为原始记录具有很强的真实性，可以作为基础资料进行长期、妥善的保管。

▶ 4. 问卷可以节省调查时间，加快数据分析进程，提高调查效率

在利用问卷进行信息收集的过程中，由于许多项目被设计成由被调查者在备选答案中做选择的形式来回答，且无须对各个问题的答案给出文字方面的解答。调查人员只需对被调查人员稍做解释，说明意图，被调查者就可以完成答卷。又由于问卷中问题的答案大多为可以量化的选项，这就为利用计算机对数据进行统计、处理和分析提供了条件。这些都大大节约了调查的时间，提高了市场调查的效率。

五、设计调查问卷的原则

设计调查问卷的根本目的就是设计出符合调查目的，并能获取足够、有效、适用和准确的信息资料的调查问卷。为了实现这一目的，进行问卷设计时必须遵循以下几个重要的原则。

(一) 主题明确、紧扣目标

任何调查问卷最主要的作用都是为决策提供所需要的信息，因此，在设计问卷时，其首要原则就是问卷设计必须紧扣调查目标。只有依据调查目标，问卷设计人员才能更透彻地了解要调查的项目，才能使设计出的问题既全面又不多余，便于获取最准确的信息。

(二) 合乎逻辑

逻辑性原则是我们在做任何事情时都要考虑的重要原则，在问卷设计中，合乎逻辑在很多方面都要得到体现：首先，整个问卷的问句设计要有逻辑性，避免出现前后矛盾的问

句；其次，单个问句设计也要具有逻辑性，不能出现逻辑上的谬误；最后，要根据受访者的特征及问句的难易程度，设计问句排列的逻辑顺序，以适合受访者的思维习惯，一般为先易后难、先简后繁。

（三）通俗易懂、易于回答

调查问卷是获得相关数据的重要工具，所以在设计时必须考虑所设计的问题是否易于作答。为了满足这方面的要求，在进行调查问卷设计时必须做到以下几点。

（1）问卷应使被调查者一目了然，并愿意配合如实回答相关问题。

（2）问题的难度要与被调查者的理解能力、认知能力和心理特征相适应，避免使用一些晦涩难懂的词汇以及专业性术语。

（3）要用具体的、事实性的问题来提问，同时问题的语气也要设计得亲切自然。

（4）敏感性的问题在设计时要注意技巧，使问题具有合理性和可答性。

（5）为了便于被调查者理解某些关键性的问题，防止出现回答偏差，可以设计和制作一些卡片，在进行调查时配合使用，作为提问的辅助手段。

（四）便于对资料整理和统计

设计问卷时还必须考虑问卷回收后，要便于对收集的资料进行检查核对和整理加工。因此，必须使问题尽可能简单、明确，避免出现复合性的问题。对于一些能够量化的问题，应尽可能采用分类分级的方法列出明确的数量界线，而对于被调查者不容易把握的一些态度性问题，则可以采取态度测量表，这些都使得最后得到的资料便于分析。

（五）保持中立

在问卷设计工作中，设计人员应时刻保持中立的立场，以保证所收集数据的客观真实性。首先，在问卷设计中，所设计的问题应是中性的；其次，在选用句式和词句时，要坚持客观的态度，不可以使用带有感情色彩的词句，更不可以使用暗示性、诱导性的询问句，以免误导被调查者做出不合实际的答案；最后，在对问题进行编排时，应注意正面问题和反面问题的排列顺序，不可以将它们集中排列。

（六）问题数量合适

设计问卷时，应注意问题数量的选择。设计问题的数量过多、过于繁杂，不仅会大大增加调查的工作量和调查成本，而且会影响被调查者的积极性，降低问卷的回收率和有效率，降低问卷的回答质量，不利于正确说明调查项目所要说明的问题。设计问题的数量过少，虽然降低了调查成本，但无法完全提供所要收集的信息，失去了调查的意义。所以，在设计问卷时，应综合考虑调查内容、调查规模和调查范围等因素，最终确定合适的问题数量。

六、设计调查问卷的步骤

设计调查问卷不仅是市场调查准备阶段的重要工作之一，而且问卷设计本身也是一个充满创造性的过程。为了提高问卷的设计水平，使其既科学合理又切实可行，在设计调查问卷时必须按照科学的程序来进行，一般来说，调查问卷的设计工作主要分为以下几个步骤。

（一）准确界定调查主题和资料范围

在进行问卷设计工作前，首先要明确调查的目的和内容，这是问卷设计的前提和基础。通常情况下，调查项目的委托人只给出一个大致的调查范围，具体目标和内容并不清楚，这就需要调查机构来界定调查的主题，并为之选择合适的调查方法。因此，设计问卷时，首要的任务就是要准确界定调查主题，并围绕主题确定所要收集资料的范围。此过程一般借助收集二手资料的方法来完成。确定好调查主题后，最好能够在调查方案中进行具体的细化，并以文本的形式体现出来，用作后续问卷设计的指导。可以说，调查主题确定得是否准确，直接影响资料范围的界定，并影响问卷设计工作的开展、调查数据的质量以及调查目的的实现，因此，此步骤的工作一定要慎之又慎。

（二）对界定的调查主题进行探索性研究

由于专业及能力等方面的制约，问卷的设计人员不可能都是调查主题方面的专家，因此，不可能对调查所涉及的每一个主题都有深刻、全面的认识，这时就需要对调查主题进行探索性研究。对调查主题进行的探索性研究应该从以下几个方面做起。

（1）在条件具备的情况下，向熟悉调查主题的专家学习请教，如果不具备这方面的条件，则应认真学习研究相关的理论问题，以期从理论层面深化对调查主题的认识。

（2）通过向实际工作经验丰富的工作者学习请教，或亲自参与有关的实践活动，从实际活动中加深对调查主题的理解和认识。

（3）尽可能收集类似调查活动的实际调查资料，结合此次调查活动的特征进行研究，从中借鉴相关经验，并提取可以加以利用的资料。

（4）在前述工作的基础上，进一步对相关问题进行分析，以确保调查主题的明确化和具体化，为后续的工作做好准备。

值得指出的是，如果调查问卷设计人员对界定的调查主题理解得非常透彻，或者具备这方面的专业知识，则此步骤可以省略掉。

（三）明确调查对象，分析样本特征，确定问卷类型

不同的调查对象有不同的特点，问卷设计必须要结合具体调查对象的特点进行设计，只有这样，才能保证问卷的合理性。因此，在设计问卷时必须明确具体的调查对象，分清调查对象是企业还是个人，是现实消费者还是潜在消费者等。明确了具体的调查对象之后，我们还需要了解调查对象的特征，如各类调查对象所处的社会阶层、收入、文化程度、规模、市场占有率等，并有针对性地确定问卷类型。例如，针对城市居民的问题和针对农村居民的问题就存在较大的差别。一般情况下，调查对象的差异越大，进行问卷设计时要考虑的因素就越多，就越难设计出适合整体的问卷。

（四）拟订问题，编制调查问卷

确定了问卷的类型后，问卷设计者就可以按照调查对象的特点，遵循问卷设计的原则，进行问卷设计的工作，其主要内容包括说明信和指导语的设计、调查中所要提问问题的设计、问题答案的设计、问题顺序的设计、编码设计、问卷结构及版面的设计等。问卷中具体的调查问题是前述各项工作成果的体现，它们构成了调查问卷的主体部分。

（五）问卷的评估、测试及修改

问卷初稿完成后，需交付委托方或由问卷设计人员对问卷进行初步评估，当然，如果必要且条件具备，也可以聘请具有丰富经验的专家参与评估，以便及时发现问题和不足、及时给予解决。在评估问卷时，一般要考虑以下几个问题：问卷中的问题是否能够提供全

面有用的信息；有无需要删减的问题；问卷的长度是否合适；问卷是否便于作答等。问卷草稿经过各方评估后，可以初步定稿，此时，有必要对问卷进行预测试，预测试往往是小范围的试验，它并不是由一个调查人员向另一个调查人员进行调查，比较理想的测试是对被调查者实施调查。预测试所采用的调查方式应和实际调查采用的调查方式保持一致，以考察问卷的合理性与有效性。

通过预测试，调查者可以得到以下可能存在问题的答案：被调查者能否充分理解问卷中的问题？问卷是否能充分反映所需资料的内容？问卷中是否存在不连贯、不合逻辑的地方？封闭式问题的答案是否全面？被调查者答题所需的时间是否过长？

通过对预测试收集到的数据进行统计分析，调查人员还会发现一些更深层次的问题，同时，也有助于调查人员对即将产生的调查结果以及能否实现调查目标有一个大致的了解，为后续的正式调查工作指明方向。

在完成预测试后，还需要对问卷设计中存在的问题进行修改，如有必要，也可进行二次测试，在做实地调查活动之前，应征求各方的认可。

（六）定稿和印刷

上述工作完成后，即可确定问卷的终稿并进行印刷。在此步骤中，问卷的版面设计简洁合理，便于阅读，印刷时应选择质量合适的纸张，装订应整齐，便于被调查者作答。有的调查问卷为了节约纸张或者使问卷看起来简短，缩小字体和行间距，压缩一切可以压缩的空间，结果使卷面看起来非常凌乱，毫无美感；有的为了节约成本，印刷时采用质量低劣的纸张，且装订粗糙，这些都使问卷看起来非常不正规，最终影响被调查者的心情，使问卷的回收率和有效率大大降低。因此在印刷问卷时，可以参考以下几个标准。

（1）排版简洁大方，避免为节约纸张而无原则地挤压版面空间。

（2）若收集信息的性质不同，则应该把问题归类后划分到不同的版块，并在每一版块上方加上标题进行区分。例如，在对消费者行为进行调查时，就可以把问卷分为个人基本信息部分和消费行为部分，这样既符合被调查者的答题思维，也便于调查者进行数据统计分析。

（3）同一个问题，应尽可能将问题和答案放在同一版面上，这样既便于被调查者答题，也降低了漏题的概率。

（4）印刷用纸质量合适，超过一定页数的问卷最好装订成册，并采用双面打印，配以封面，以使被调查者以认真的态度回答问卷，提高问卷的回收率和信息的准确度。

任务二 设计调查问卷的内容

从调查问卷的结构上看，一份完整的调查问卷包括问卷标题、问卷说明、调查主体内容、编码、必要的注明、被调查者基本情况等项内容。从调查问卷的内容构成来看，可将调查问卷分成标题、卷首语、正文、结束语四个组成部分。由于每一部分的设计内容不同，所以有不同的设计技巧。

一、设计问卷的标题

问卷标题是概括说明调查研究的主题，使被调查者对所要回答什么问题有一个大致的了解。设计问卷标题应简明扼要，易于引起被调查者的兴趣。例如，标题可以设计为"关于某市葡萄酒市场情况的问卷调查""我与住房——某市居民住房状况调查""关于普通商品房消费需求的调查"等，而不要简单采用"调查问卷"这样的标题，它容易引起被调查者因不必要的怀疑而拒绝填写问卷。

二、设计问卷的卷首语

调查问卷的卷首语主要是指问卷的说明词部分，目的是引起被调查者的注意和兴趣，取得被调查者的支持和合作，人们常说，良好的开端是成功的一半，可见，问卷的卷首语的设计对整个市场调查活动有着非常重要的影响。为了提高调查效率，保证调查效果，取得被调查者的支持，问卷的开头就显得很重要。一般来说，问卷卷首语的设计一般以书信的格式开头，称呼加冒号之后换行书写其他内容，称呼要用尊称，如"亲爱的女士""尊敬的先生"或者"尊敬的用户，您好"等。其次，要写清楚调查方的自我说明与介绍，以及本次调查的结果对调查方的重要性，同时还要说明调查的内容、时间、地点，以及被调查者们需要配合哪些相关工作。最重要的一点，一定要在调查问卷的卷首语上说明本次调查问卷对调查者们不会有负面的影响，能够保守被调查者的信息不外露，增加被调查者的信任度。这是调查问卷的卷首语的最基本内容。

要想吸引被调查者积极配合调查，除了内容要完整之外，语气也要委婉、谦虚、诚恳，并且要表示出真诚的谢意，必要时可以说明调查结束有礼品相送。卷首语的好坏甚至可以直接影响一次调查的效果，所以一定要引起被调查者的重视和兴趣，争取他们的合作与支持，用心去完成一次调查问卷，这就需要在语言的表达上多加斟酌。

调查内容的卷首语也不应太长，这样会让被调查者失去耐心。此外，卷首语要写得通俗易懂，因为大多数调查者都是普通群体，卷首语要让被调查者能够理解这个调查问卷到底包含什么内容，怎么去完成这份问卷。所以一份调查问卷的卷首语一定要既完整又简洁，还要通俗易懂、语气委婉，只有卷首语足够吸引人时，整个调查问卷才会收获更好的效果。

三、设计问卷的正文

问卷正文也是问卷的主要组成部分，主要包括调查内容、被调查者基本情况及问卷编号等。对问卷进行编号是为了方便问卷的填答和回收，其设计较为简单，一般以阿拉伯数字表示。被调查者的基本情况可根据调查目的和统计整理的需要，选择相关项目进行调查。问卷正文的设计重点是调查内容的设计，调查内容主要包括问卷的问题和答案的设计，下面就从问题和答案两个部分进行分析，一般在进行问卷设计时应注意以下几点。

（一）确定问题的技巧

▶ 1. 确定问题的类型

在一份问卷中往往会有多种类型的问题结合使用，但具体到问卷的每一个问题，可能最适合采用某类型的问题，调查者应根据调查目的、调查的方式、调查对象、信息收集的内容等，确定最适合的问题类型。具体而言，从调查方式来看，面谈访问、电话访问比较适合事实性问题、行为性问题，且多采用封闭式提问与开放式提问相结合；从调查对象来看，被调查者的性别、年龄、文化程度等的不同，被调查者对问题的理解方式和程度也不同，所以对不同的调查对象应采用不同的问题类型，例如，对文化程度较高的调查对象，可以适当增加开放式问题，而对于文化程度较低的调查对象则应适当增加封闭式问题；从调查内容来看，人的年龄、性别、职业等，已经是客观存在的事实，所以采用直接性提问更方便、快捷，而对收入情况由于涉及消费者的隐私，一般采用间接提问效果比较好。

总之，问卷的设计者应全面考虑各种情况，综合确定问题的类型。

▶ **2. 确定问题的措辞**

措辞就是把问题的内容和结构转化为通俗易懂的语言和句子。措辞不当会给调查造成一定的困难，例如，被调查者可能会拒绝或错误地回答问题，从而造成调查结果出现误差，影响调查效果。为此，问题的措辞一般应遵循以下原则。

（1）用词准确，避免模棱两可的措辞。例如，"您居住的地方离某商场有 5 分钟的路程吗？"这个问题的回答与交通工具有关，但是它表达不准确，居住的地方离某商场是步行5 分钟还是乘车 5 分钟的路程，这两者的距离差别就很大，让被调查者无所适从，不知如何回答。

（2）多用通俗易懂的、大众可以理解的词汇，避免使用专用术语。例如，"请您谈谈电子商务的优势是什么"，这个问题会让一部分被调查者不知该如何回答，因为他们可能不懂电子商务的准确含义，所以无法说出自己的看法，如果是想要了解网上购物的优势，那么就可以将问题设计如下：

您选择网上购物的主要原因是（　　　）。

A. 价格便宜　　　B. 方便　　　C. 款式多　　　D. 其他（请自填）

这样，被调查者就很容易理解和选择。

（3）问题不隐含假设。例如，"您经常购买这种高质量的洗衣液吗"，这样的问题已经给了被调查者高质量的假设，因此正确的问法应该是："您经常购买这种品牌的洗衣液吗？"

（4）一个句子只涉及一个问题，避免一个句子出现两个问题。例如，"您认为这个品牌的电视性能和样式如何"，一个句子有两个问题，被调查者如果对两个问题有不一样的看法，就会影响答案的真实性。因此可以分成两个问题，可以分成"您认为这个品牌的电视性能如何"和"您认为这个品牌的电视样式如何"两个问题。

▶ **3. 确定问题的顺序**

问卷中的问题应遵循一定的排列次序，问题的排列顺序会影响被调查者对问卷的兴趣和情绪，进而可能会影响合作的积极性，所以一份好的问卷应该对问题的排列顺序做出精心的设计，一般问卷的顺序安排应注意以下几点。

（1）基本信息位于问卷前面，分类信息居中，鉴别信息靠后。

（2）先易后难，容易的问题靠前，困难、复杂、敏感、窘迫的问题靠后。

（3）总括性问题应先于特定性问题。总括性问题是指对某个事物总体特征的提问。例如，"在选择手机的时候，哪些因素会影响你的选择"，这就是一个总括性问题。特定性问题是指对事物某一个要素或某个方面的提问。例如，"你在选择手机时，手机待机时间处于第几个考虑的因素"。总括性问题应置于特定性问题前面，否则特定性问题会影响总括性问题的回答。

（二）确定问题答案的技巧

▶ 1. 选择合适的方法确定答案

一般来说，事实性问题、行为性问题比较适合二项选择题，如"是"或"否"，"有"或"无""买"或"不买"等；而态度性问题、动机性问题可以采用多项选择题或比较法，如"您是否喜欢某某品牌的电视机？"可以有多种答案，即"非常喜欢""比较喜欢""一般""比较不喜欢""非常不喜欢"等，需要了解某一个或某几个重要因素时，可采用顺位法或比较法，如了解消费者对不同品牌心理接受度，可将众多的品牌列出，让被调查者排列出前几名；对一些答案较多，很难言尽的，又想深入了解相关资料的，则可采用自由回答法。

▶ 2. 确定答案的具体内容

在确定答案项目时，要求问卷的设计者充分考虑答案的全面性，尽量包括所有的可能性，当备选答案太多，无法穷尽所有答案时，可以将封闭性问题与开放式问题结合起来，在答案的最后加上一个"其他"选项，并留有一定的空间，由被调查者自由填写，方便被调查者充分发挥自己的见解。例如：

您喜欢什么品牌的手机？

（1）三星　　（2）苹果　　（3）华为　　（4）小米　　（5）HTC　　（6）其他＿＿＿＿＿

同时，也要注意答案的数量不宜过多，答案过多容易引起意见分散，不宜于统计整理，也可能引起被调查者的不满，降低问卷的回收率，影响调查效果。

四、设计问卷的结束语

一般情况下，如果是面谈访问或电话访问，可以直接用语言表达谢意作为结束语，如果是寄卷访问，一般注明调查人员姓名、调查时间、调查地点等，同时还应对被调查者的合作表示感谢，必要时还可以留下被调查者的联系方式。由于一般人不愿意向别人透露自己的姓名、身份和电话等信息，所以，如果想了解相关信息，态度要诚恳，语气要委婉。

拓展阅读

21 克西餐厅的问卷

亲爱的同学：

你好！我们是电子商务专业的学生，为了帮助21克西餐厅改善餐饮服务，需要对您进行问卷调查，希望您能在课余时间填写我们的问卷，我们将不胜感激！

1. 你去过21克吗？

a. 去过　　b. 没去过（没去过则跳到第22题）

2. 影响你去21克因素的有哪些？

a. 环境　　b. 价格　　c. 服务的态度　　d. 口味　　e. 菜色

3. 影响你选择主食的因素有哪些？

a. 价格　　b. 菜色　　c. 口味　　d. 分量

4. 影响你选择小吃的因素有哪些？

a. 价格　　b. 口味　　c. 分量　　d. 口味

5. 影响你选择饮品的因素有哪些？

a. 价格　　b. 口味　　c. 样式

6. 你去21克主要消费哪些产品？

a. 手抓饼　　b. 焗饭　　c. 饮品　　d. 扒饭　　e. 意粉　　f. 羊肉串、牛肉串

7. 在什么情况下你会去21克？

a. 朋友聚餐　　b. 方便　　c. 节假日　　d. 一时兴起

8. 你一般是什么时间段去21克？

a. 早上　　b. 中午　　c. 晚上

9. 小吃消费可接受的价格是多少？

a.1～2元　　b.2～5元　　c.5～7元　　d.7～10元　　e.10元以上

10. 主食消费可接受的价格是多少？

a.7～10元　b.10～13元　　c.13～15元　　d.15～18元　　e.18～20元　　f.20元以上

11. 你希望21克出怎样的套餐？

a. 主食加饮品　　b. 主食加小吃　　c. 主食加汤　　d. 情侣套餐

12. 你对套餐可接受价格是多少？

a.10～15元　　b.15～20元　　c.20～25元　　d.25元以上

13. 你希望在怎样的环境下就餐？

a. 古典　　b. 浪漫　　c. 夏威夷风格　　d. 时尚潮流　　e. 赋乐风格

你对21克的满意程度（在对应的空格中打钩）：

项　　目	不满意	基本满意	一般	满意	很满意
14. 对21克整体的满意度	1	2	3	4	5
15. 对21克环境的满意度	1	2	3	4	5
16. 对21克服务态度的满意度	1	2	3	4	5
17. 对21克等候时间的满意度	1	2	3	4	5
18. 对21克价格的满意度	1	2	3	4	5
19. 对21克口味的满意度	1	2	3	4	5
20. 对21克菜式的满意度	1	2	3	4	5

21. 你觉得目前21克哪些做得比较好（可按好坏程度排序）？

a. 环境　　b. 价格　　c. 服务的态度　　d. 口味　　e. 菜色（主食、小吃、饮品）

　　　　　　　　　　　　　　　　　　　　（完成后则直接跳到第24题）

22. 你不去21克的原因是什么？

a. 环境　　b. 价格　　c. 服务的态度　　d. 口味　　e. 菜色

23. 你周围的朋友对 21 克评价如何？

a. 好　　b. 很好　　c. 一般　　d. 不好　　e. 没有

24. 你对 21 克有什么建议？

_____

_____

讨论：这份有关 21 克西餐厅的调查问卷中有哪些不当之处，应该如何修改？

任务三　调查问卷询问技术

调查问卷是由若干个问题组成的，所以问题是问卷的核心，而问题又是由问题和答案构成的，因此问题的类型及答案的设计方法是问卷设计成功的关键，也直接影响市场调查的成败。一般把问题的类型及答案的设计方法统称询问技术，问卷的询问技术主要指问句的设计技术和答案的设计技术。

一、问卷问句的设计技术

问卷问句的设计技术主要是指问题的类型及设计，具体包括以下几个方面。

(一) 按照问题的询问方式划分

按照问题的询问方式划分，问卷问句可分为直接性问题和间接性问题。

▶ 1. 直接性问题

直接性问题是指在问卷中能够通过直接提问的方式得到答案的问题。直接性问题通常给回答者一个明确的范围，所问的一般是个人的基本情况或意见。例如，"您的职业""您喜欢什么牌子的电视机"等，由于直接性问题能给被调查者一个较明确回答范围，所以一般比较容易得到明确的答案，这种提问对于统计分析整理比较方便。但遇到一些敏感问题，采用这种提问方式，可能无法得到所需答案。

▶ 2. 间接性问题

间接性问题是指那些不宜直接回答，而适合采用间接提问的方式获得所需答案的问题，通常用于那些被调查者因对所需回答的问题产生顾虑，不敢或不愿意真实表达自己意见的问题。例如，当问及个人收入、家庭暴力、对政府的态度等问题时，如果采用直接询问的形式，被调查者往往会因为不愿意或不敢回答而影响调查效果。这时，我们就可以用提问的问题换成其他人的意见和看法，而由被调查者进行选择和评价，就比较容易了，而且还会比直接提问获取更多的信息和资料。例如，"您认为工厂这次降低工资是否合理"，问题过于直接，一般人可能不愿意回答或不真实回答，可以改为"听大家议论，大多数人认为这次工厂降低工资是否合理"，采用这样的提问方式更容易获得真实的信息。

(二) 按照问题是否列出答案划分

按照问题是否列出答案划分，问卷问句可分为开放式问题和封闭式问题。

▶ 1. 开放式问题

开放式问题是指只提出问题不列出答案，由被调查者自由回答的问题。这种类型的问题由于没有限定答案，有利于发挥被调查者的想象力，突破被调查者的思维范围，集思广益，获取更多、更深入的信息资料，特别适合询问答案很多又很复杂的问题。但是，这种提问方式由于需要被调查者自己思考并书写答案，增加了回答问题的难度，被调查者一般不愿意合作，从而影响问卷的回收率。因此，这种提问一般适用于被调查者文化素质较高或者对调查内容明白利害关系的情况下。基于开放式问题的以上特点，一般不宜过多设置开放式问题。

▶ 2. 封闭式问题

封闭式问题是指已经列出答案，被调查者只要或只能从中选择一个或几个答案的提问方式。封闭式问题由于有现成答案，回答方便，被调查者容易作答。此类问题的优点是被调查者易于合作，有利于提高问卷的回收率和有效率，回答标准化，也便于统计整理和分析；缺点是只能在规定的范围内回答，由于问卷设计者所列举的答案不一定全面，因而缺乏灵活性和深入性，无法反映被调查者的真实想法。

（三）按照提问的内容划分

按照提问的内容划分，问卷问句可分为行为性问题、动机性问题和态度性问题。

▶ 1. 行为性问题

行为性问题是指对被调查者的行为特征进行调查而提出的相关问题。例如，"您是否购买了某某电视""您是否经常光顾某某饭店"等都属于行为性问题。行为性问题的回答多属于事实问题，回答简单，便于整理，有利于调查者了解被调查者的行为规律，但不利于了解被调查者的内心活动及变化规律。

▶ 2. 动机性问题

动机性问题是指对被调查者的行为产生的原因或动机进行调查而提出的相关问题。例如，"您为什么购买某某电视""您为什么经常光顾某某饭店"等都属于动机性问题，比较适合了解事件或行为产生的原因。人的行为有的是有意识的动机，有的是无意识的动机，对于有意识的动机的行为，被调查者有时会因种种原因不愿意回答；对于无意识的动机的行为，由于被调查者自己都不十分清楚，因此也无法回答。所以，在使用动机性问题时应注意提出的问题被调查者是否可以接受以及能否回答。

▶ 3. 态度性问题

态度性问题是指对被调查者的态度、意见、看法等进行调查时而提出的相关问题。例如，"您是否喜欢某某品牌的手机""您是否认为某某看法是否正确"等都属于态度性问题。

（四）按照提问问题的答案是否客观存在划分

按照提问问题的答案是否客观存在划分，问卷问句可分为事实性问题和假设性问题。

▶ 1. 事实性问题

事实性问题是指要求被调查者回答一些有关事实的问题，例如，"您通常什么时候看电视?"提出这类问题的主要目的是获得有关事实性的资料，因此问题的意见必须清楚，被调查者容易理解并回答。例如，问卷中关于年龄、职业、文化程度、性别等问题都是事实性问题。事实性问题常常作为统计分类的依据，为统计整理提供了方便，经过整理后就可以掌握各类细分市场的特点，为企业决策提供依据。

▶ 2. 假设性问题

假设性问题是指通过假设某一客观事实已经存在，而向被调查者提问获得答案的问题，例如，"如果住房和汽车您只能选购一种，您会选购哪种？"假设性问题的主要优点体现在能缩小问题的范围，问题回答速度快，答案比较明确具体，便于统计分析整理，但使用时应注意假设的客观事实存在的可能性。

以上是从不同的角度对问题进行分类，每一种问题都有其自身的特点和适用范围，而在实际调查中，几种类型的问题结合使用会使问卷的效果更好。

二、问卷答案的设计技术

在市场调查实践中，无论是哪种问题类型，都要设计相应的答案，尤其是封闭式问题，一般常用的答案设计方法有以下几种。

(一) 二项选择法

二项选择法是指提出的问题只有两种答案可供选择，被调查者只能在两种答案中选择其中之一。例如，"您家有电视吗？"答案只能是"有"或"无"。这种答案设计方法的优点是答案态度明确，便于选择，可以快速地获取答案；由于备选答案数量少，便于进行统计分析和整理。缺点是由于只有两个对立的备选答案，所以难以反映多种情况下及程度的差异性，使得调查不够深入。二项选择法适合提问简单的事实性、态度性、行为性问题。

(二) 多项选择法

多项选择法是指提出的问题有两种以上的答案，被调查者可选其中的一项或多项。例如：

"您不喜欢食用方便面的原因是什么"？（在您认为合适的项目后面画上√）

(1)没有营养　　(2)对健康有害　　(3)价格偏高　　(4)其他＿＿＿＿

多项选择法的优点是答案有较多的选择，能较好地反映被调查者的多种意见及其程度差异；由于限定了答案范围，为统计整理和统计分析提供了方便。缺点是使用这种方法进行问题设计难度较大，对问卷设计者的要求较高。

(三) 自由回答法

自由回答法是指提问时可自由提出问题，回答者也可自由发表意见，没有限定答案的一种方法，如"您觉得软包装饮料有哪些优缺点？"自由回答法的优点是涉及面广，回答者可以充分发表自己的观点和意见，可为调查者收集到意料之外的答案。缺点是由于回答者提供答案的想法和角度不同，因此在回答分类时会出现困难，资料难以整理。因此，此种问题不宜过多。

(四) 顺位法

顺位法是指问卷设计者列出若干个项目，由被调查者按重要性决定排列顺序的一种方法。在实际应用中，顺位法主要有两种方式：一是有限顺位法，即按重要程度规定排列顺序的数量；另一种是无限顺位法，即不规定顺序的数量，而由被调查者对答案全部排列或按其理解进行排列。例如：

在您购买洗衣粉时，请按重要程度的顺序排列出您认为最重要的 4 个影响因素，并将其序号写在题干后面的括号里。（　　）

①品牌　　②价格　　③包装　　④促销　　⑤方便快捷性　　⑥其他_____

这属于有限顺位法，因为调查者只要求被调查者排出前 4 位的影响因素。而如果将该题的题干改成：

在您购买洗衣粉时，请按重要程度将下列影响因素的顺序排列出来，并将其序号按照顺序写在题干后面的括号里。（　　）

①品牌　　②价格　　③包装　　④促销　　⑤方便快捷性　　⑥其他_____

这属于无限顺位法，因为调查者没要求被调查者排出前几位的影响因素，在进行调查时，被调查者可以对全部答案进行排序，也可根据自己的理解进行排序。

顺位法便于被调查者对其意见、动机、态度、行为等方面做出衡量和比较，便于被调查者回答，实际应用时，应注意：第一，备选答案不宜太多，否则会造成排序分散，加大了整理分析的难度；第二，要注意给定答案的顺序，避免对被调查者产生暗示。

（五）比较法

比较法是指采用对比提问的方式，将具有可比性的事物进行对比并做出选择的方法。比较法要求被调查者做出肯定回答。

（六）回想法

回想法是指给被调查者提示回想的范围，让被调查者根据记忆进行回答。在实际进行调查时，可用于了解消费者对商品、品牌名称、企业名称和有关广告的印象强度等。

任务四　调查问卷中常用量表的设计

一、量表的含义

量表是一种调查中用于测量人们态度的尺度工具。在心理学上，一般将测量态度的尺度理解为"量表"。实际应用中，由于调查需要了解的人们态度的深度和精度不同，态度测量所使用的态度量表也不同。

二、量表的类型

调查中常用的量表类型有四种：类别量表、顺序量表、等距量表和等比量表。

（一）类别量表

类别量表是指根据调查对象的性质做出的分类，并以各类型态度占样本总体数量的比例测算被调查群体主要的态度取向的一种量表。例如：

您使用过某某品牌的洗面奶吗？□1. 是　　□2. 否

如果使用过，您会继续使用吗？□1. 会　　□2. 不知道　　□3. 不会

类别量表的应用中，在后一个问题中，备选答案由"会""不知道"与"不会"三种类型的态度所构成。由调查结果反映不同类型态度的选择比例，能了解人们的基本态度取向，如

上面的答案中选择"不会"的比例越大，表示该类型的态度取向对市场影响和重要性越大。由于类别量表一般难以用定量方法做态度计量，主要以性质不同对态度进行分类，属于一种定性分析。

（二）顺序量表

顺序量表又称次序量表，它能表示各类别之间不同程度的顺序关系。例如：

您认为各种传播媒体的广告可信程度如何？（最可信的选 5，次可信的选 4，依此类推，最不可信的选 1，并将顺序号填入所选答案前的□内。）

□1. 电视　　□2. 广播　　□3. 互联网　　□4. 杂志　　□5. 报纸

采用顺序量表，可根据各项答案被选择的顺序情况，经统计分析后可以更准确地了解到广告最可信的媒体是什么。分析方法是先设定各顺序号的分值，如最可信的为 5 分，次可信的为 4 分，依此类推，最不可信的为 1 分，然后根据全部调查样本统计分析，总分最大的选项可判断为最可信赖的媒体。

（三）等距量表

等距量表又称差距量表，它比顺序量表更为精细，不仅能表示顺序关系，还能测量各顺序位置之间的距离。这种量表可以进行相加或相减计算，但不能相互做乘、除计算。顺序量表反映的是类别的顺序差异。例如，在利用顺序量表测量传播媒体的广告可信程度时，如果电视以 14 分排在首位，报纸以 12 分排在次位，此时并不意味着电视广告与报纸广告的可信程度差距为 2 分。要了解各类别之间的差距，需要采用等距量表来处理。例如：

您认为各种传播媒体的广告可信程度如何？（以 10 分为最可信值，1 分为最不可信值，请根据您的评价用 1～10 给不同媒体评分，并将评分值填入答案前的□内。）

□1. 电视　　□2. 广播　　□3. 互联网　　□4. 杂志　　□5. 报纸

使用等距量表不仅能反映类别的顺序，而且能反映类别的差距。例如，如果被调查者的答案如下：

9 1. 电视　　3 2. 广播　　4 3. 互联网　　2 4. 杂志　　8 5. 报纸

根据被调查者对各种传播媒体的广告可信程度的评分将各媒体广告按可信程度高低排列，依次是电视、报纸、互联网、广播、杂志。同时，该评分也反映电视与报纸的可信程度差距较小，两者的新闻资讯可信程度远高于其他的媒体。综合所有被调查者的答案，根据各类型媒体的综合平均值，既可以排列出各媒体广告可信程度的高低顺序，又能比较相互间可信程度差距。

（四）等比量表

等比量表是表示各个类别之间的顺序关系成比率的量表，例如，对身高、体重、年龄等变量的测量。在等比量表中，各变量之间可以做加、减、乘、除计算。在市场调查活动中，人数、收入、成本、支出等变量都是可以用等比量表进行测量的类别，例如，家庭每月平均收入是多少？很显然，等比量表的测量尺度，一是能反映类别的不同，如根据家庭平均月收入的层次，可以将家庭分类为高收入家庭、中等收入家庭与低收入家庭三类；二是能根据收入的高低进行顺序排列；三是可反映出不同收入类别的差距，如高收入家庭与低收入家庭的差距；四是能运用乘除运算将类别间进行比率分析，例如，若高收入家庭的平均月收入是 1 万元，而低收入家庭的平均月收入是 2000 元，用等比量表测算，我们可以说高收入家庭的平均月收入是低收入家庭的 5 倍。

以上四种量表对事物的测量层次是由一般到具体、由简单功能到复杂功能逐步递进的。高层次的态度测量量表包含了低层次的态度测量量表的功能。例如，等距量表不仅能反映类别的位置差距，而且能反映类别的顺序排列（顺序量表）和进行类别的划分（类别量表）。但在市场调查实践中，由于态度通常是一种思想性的东西，难以用客观的标准来进行测量，因此在市场调查中等比量表应用得不多，最常用的是类别量表和顺序量表。

三、常用量表

市场调查活动中，用来测量被调查者态度的量表有很多，下面介绍几种常用的态度测量表。

（一）评比量表

评比量表又称评价量表，是指对提出的问题以两种对立的态度为两端点，在两端点中间按程度顺序排列不同的态度，由被调查者从中选择一种适合自己的态度表现。评比量表的特点是以较为直接的方式向被调查者了解其态度，提问方法直接、明确、易于理解，因而在市场调查中应用较为广泛，是市场调查中最常用的一种顺序量表。例如：

蒙牛牛奶与伊利牛奶之间，您更喜欢哪一个品牌？□蒙牛牛奶　　□伊利牛奶

请您根据喜欢的程度对品牌产品进行评价（见表 4-1），在相应的栏内打"√"。

表 4-1　蒙牛牛奶与伊利牛奶评价表

序　号	品 牌 名 称	您的喜欢程度				
		非常喜欢	喜欢	一般	不喜欢	非常不喜欢
1	蒙牛牛奶					
2	伊利牛奶					

运用评比量表，拟订了五个喜欢程度：非常喜欢、喜欢、一般、不喜欢、非常不喜欢，从前到后给出相应的分值为 1、2、3、4、5，也可以给出 5、4、3、2、1，不影响最终结论。

从以上评比量表的应用可以看出，调查者通过给问句设定不同程度的答案或设定一定的分值，就可以在调查后根据所收集到的资料进行分析，了解调查对象的态度类别和态度的程度。

使用评比量表时，应注意：①了解设计量表时的定量基础，并将调查得到的态度测量结果在定量基础上进行分析，判断其高低；②量表所测定的数量只能说明态度的不同，并不能说明其他问题。

（二）等级量表

等级量表是一种顺序量表，它根据事物的某一特点，将事物属性分成等级，用数字表示。例如，要求被调查者根据总体印象对不同品牌的商品进行排序，体育比赛中的冠军、亚军、季军（或第一名、第二名、第三名等）。

如果你感到教师对待班级的态度是非常好的话，就在这个问题上记 5 分；如果是很不好，则记 1 分，如表 4-2 所示。

表 4-2   描述教师对待班级态度的等级量表分类

非 常 好	大部分时间很好	不好不坏	偶 尔 不 好	很 不 好
5	4	3	2	1

如果你认为全班都极其愉快和/或满意，就对这个问题记 5 分；如果你认为全班都显得很不愉快和/或满意，就对这个问题记 1 分。

表 4-3   描述班级学生态度的等级量表分类

全班都觉得极其愉快和/或满意	大多数学生显得愉快和/或多数时候感到满意	大约半数人显得愉快和/或满意	有时候学生感到愉快和/或满意	全班都显得很不愉快和/不满意
5	4	3	2	1

（三）语意差别量表

语意差别量表是一次性集中测量被测者所理解的某个单词或概念、含义的测量手段，是指针对这样的词或概念设计出一系列双向形容词量表，请被测者根据对词或概念的感受和理解，在量表上选定相应的位置，以此来判断其态度取向的一种态度测量技术。例如：

您如何评价 A 牌子的饮料产品？请根据您的看法，在下面的量表上画记号"√"。

<pre>
          非常   比较   一般   比较   非常
    昂贵的 ——————————————————— 便宜的
   有营养的 ——————————————————— 没有营养的
   合口味的 ——————————————————— 不合口味的
  有益健康的 ——————————————————— 有害身体的
    高档的 ——————————————————— 低档的
</pre>

（四）李克特量表

▶ 1. 李克特量表的含义

李克特量表是由美国社会心理学家李克特于 1932 年在原有的总加量表的基础上改进而成的。该量表由一组陈述句组成，每一组陈述句有"非常同意""同意""不一定""不同意""非常不同意"五种回答，分别记为 5、4、3、2、1，每个被调查者的态度总分就是对各道题的回答所得分数的加总，这一总分可说明他的态度强弱或他在这一量表上的不同状态。

▶ 2. 李克特量表构造的基本步骤

（1）收集大量（50～100 个）与测量的概念相关的陈述语句。

（2）有研究人员根据测量的概念将每个测量的项目划分为"有利"或"不利"两类，一般测量的项目中有利的或不利的项目都应有一定的数量。

（3）选择部分受测者对全部项目进行预先测试，要求受测者指出每个项目是有利的或不利的，并在下面的方向—强度描述语句中进行选择，一般采用所谓"五点"量表：a. 非常同意；b. 同意；c. 无所谓（不确定）；d. 不同意；e. 非常不同意。

（4）对每个回答给一个分数，如从非常同意到非常不同意的有利项目的分数分别为 1、

2、3、4、5，对不利项目的分数分别为5、4、3、2、1。

（5）根据受测者的各个项目的分数计算代数和，得到个人态度总得分，并依据总分多少将受测者划分为高分组和低分组。

（6）选出若干条在高分组和低分组之间有较大区分能力的项目，构成一个李克特量表。例如，可以计算每个项目在高分组和低分组中的平均得分，选择那些在高分组平均得分较高并且在低分组平均得分较低的项目。

▶ 3. 李克特量表的应用

李克特量表的构造比较简单而且易于操作，因此在市场调查研究中应用非常广泛。在实地调查时，调查者通常给被调查者一个"回答范围"卡，请他从中挑选一个答案。需要指出的是，目前在商业调查中很少按照上面给出的步骤来制作李克特量表，通常由客户项目经理和研究人员共同研究确定。

在李克特量表中，被调查者要对每一条语句分别表示同意的程度。一般采用5级：非常同意、同意、无所谓、不同意和非常不同意，当然也可以是相反的顺序，如1表示非常不同意，5代表非常同意等。可以将各数字代表的含义在题目开头给出，然后让被调查者根据对每个陈述语句的同意程度填写1~5中的某个数字。更常用的一种格式是将1~5分别列在每个陈述语句的后面，让被调查者根据自己同意或不同意的程度在相应的数字上做标记。后一种方式看起来不太简洁，但更便于被调查者理解和回答。

在员工满意度调查中，李克特量表的使用十分普遍，因为它比较容易设计和处理，被调查者也容易理解，因此在邮寄访问、电话访问和人员访问中都适用。李克特量表的主要缺点是相同的态度得分者具有十分不同的态度形态。因为李克特量表是每个项目加总的分代表一个人的赞成程度，它可大致上区分个体间谁的赞成程度高、谁的赞成程度低，但无法进一步描述他们的态度结构差异。

案例分析

读者基本情况调查问卷

尊敬的女士/先生：

我们期待您填写的登记卡，您的回答将严格保密进入读者数据库，届时，您可在邮购图书时得到优惠（不但可免邮寄费，更可享受书价九折优惠）。如果您对所购书籍有任何意见，请另附纸张一并寄给我们公司，我们将十分感谢！

请在您选中答案的方框内打"√"，或将您的答案填写在横线上。

1. 姓名：＿＿＿＿＿＿＿

2. 性别：□男　　　□女

3. 年龄：＿＿＿＿＿岁

4. 您所在单位的行业：

□制造业　　□咨询业　　□金融业　　□服务业　　□商业　　□机关　　□教育

5. 您的职位：

□总经理　　□营销总监　　□部门经理　　□职员　　□教师　　□公职人员

□学生　　□其他

6. 您单位的员工数

□100 人以下　　□100～500 人　　□500～1 000 人　　□1 000～5 000 人
□5 000 人以上

7. 您的收入：

每月＿＿＿＿＿＿元人民币

8. 文化程度：

□高中　　□大专　　□本科　　□硕士　　□博士

9. 通信地址：＿＿＿＿＿＿＿＿＿＿＿＿＿＿

10. E-mail 地址：＿＿＿＿＿＿＿＿＿＿＿＿

11. 您购买的书名是：＿＿＿＿＿＿＿＿＿＿

12. 您是怎样知道这本书的：

□别人介绍　　□在书店看到　　□杂志　　□网络　　□报纸　　□培训班购买
□其他

13. 您认为这本书的质量怎么样：

□好　　□中　　□差

14. 请在以下几个方面予以评价：

(1) 理论、专业水平的角度：5　4　3　2　1

(2) 实用、可操作性的角度：5　4　3　2　1

(3) 内容新颖、创新的角度：5　4　3　2　1

(4) 文笔、案例生动的角度：5　4　3　2　1

(5) 印刷、装帧质量的角度：5　4　3　2　1

谢谢您的参与！

思考：

1. 问卷中问题的排序有无不当的地方？

2. 问卷中一些问题的措辞有无不当的地方，怎样改正？

3. 问卷的结构有无不当的地方？

课后实训

学生自选感兴趣的课题设计一份适用于校外调查的问卷，提交书面材料。

项目五

选择市场调查组织方式

学习目标 ☞

1. 认识市场调查的组织方式；
2. 了解抽样调查的含义、特点、适用范围和相关概念；
3. 掌握抽样调查的程序；
4. 掌握抽样技术；
5. 能够根据市场调查的要求，选择合适的抽样技术。

案例引入

"堪萨斯工程"为何会南辕北辙？

可口可乐公司在1982年实施了代号为"堪萨斯工程"的市场调查。2 000名调查员在10个主要城市调查顾客是否愿意接受一种全新配方的可乐。调查显示：只有约10%的顾客对新口味表示不安，而50%的人认为会适应新口味。

1984年9月，公司投资400万美元进行了更大规模的不贴标签的口味测试，19.1万名顾客中，有55%对新配方可乐青睐有加。

在可口可乐公司推出新口味可乐之后，刚开始市场反应很好，但是没多久销量就开始下降，抗议电话、抗议信纷至沓来。消费者的抱怨导致"古典可口可乐"在消失仅仅3个月后又重新回到市场上来，可口可乐公司决定恢复原配方产品。

思考：为什么会出现出乎意料的结果？

根据市场调查的目的及要求，市场调查的组织和实施可以选择不同的组织方式，不同的调查组织方式会产生不同的预算和调查精确度。例如，人口普查是最典型的全面调查，需要耗费巨大的人力、物力，花费较长的时间才能完成，但是调查结果较为准确。目前，采取全面调查的主体主要是政府，一般企业为了节省成本或者统计方便，更多采用抽样调查方式。

市场调查对象的规模总是庞大的，要想省时、高效地得到全面、正确的调查资料必须采取科学的调查组织方式，最常用的调查方式有全面调查和非全面调查，其中非全面调查又包括重点调查、典型调查和抽样调查。

任务一 认识市场调查组织方式

一、全面调查

全面调查又叫普查，是指调查者为了收集一定时空范围内调查对象的较为全面、准确、系统的调查资料，对调查对象的全部个体单位进行逐一、无遗漏的调查。例如，国家按照一定周期组织的经济普查、工业普查、农业普查、第三产业普查和人口普查等。

这种调查方式所得资料较为全面、可靠，但需要花费较大的人力、物力、财力，且调查时间较长，不适合一般企业的要求。全面调查只适用于产品销售范围较窄或用户很少的情况，而不适用于产量大、销售范围广的产品调查。目前，主要是国家在应用全面调查。

二、非全面调查

与全面调查相对的是非全面调查，这类调查是指仅调查对象总体中的一部分个体，不进行逐一调查。非全面调查方式有重点调查、典型调查和抽样调查。

(一)重点调查

重点调查是在全部单位中选择一部分重点单位进行调查，以取得统计数据、了解总体的基本情况。所谓重点单位，是指其单位数在总体中的比例不大，但是某一标志值却占到总体标志值的绝大比重，因而对它们进行调查能够反映全部总体某一现象的基本情况。重点调查的单位可以是一些企业、行业，也可以是一些地区、城市。例如，要了解全国电子商务平台的发展状况，只要调查了解阿里巴巴的基本状况就可以说明问题，因为阿里巴巴在我国电子商务平台业务中仍然占有绝对比重。

重点调查的优点是投入的人力、物力少，能够较快地收集统计信息资料。但是，重点调查取得的数据只能反映总体的基本发展趋势，不能用于推断总体，因而也只是一种补充性的调查方式。

采用重点调查的前提是总体中必须有重点单位。一般来讲，在调查任务只要求掌握基本情况，而部分单位又能比较集中反映调查项目和指标时，就可以采用重点调查。

（二）典型调查

典型调查就是根据调查目的，在调查对象总体中选择一个或者几个具有代表性的典型单位进行系统、周密的调查研究。典型单位是指调查对象中具有代表性，能够集中、有力地体现问题和情况的单位。

典型调查具有省时、省力的优点，缺点是不够准确。同时，它要求调查者有较丰富的经验，能够从总体中选择典型单位，并进行调查研究。

典型调查的适用范围：一是适用于同质性的总体，研究新生事物，及时发现新情况、新问题，探测事物发展变化的趋势；二是适用于相对类型的研究，例如，可以通过调查区分先进和落后，对比研究，总结经验，促进事物的转化与发展。

（三）抽样调查

市场调查往往要调查对象的总体情况，而采取全面调查费时、费力，采取重点调查和典型调查又很难准确推断总体特征，且重点单位和典型单位的选取又有一定困难，所以这两种方法都不常采用。一般情况下，市场调查中经常采用抽样调查来推断总体的特征。抽样调查是指遵循一定的原则，从被调查总体中抽取一定的个体组成样本，通过对样本的研究计算样本指标，并以样本指标来推断总体特征的一种非全面调查方式。本项目主要介绍抽样调查。

（四）重点调查、典型调查和抽样调查的异同

▶ 1. 相同点

三种调查都是非全面调查，即只对总体中的部分单位进行调查，均具有灵活简便、省时、省力、省费用的优点，能够快速获取信息资料，资料的时效性强。

▶ 2. 区别

三种调查方式在样本选取方法、调查目的、适用范围、推断总体的可靠程度上都存在不同，如表 5-1 所示。

表 5-1　重点调查、典型调查与抽样调查的区别

区　别　点	重　点　调　查	典　型　调　查	抽　样　调　查
样本选取方法	选择一部分重点单位作为样本，且重点单位总量占全部单位总量的绝大比重	典型单位是在对总体情况分析的基础上有意识的抽选出来的，具有主观性	调查单位是按一定的原则从总体单位中抽选出来，不受主观因素影响

续表

区 别 点	重点调查	典型调查	抽样调查
调查目的	掌握调查总体的基本情况	为了研究调查总体出现的新情况、新问题而进行的调查	以样本特征来推断总体特征
适用范围	适用于部分单位能比较集中地反映所研究项目或指标的情况	典型调查较灵活，既可侧重质的研究，又可侧重量的研究；既可研究几个典型，也可研究部分典型	适用于不能或很难进行全面调查，而又需要了解总体特征的情况
推断总体的可靠程度	不能推断总体特征	一定条件下可以推断总体特征，但又不确定可靠程度	可以计算和控制推断的可靠程度

任务二 抽样调查

一、抽样调查的含义与特点

（一）抽样调查的含义

什么是抽样调查呢？最通俗的理解就是从调查总体中抽取样本进行调查，获取数据，并据此推断总体数量特征的调查方式。很显然，抽样调查属于非全面调查的一种。从广义上说，一切非全面调查都是抽样调查。例如，顾客买米时随便抓一把看看，判断大米是否饱满，学校通过召开部分同学的座谈会了解学校食堂的服务质量，统计部门通过部分工业企业的产值资料来估计整个区域的工业增加值等，都属于抽样调查。

本书认为，抽样调查是按照一定的原则和程序，从调查总体中抽取一部分个体作为样本，对样本进行调查，并以样本特征来推断总体特征的一种调查方式。

（二）抽样调查的特点

抽样调查是一种科学、可靠的调查统计方法，抽样调查所取得的数据就是用来推断或代表总体的。与其他非全面调查相比，抽样调查具有以下特点。

▶ 1. 经济性好，易于广泛应用

由于抽样调查把调查对象的数量降低到较小，又能保证调查的有效性，从而可以大大减少工作量，降低费用开支。同时，由于抽样调查只需较少的人力、物力、财力，企业易于承担，容易组织和实施。

▶ 2. 质量可控，可信度高

抽样调查是建立在数理统计基础之上的科学方法，通过严格的抽样调查设计，由专职人员按照抽样调查的要求进行抽样，一般可以确保获取的信息资料具有较好的可靠性和准确性。同时，由于调查样本的数量较少，可以最大限度地减少工作性误差，从而提高调查的质量。

▶ 3. 时间短，实效性强

抽样调查是以抽取全部调查对象中的一部分样本作为对象。现普查相比，抽样调查的工作量小，取得调查结果比较快，能在较短的时间内获得较为准确的数据。

二、抽样调查的适用范围

与普查相比，抽样调查具有准确度高、成本低、速度快、应用面广等优点，一般适用于以下范围。

（一）总体庞大的市场调查

市场调查的对象总体大多非常庞大，例如，调查城乡居民生活水平，其调查范围广、数量多，而市场调查不像数理统计那样要求不差毫厘，完全可以通过抽样调查近似地推断总体的特征，所以，市场调查一般都不会进行普查，而是用抽样调查代替普查。

（二）不可能实施全面调查的情况

由于各种原因，很多时候企业不可能进行全面调查。例如，对大气或污染情况的调查，难以把握总体的范围；又如，对汽车的受撞击程度的调查、产品的质量检查，往往会带来破坏性的后果。这些情况下，自然只能采取抽样调查。

（三）调查存在破坏性的情况

有的时候，企业可以进行全面调查，但全面调查的成本很高，而调查单位之间又存在很大的相似性，就没有必要进行全面调查。例如，城乡居民收支调查可按地区、家庭、个人逐个进行登记，但工作量太大，并且许多地区、家庭、个人的消费之间有很多相似之处，只需抽取其中一小部分进行调查，就可以据之推算全体，不必进行全面调查。

（四）进行全面调查的质量检验

对全面调查的资料质量进行检验时，可以采取抽样调查。例如，对人口普查的资料进行检验，不可能再进行一次全国范围的全面调查，只要抽取部分单位进行调查就可以了。

（五）假设检验

利用抽样推断的方法，可以对某总体的假设进行检验，来判断这种假设的真伪，以决定取舍。

三、抽样调查的相关概念

（一）总体

总体也称全及总体，是指调查对象的全体，是由研究范围内具有某种共同性质的全体单位所组成的集合体。例如，我们要研究北京市有多少家庭拥有计算机，拥有计算机的家庭与没有计算机的家庭有什么区别，那么调查总体就是北京市所有家庭。总体的单位数量通常很大，甚至是无限的，一般用 N 表示。

总体分为变量总体和属性总体。变量总体的各个单位可以用一定的数量标志加以计量，例如，研究某地居民的收入水平，该地区每户居民的收入就是它的数量标志。属性总体不可以计量，只能用文字描述。例如，要研究织布厂 100 台织布机的完好情况，只能用"完好"和"不完好"等文字来描述。

（二）样本

样本又称样本总体，是从总体中抽取出来的部分单位所组成的集合体，也是抽样调查实际的调查对象。例如，某企业有 30 万名员工，从中抽取 1 000 名来进行生活状况的调查，这 30 万名职工就是总体，被抽选出来的 1 000 名职工就是样本。

一般来说，样本单位数用 n 表示，超过 30 的样本称为大样本，小于 30 的样本称为小样本。社会经济现象的抽样调查多取大样本，而自然实验观察多取小样本。以很小的样本来推断很大的总体，这是抽样调查的一个特点。

（三）样本单位

单个的调查对象就是样本单位。例如，进行职工生活状况调查，需要对 1 000 名职工分别做生活状况调查，单个的调查对象是个人，那么调查的分析单位就是个人；又如，对企业生产情况做调查，那么分析单位就是企业。

（四）抽样单位和抽样框

抽样单位是指被抽取样本的基本单位，可以是样本单位，也可以是样本单位的组合。例如，在矿泉水质量调查中，调查对象是矿泉水，抽样单位可以是瓶也可以是箱，瓶是分析单位，箱是分析单位的组合。又如，从 30 万名职工中抽取 1 000 名职工作为样本，可以直接抽取 1000 名员工，抽样单位就是个人；也可以按照员工所住宿舍和企业来抽取，抽样单位就是宿舍或企业。

抽样框是指所有抽样单位的集合，表现为名单、名册、编号表等。无论抽样框采取何种形式，在抽样之后，调查者必须能够根据抽样框找到具体的抽样单位。因此，抽样框中的抽样单位必须编号，且根据某种顺序进行排列。抽样框中包含的抽样单位务必要不重不漏，否则将出现较大抽样误差。

（五）总体指标和样本指标

▶ 1. 总体指标

根据总体各单位标志值或标志属性计算的、反映总体某种属性的综合指标，称为总体指标，有时也称总体参数。总体指标是总体变量的函数，其数值是由总体各单位的标志值或标志属性决定的，由于总体是唯一确定的，根据总体计算的总体指标也是唯一确定的。

不同性质的总体需要计算不同的总体指标。

对于数量总体，常用的总体指标有总体平均数 $\overline{X}$、总体标准差 σ^2 和总体方差 σ^2。

总体平均数：

$$\overline{X} = \frac{\sum X}{N} \tag{5-1}$$

总体标准差：

$$\sigma = \sqrt{\frac{\sum (X - \overline{X})^2}{N}} \tag{5-2}$$

总体方差：

$$\sigma^2 = \frac{\sum (X - \overline{X})^2}{N} \tag{5-3}$$

对于属性总体，计算结构相对指标，称为总体成数。总体成数是指总体中具有某种性质的单位数在总体全部单位数中所占的比重，用 P 来表示；总体中不具有某种性质的单位数在总体中所占的比重，用 Q 表示。

设总体 N 个单位中，有 N_1 个单位具有某种性质，N_0 个单位不具有某种性质，$N_1 + N_0 = N$，则总体成数为

$$P = \frac{N_1}{N} \tag{5-4}$$

$$Q = \frac{N_0}{N} = \frac{N - N_1}{N} = 1 - P \tag{5-5}$$

▶ 2. 样本指标

根据样本各单位标志值计算的、反映样本属性的指标称为样本指标。与总体指标相对应的有样本平均数 $\bar{x}$、样本方差 σ_i^2、样本标准差 σ_i、样本成数 p 等。

样本平均数：

$$\bar{x} = \frac{\sum x}{n} \tag{5-6}$$

样本方差：

$$\sigma_i^2 = \frac{\sum (x - \bar{x})^2}{n} \tag{5-7}$$

样本标准差：

$$\sigma_i = \sqrt{\frac{\sum (x - \bar{x})^2}{n}} \tag{5-8}$$

在属性总体中，设 n 个单位中有 n_1 个单位具有某种属性，n_0 个单位不具有某种属性，$n = n_1 + n_0$，p 为样本中具有某种属性的单位数所占的比重，q 表示不具有某种属性的单位数所占的比重，则样本成数为

$$p = \frac{n_1}{n} \tag{5-9}$$

$$q = \frac{n - n_1}{n} = 1 - p \tag{5-10}$$

（六）抽样误差

抽样调查的本质是从总体中抽出样本，并以样本的特征推断总体的特征，但样本并不是总体，虽然有代表性，但必然会存在一定的误差，这种误差是由抽样这种方式决定的，因而称为抽样误差。在抽样调查中，抽样误差是不可避免的，但可以通过科学的抽样方法降低误差或控制误差。

（七）重复抽样和不重复抽样

▶ 1. 重复抽样

重复抽样也称放回抽样，其做法是每次从总体中随机抽取一个样本单位，经调查观测后，将该单位重新放回总体，然后再在总体中随机抽取下一个单位进行调查观测，依次重复这样的步骤，直到从总体中随机抽够 n 个样本单位为止。

▶ 2. 不重复抽样

不重复抽样也称不放回抽样，其做法是每次从总体中随机抽取一个样本单位，经调查观测后，不再将该单位放回总体中参加下一次抽样，而是在剩下的总体单位中随机抽取下一个单位进行调查观测，依次重复这样的步骤，直到从总体中随机抽够 n 个单位为止。很

显然，不重复抽样避免重复记录同一个调查对象，其准确性要比重复抽样高。

四、抽样调查的程序

（一）确定调查总体

调查总体是指市场调查对象的全体，它可以是一群人、一个企业、一个组织、一种情形或一项活动等。如果调查总体界定不准确，轻则误导调查，重则使调查无效。确定调查总体就是为调查总体界定一个明确的范围，将调查对象和非调查对象区分开。例如，汽车消费者：在过去的12个月中购买了新汽车的消费者；啤酒消费者：18岁以上，在最近1个月内喝过啤酒的人。

（二）确定抽样单位和抽样框

抽样单位是抽样的基本单位，有时是个人，有时是家庭或公司等。假设某公司想了解其目标消费者群"25周岁以下的青年人"对某新型移动电话的评价，一种选择是直接对25周岁以下的青年进行抽样调研，此时抽样单位与调查个体相同；另一种选择是对所有包含25周岁以下青年的家庭抽样，然后再访问家庭中25周岁以下的青年人，这里的抽样单位是家庭。

抽样框是抽样单位的集合，明确了抽样单位，抽样框就可以确定了。有些调查的抽样框资料是现成的，例如，学生的名单、产品的编号、企业的名册等。但是有很多时候需要创建名单，例如，调查一堆苹果，就要首先给每一个苹果编号；调查流动人口，就要按照流动人口的家庭住址建立名册，以此才能建立抽样框。

（三）选取抽样方法

抽样方法的选择取决于调查研究的目的、调查问题的性质、调查经费，以及调查期限等客观条件。抽样调查的方法有很多种，每种都具有各自的优缺点和适用范围。调查人员应该能够根据调查项目的特征选择合适的抽样方法，在条件允许的情况下，保证较高的样本代表性。

（四）确定样本容量

样本容量需要控制在必要的最低限度，但要能够尽可能准确地推断总体特征。对于非随机抽样，样本容量通常依靠预算、抽样原则、样本的大致构成来主观决定。对于随机抽样，调查人员应考虑允许误差的目标水平（抽样结果与总体指标的差异绝对值）、置信水平（置信区间的概率值，置信区间是样本结果加减允许误差形成的一个范围）和研究对象的数量特征计算样本容量。为了简便，市场调查时通常依据经验确定样本容量。

▶ 1. 市场调查抽取大样本

在统计学中，把容量小于或等于30个单位的样本叫小样本，大于30个单位的样本叫大样本。在市场调查中，由于面对的总体及总体的异质性较大，一般要抽取大样本，样本规模在30～5 000个单位。

▶ 2. 大总体样本容量确定

对于一个国家、一个省、一个城市、一个县或一个地区这样的大总体来说，如果遵循了随机原则，样本量在2 000～2 500个就够了，样本量也可增加到4 000～5 000个，但最多不超过1万个。

▶ 3. 小总体样本容量确定

对于一个学校、一个机关、一个街道、一个企业这样的小总体，样本量在 200～250 个即可。

▶ 4. 样本与总体关系表

根据总体规模与样本占总体比重之间的大致关系，可以确定样本量，如表5-2所示。

表5-2　经验确定样本量的范围

总体规模	100以下	100～1 000	1 000～5 000	5 000～10 000	10 000～100 000	100 000以上
样本占总体的比重	50%以上	50%～20%	30%～10%	15%～3%	5%～1%	1%以下

（五）实施抽样并收集样本资料

确定好总体、抽样单位、样本容量及抽样方法后，一切准备就绪，可以按照抽样方法要求实施抽样了。抽样完成之后，就可以对具体的样本单位进行调查、收集资料。这个过程中，抽样一定要严格按照抽样方法来抽取，样本调查一定要遵循市场调查的一般原则，保证调查的准确性。

（六）计算样本统计值并推断总体

收集到样本的具体数据后，还要对数据资料进行整理和分析，最后计算出样本的统计值。利用样本的统计值推断总体的统计值是抽样调查的最终目的。在用样本统计值推断总体参数值时，要根据概率论的有关理论，对推断的可靠程度加以控制。

任务三　抽样技术

抽样调查可以按不同的标准进行分类。按抽选样本是否遵循随机原则（机会均等原则），可以分为随机抽样和非随机抽样。

随机抽样按照组织方式的不同可分为简单随机抽样、等距抽样、分层抽样、整群抽样等不同类型。

非随机抽样不遵循随机原则，它是从方便出发的角度或根据主观意愿来抽取样本。非随机抽样无法估计和控制抽样误差，无法用样本的定量资料推断总体，但非随机抽样简单易行，尤其适用于探测性研究。非随机抽样主要包括方便抽样、判断抽样、配额抽样和滚雪球抽样等。

一、随机抽样技术

（一）简单随机抽样

简单随机抽样也称纯随机抽样。对于大小为 N 的总体，抽取样本量为 n 的样本，若全部调查对象被抽中的概率都相等，则称这样的抽样为简单随机抽样。

▶ 1. 简单随机抽样的抽选方法

简单随机样本的抽选，首先要将总体 N 个单位从 1 到 N 编号，每个单位对应一个号码；然后从所编的号码中抽号，如果抽到某个号码，则对应的那个单位放入样本，直到抽够 n 个单位为止。简单随机样本的抽选，通常有抽签法和随机数表法两种方法。

1) 抽签法

当总体不大时，可以用质地均匀的材料制作 N 个签，并充分混合，可分别采用两种方法抽取。一种是全样本抽选法，即从 N 个签中一次抽取 n 个，这 n 个签上的号码即为入样的单位号码；另一种是逐个抽选法，即一次抽取一个签但不放回，接着抽下一个签，直到抽够 n 个签为止，将这 n 个签上号码所对应的单位入样。可以证明，按这两种方法抽到的 n 个单位的样本是等价的。

2) 随机数表法

当总体较大时，抽签法实施起来比较困难，这时可以利用随机数表、随机数色子、摇奖机进行抽样。

（1）利用随机数表抽样。

随机数表由 0、1、2、…、9 这 10 个数字组成，10 个数字在表中出现的顺序是随机的，每个数字被抽中的机会都相等。抽选简单随机样本时，一般可根据总体大小 N 的位数决定在随机数表中随机抽取几列，可以是两位数，也可以是三位数、四位数，甚至是十位数。例如，从全校学生总数 $N=768$ 人中，要从中抽取 $n=100$ 人进行体检，则在随机数字表中随机抽取相邻的 3 列，按顺序向下（或向上）数，去掉大于 768 的数字，其余的即为选中者。如果不够，再另外连续选取 3 列，重复上述步骤直到选满 100 个为止。

用随机数表法选取样本单位时，可能遇到同一个号码被选中两次或两次以上的情况，这时，将第一次中选的号码计入样本，如果再次遇到同样的号码就跳过。

（2）利用随机数色子抽样。

随机数色子不同于普通色子，它是由均匀材料制成的正 20 面体（每个面都是正三角形），0～9 共 10 个数随机地分布在 20 个面上，每个数字出现 2 次。使用时，根据总体单位数 N 的位数 m 制作 m 个不同颜色的色子，事先确定每种颜色所代表的位数，将 m 个色子放在特定的盒子里进行摇动，每个色子一次产生一个 0～9 的随机数，m 个不同颜色的色子一次可产生一个 m 位的随机数。一个 m 位的随机数也可以用一个色子连续掷 m 次产生。重复上述步骤，直到产生 n 个不同的随机数。

（3）利用摇奖机抽样。

各类彩票的抽奖活动通常是利用摇奖机来完成的，抽样也可以借助这一方法完成简单随机样本的抽选。利用抽奖机抽样的程序是将标有数字 0～9 的 10 个球放入摇奖机中，充分转动，使球在机内处于随机活动的状态，直到摇出其中的一个球，记录该球所标明的数字，产生随机数的个位数；重复上述步骤，直到再摇出一个球，记录该球所标明的数字，产生随机数的十位数；依此类推，重复上述步骤，可产生随机数的百位数、千位数等。这样可产生任意位数的随机数。重复以上步骤，直到产生 n 个不同的随机数。

▶ 2. 简单随机抽样的特点及适用范围

1) 简单随机抽样的优点

简单随机抽样是最单纯的抽样方法，它不对总体中的单位进行分组或排列，完全按照随机的原则来抽取样本，最符合随机性原则。这种方法简单直观，使用方便。

2）简单随机抽样的缺点

（1）编号很困难。采用简单随机抽样，一般必须对总体各单位加以编号，而实际调查总体往往数量巨大，逐一编号几乎是不可能的。

（2）不清楚总体单位数，无法采用简单随机抽样。例如，对连续不断生产的产品进行质量检验，对街头的行人进行拦截式访问，就不能对全部产品、所有的行人进行编号。

（3）仅适用于同质性较大的总体。当总体各单位差异较大时，采用简单随机抽样抽出的样本可能会集中于某类单位，其样本的代表性较差。

（4）样本分散。采用简单随机抽样抽出的样本分布较为分散，实地调查消耗的人力、物力、费用较大。

3）适用范围

鉴于上述特点，简单随机抽样适用于总体单位数不多，且内部差异不大的情况。

（二）等距抽样

▶ 1. 等距抽样的含义

等距抽样又称系统抽样，是指先将总体中各单位按某一标志排列，然后每隔一定的间距抽取样本的方法。

等距抽样的排队标志可以分为无关标志和有关标志。无关标志排队就是按照与调查研究无关的标志排队。例如，在研究居民的平均收入水平时，先按其姓氏笔画顺序进行排队就是一种无关标志排队。有关标志排队是按照与调查研究目的或内容有关的标志排队。例如，如果要研究某个单位职工的平均工资水平，先对职工按其工资高低进行排队，然后再抽样就是一种有关标志排队。等距抽样中，排队应使用无关标志。

等距抽样的关键是确定在第一个间距内抽样单位的位置。如果总体是按无关标志排队的，可以在第一个间隔内随机抽取样本单位。如果总体是按有关标志排队的，则第一个抽样单位可以选择第一个间隔内居中的那个单位。在样本的第一个单位确定后，其余各抽样单位就可以按每隔一个等间距来确定，这样可以保证样本单位在总体中均匀分布。

▶ 2. 等距抽样的程序

1）排队

设总体共有 N 个单位，现需要从中抽出 n 个单位作为样本。先将总体的 N 个单位按与总体特征标志无关的标志进行排队。

2）确定抽样间隔

确定等距间隔为 $k=N/n$，即将总体单位数目 N 划分为 n 个数量相等的部分。抽样间隔 k 有时可能正好是不整数，可以用最接近的那个整数来代替抽样间隔。

3）确定第一个样本

等距抽样的关键在于第一个样本的确定，有两种方法：第一种方法是从总体中用简单随机抽样方法抽出一个号码，编号为 a，并设为起点；第二种方法是根据确定的抽样间隔把总体分隔成 n 段。在第一段中，用简单随机抽样方法抽取一个号码，设为 b，b 即抽样的起点。

4）按抽样间隔等距抽样

按抽样间隔等距抽样有两种方法：第一种方法，以 a 为起点，每隔 k 个单位向前和向后抽取一个单位作为样本，直到抽出的样本单位的编号小于 0 和大于 N 为止；第二种方法，以 b 为起点，向后每隔 k 个单位抽取一个单位作为样本，直到抽出 n 个样本单位为止。抽取的样本编号依次是 b、$b+k$、$b+2k$、$b+3k$、…、$b+(n-1)k$。

【例 5-1】利用等距抽样法从 180 名学生中抽取 15 名学生，对学生的身高进行调查研究，方法如下：

（1）将学生按与学生身高无关的标志编号，假设把学生编为 1～180 号。

（2）确定抽样间隔 $k=180/15=12$。

（3）随机抽取编号 34 为起点，即决定从第 34 号作为第一个样本。往前抽取样本为 $34-12=22$ 号单位；向后抽取样本为 $34+12=46$；依此类推，抽出的 15 个样本编号为 10、22、34、46、58、70、82、94、106、118、130、142、154、166、178。

▶ 3. 等距抽样的优点

1）工作量小，操作简便

与简单随机抽样相比，等距抽样较为简便，工作量较小。只要确定好起点，后面的单位可以很方便地抽出来，不必始终利用随机数表。如果有现成的抽样框，等距抽样还省去了编号的程序。

2）适用于无法编制抽样框的情况

由于实际情况无法列出抽样框时，等距抽样也可以实施。例如，调查商店的流动顾客或进行街头拦截式访问时，由于无法事先确定这些流动人口的总体或抽样框，可以采取每隔一定距离抽取一个单位的办法选择调查对象，使抽样更方便、均匀。

3）样本分布比较均匀，对总体的代表性比较高

与简单随机抽样相比，等距抽样的样本在总体中的分布更为均匀，抽样误差要小于简单随机抽样的误差，样本的代表性更高一些。

▶ 4. 等距抽样的局限性

使用等距抽样时，总体中各单位的排列顺序必须是随机的，不存在任何与研究变量相关的规则分布，否则，等距抽样的样本代表性不高。因此，等距抽样的排序应采用无关标志排序。

▶ 5. 等距抽样的适用范围

等距抽样适用于同质性总体，即总体内部各单位之间差别不大。如果总体内各单位之间差异较大或是各单位的排列有规律，则采用等距抽样获得的样本代表性并不高。

（三）分层抽样

▶ 1. 分层抽样的含义

当总体的差异性较大，为了使总体中各类单位在样本中都有均衡的分布，提高样本对总体的代表性，可以使用分层抽样。

分层抽样又称分类抽样，是将总体中所有单位按一定的属性或特征分成相互不重叠的层，然后在每一层中分别抽取样本构成样本总体的方法。分层抽样的关键是分层的抽样框，一定要使每个单位都不重不漏地分布在不同的层中。例如，一项全国性调查，可按调查对象所在的行政区划、地理位置、城乡等分层。调查对象是企事业单位，可按部门、行业、规模大小等分层。

▶ **2. 分层抽样的程序**

1）确定分层变量

选择分层变量即将总体按照一定的标准分层，常见的如年龄、性别、行政区等。分层变量要满足这样的条件：一是分层后同一层内部的单位尽可能是同质的，不同层之间的单位尽可能是异质的；二是分层变量与研究目的密切相关，例如，如果市场调查的目的是研究企业规模对广告投放费用的影响，就要按企业规模把调查对象划分为不同的类别，不同规模的企业都要抽取一定的单位作为样本；三是应易于测量。

2）分层

将总体按照分层变量分成若干层，即 N_1、N_2、N_3、…，分层是互相排斥且穷尽的，即

$$N = N_1 + N_2 + N_3 + \cdots$$

3）确定各层的样本量

确定所需要的样本总数 n 和从总体各层中抽取样本的数目 n_1、n_2、n_3、…，并令

$$n = n_1 + n_2 + n_3 + \cdots$$

4）在各层中抽样

按照随机原则，采用简单随机抽样方法或者等距抽样方法，从各层中抽取所需要的样本数，各层的样本之和构成了总体的样本。

▶ **3. 分层抽样的类型**

1）等比例分层抽样

等比例分层抽样是一种应用最广的抽样方法，要求在每一层次中所抽取的样本数在样本总数中所占的比例与这一层次的单位数在总体中所占的比例一致。这样可以保证样本的结构与总体的结构保持一致，使样本具有更大的代表性。一般地，如果对样本的代表性要求一致时，等比例分层抽样所需要的样本单位数可以比简单随机抽样或等距抽样所需要的少一些，准确性更高。

【例 5-2】某地共有居民 4 万户，按经济收入高低进行分类，其中高收入居民为 8 000 户，中等收入居民为 24 000 户，低收入居民为 8 000 户。要从中抽出 800 户进行购买力调查，如果采用等比例分层抽样，应如何抽取？

第一步，确定分层变量并分层。

因为购买力与家庭收入密切相关，可以将收入水平作为分层变量，按此变量将总体分为高收入户、中等收入户和低收入户三层。

第二步，确定各层的样本量.

高收入户为 8 000÷40 000＝20％；

中等收入户为 24 000÷40 000＝60％；

低收入户为 8 000÷40 000＝20％。

各层在样本中所占的比例与各层在总体中所占的比例是一样的。因此，计算样本在各层中的具体抽样数目如下：

高收入户为 800×20％＝160（户）；

中等收入户为 800×60％＝480（户）；

低收入户为 800×20％＝160（户）。

第三步，在各层中采用等距抽样方法抽取样本。

2）不等比例分层抽样

在分层抽样时，有时为了保证占总体比例小的层有足够的样本数，或者某些层内抽样单位的差异性较大，需要加大这些层的抽样比例，此时应使用不等比例分层抽样法。不等比例分层抽样，各层的抽样比例不相同，即各层子样本在总样本中所占的比例与各层在总体中所占的比例不同。具体每层需要抽取多少样本量并没有确定的标准，一般原则是比较各层标准差的大小，对于标准差大的层，抽样单位数要多；对于标准差小的层，抽样单位数可以相应少些。

需要注意的是，不等比例分层抽样获得的样本主要用于对各层的单独研究，这样的样本并不适合进行总体推断。

▶ **4. 分层抽样的特点**

在样本数量相同的情况下，分层抽样的抽样误差要小于简单随机抽样和等距抽样。如果分层时采用了合适的分层标准，可以使各层同质性增强，差异性缩小，样本的分布比较均匀，代表性高，抽样效果较好。分层抽样在实际工作中应用广泛。

▶ **5. 分层抽样的适用范围**

分层抽样适用于规模大、内部结构复杂且类别分明的总体。例如，城镇居民消费收支调查，有些项目在户与户之间的差别很大，如人均收入、人均消费支出、耐用品拥有量等。

（四）整群抽样

▶ **1. 整群抽样的含义**

整群抽样是指将总体按照某一标准划分成群，然后采用随机的方法抽取若干个群，以这些群包含的所有单位作为样本的抽样方法。例如，某学校要了解该校学生的学习情况，可在该校随机抽取几个班级，对抽中班级的全部学生进行调查即可。

▶ **2. 整群抽样的程序**

1）确定分群的标准

分群是按照一定的标准进行的。分群标准与分层标准不同，分群的标准最好是无关标准，同时，分群后，同一群内部的元素尽可能是异质的。

2）分群

将总体分成若干个子群体，即

$$N = N_1 + N_2 + N_3 + \cdots$$

每一个群体中有若干单位。

3）抽样

在子群体中随机抽取一定数量的子群体，如 N_1、N_2、N_3、$\cdots$，以抽出的子群体中所有单位作为样本，即

$$n = n_1 + n_2 + n_3 + \cdots$$

【**例5-3**】某学校有学生2 000名，为了调查学生的学习成绩，计划从中抽出160名样本进行研究。

分析：选择无关标志"宿舍"作为抽样单位。假设该校共有学生宿舍250个，每个宿舍

住 8 个学生。从 250 个宿舍中随机抽取 20 个，其中，男生宿舍 10 个，女生宿舍 10 个，对抽中的宿舍的所有学生进行调查，这 20 个宿舍总共 160 名学生就是此次抽样调查的样本，如图 5-1 所示。

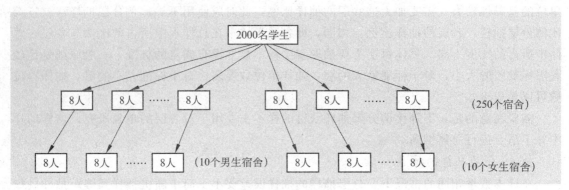

图 5-1　整群抽样示意图

▶ 3. 整群抽样的特点

整群抽样的优点是样本单位比较集中，便于组织抽样和调查，节省时间和经费。

整群抽样的缺点是在群大小不等时，样本单位数难以控制，增加了调查组织的不确定性。另外，整群抽样样本集中于某些群内，样本单位分布不均匀，样本代表性不高，在样本数量相同的情况下，其抽样误差要大于简单随机抽样、等距抽样和分层抽样的抽样误差。

▶ 4. 整群抽样的适用范围

尽管整群抽样有比较大的局限性，但由于这种方法操作简便、节省人力和经费，因此经常被采用。这种抽样方法适用于总体可以分割为群，并且群之间大体相同，而群的内部构成比较复杂的抽样。

▶ 5. 整群抽样与分层抽样的异同

整群抽样和分层抽样有相似的地方，都是先分类再抽样，但两者的分类标准和抽样方法完全不同，如表 5-3 所示。

表 5-3　分层抽样与整群抽样的不同

抽样方法　　不同之处	分层抽样	整群抽样
具体的抽样方式	以每一类中的部分单位作为样本	以若干子群体中的所有单位作为样本
小部分的特征	各层内部差异小，层之间的差异大	各子群体内部差异大，子群体之间差异小
划分小部分的标准	与研究目的密切相关	与研究目的不相关

二、非随机抽样技术

除了随机抽样之外，许多市场调查也采用非随机抽样来选择调查对象。非随机抽样方法中，总体中每一个单位被抽中作为样本的机会不是均等的。与随机抽样相比，非随机抽样的主要优点是省时、省力、省钱，抽样过程比较简单。缺点是调查对象被抽取的概率是未知的，样本的代表性差，利用调查结果来推断总体的风险较大。因此，非随机抽样方法通常是在一些小规模的市场调查中，或是不方便使用随机抽样方法的情况下使用，它的目的不着重于推断总体情况，可能只是做探测性的了解。

（一）方便抽样

方便抽样是指根据调查者的方便程度来抽取样本的一种抽样方法。样本的选择主要是从调查人员便利的角度来考虑，例如在街头拦截访问，常用到方便抽样。

方便抽样简便易行，能及时获取信息，省时、省力，成本也很低。缺点是对调查对象缺乏了解、样本的偏差大、代表性差、调查结果不一定可靠。

方便调查一般选择那些可以接近、愿意合作的人作为调查对象，调查行为纯属方便为之，而不是为了准确。因此，这种方法的调查结果不能用来推论总体的情况，一般只用于非正式的探测性调查。

（二）判断抽样

判断抽样又称主观抽样，是指根据研究人员的主观意愿、经验和知识，从总体中选择具有典型代表性样本的一种抽样方法。判断抽样的应用前提是研究者对总体的有关特征有一定了解。

判断抽样选取样本单位一般有两种方法：一是由专家判断决定样本单位；二是根据所掌握的统计资料，按照一定的标准来选定样本。一般选取多数型单位或平均型单位组成样本。多数型单位是指在调查总体中占多数的单位；平均型单位是指在调查总体中具有平均水平代表性的单位。

判断抽样方法在样本量小及样本不易分类挑选时有较大的优越性，但由于其精确性依赖于研究者对调查对象的了解程度、判断水平和对结果的解释情况，所以判断抽样方法所得结果的准确性有待商榷。

（三）配额抽样

配额抽样与分层抽样有些相似，都是按照某种属性或特征将总体分成若干种类，然后在各类中抽样。不同的是分类后抽取样本的方法，分层抽样中各类子样本是按简单随机抽样或等距抽样随机抽取的，而配额抽样则是采用方便或判断抽样方法从各类中抽取子样本的。

采用配额抽样方法，可以保证总体的各个类别都能包括在所抽样本之中，故与其他几种非随机抽样方法相比，样本具有较高的代表性。在市场调查中，配额抽样被广泛采用。

（四）滚雪球抽样

滚雪球抽样是调查者先针对少数样本进行调查，再通过这些样本单位各自发展其他同类单位进行调查，如此进行下去，就像滚雪球一样越滚越大，直到发展到所需要的样本单位数为止。采用滚雪球抽样的前提是样本单位之间具有一定的联系，能通过相互介绍，引出足够多的调查对象，最终满足调查需求。

滚雪球抽样的基本程序：首先，找出少数样本单位；其次，通过这些样本单位了解更多的样本单位；最后，通过更多的样本单位去了解更多的样本单位。依此类推，如同滚雪球样，样本量越来越大，直到达到所需数量为止。例如，啤酒消费调查中，如果以每周至少有一天喝酒的人作为调查对象，就可以采用这种方法。因为经常喝酒的人本身就会集结成一个小团体。又如，要对劳务市场的保姆进行调查，因为总体总处于不断的流动之中，难以建立抽样框，调查者因一开始缺乏总体信息而无法抽样，这时可先通过各种方法，如街坊邻居或熟人介绍、家政服务公司、街道居委会等，找到几个保姆进行调查，并让他们提供所认识的其他保姆的情况，然后再去调查这些保姆，并请后者引荐其他保姆。依此类推，可供调查的对象越来越多，直到完成所需样本的调查。

滚雪球抽样方法的优点是便于有针对性地找到调查对象，而不至于像"大海捞针"一样寻找调查对象。其局限性是要求样本单位之间必须有一定的联系，并且愿意保存和提供这种关系，否则将会影响调查的进行和效果。

案 例 分 析

1936 年美国总统大选预测失败

1936 年的美国总统大选结果似乎是很容易预测的。在任总统富兰克林·罗斯福（民主党人）当时是一个魅力十足的领导人。他实施的新政措施在大萧条时期为很多人提供了工作机会。而且，他还告诉美国人民，他会经常性地进行电台炉边谈话，这种谈话是深受人们欢迎的。

虽然罗斯福很受人们的欢迎，但罗斯福的共和党竞选对手阿尔夫·兰登在全国也有许多支持者。阿尔夫·兰登批评罗斯福的新政没有起作用，他还说罗斯福的作为就像一个独裁者，过于专权。

随着选举的临近，一个名为《文摘》的杂志发出了 1 000 万份民调卡，以便预测选举结果。当 250 万份民调卡返回来时，《文摘》自豪地宣称，兰登在大选中将获得压倒性的胜利，因为他们的抽样预测显示，兰登将赢得 57％的选票，而罗斯福只能获得 43％。《文摘》的民调预测结果公布后，另一个独立的民调测验者 G 乐了，因为他和同事们所进行的民调得到了几乎完全相反的结果：罗斯福会得到 56％的选票，兰登只能获得 44％。

G 非常自信，他认为，大选将证明自己是正确的。这是因为他知道《文摘》的调查抽样存在严重的缺陷。什么缺陷呢？原来《文摘》是从电话用户名单和汽车用户名单中选定调查对象的。G 认为，在 1936 年，仅仅富人和某些中产者才拥有自己的汽车和电话，而大多数的中下阶层很少有人拥有自己的汽车和电话。《文摘》恰恰忽视了这一庞大的中下阶层人群，因此，他们的民调不具有人口代表性，不可能正确预测大选结果。

G 仅仅调查了 5 000 个人，尽管他的民调人数很少，但他使用的采样数据具有极高的人口代表性，所以民调抽样结果具有极高的精确度。《文摘》的调查人数虽多（返回 250 万份民调卡），但精确度却差远了。最终选举结果发现，罗斯福赢得了 62％的选票。这次选举之后，身为统计学家、社会学家的 G. 乔治·盖洛普（George Gallup）博士成为公认的民意测验大师，享誉全国。

思考：分析正确抽样的重要性。

课后实训

全班分小组承接"关于学生食堂服务质量的抽样调查"任务，设计本调查项目的抽样设计方案。每个小组按教师规定时间提交一份抽样方案，内容包括抽样目的、总体、抽样框及抽样单位、抽样方法及详细抽样过程。编写的抽样设计方案要正确、规范、完整，符合实际。抽取的调查点要有代表性。

项目六

组织实施市场调查

学习目标 ☞

1. 了解市场调查机构的类型；

2. 掌握选择市场调查机构的依据；

3. 了解市场调查工作对市场调查人员的要求；

4. 了解市场调查人员的岗位设置；

5. 能够完成市场调查的准备工作；

6. 能够进行市场调查计划的实施。

案例引入

咖啡杯的市场调查

美国某公司准备改进咖啡杯的设计，为此进行了市场调查。首先，他们进行咖啡杯选型调查，他们设计了多种咖啡杯，让 500 个家庭主妇进行观摩评选，研究主妇们用干手拿杯子时，哪种杯子形状好；用湿手拿杯子时，哪一种不易滑落。调查结果显示，四方长腰果型杯子比较受欢迎。然后，他们对产品名称、图案等也同样进行调查。接着，他们利用各种颜色会使人产生不同感觉的特点，通过调查实验，选择了颜色最合适的咖啡杯。他们的方法是，首先请了 30 多人，让他们每人各喝四杯相同浓度的咖啡，但是咖啡杯的颜色不同，分别为咖啡色、青色、黄色和红色四种。试饮的结果是，使用咖啡色杯子的人认为"太浓了"的占 2/3，使用青色杯子的人都异口同声地说"太淡了"，使用黄色杯子的人都说"不浓，正好"，而使用红色杯子的 10 人中，竟有 9 个说"太浓了"。根据这一调查结果，公司生产的咖啡杯以后一律改用红色。咖啡店借助于咖啡杯颜色，既可以节约咖啡原料，又能使绝大多数顾客感到满意。结果这种咖啡杯投入市场后，与市场上另一公司的产品开展激烈竞争，该公司以销售量比对方多出两倍的优势取胜。

思考：本案例中应用的是哪种调查方法？这种方法有什么特点？这个调查结果可信吗？

市场调查的具体实施涉及市场调查机构的选择、市场调查人员的组织和培训，以及市场调查工作的管理。本项目介绍了市场调查机构的类型和市场调查机构的选择原则，通过本项目的学习，学生能够运用所学知识进行市场调查人员的组织和培训，具备对市场调查工作的管理能力，能够完成实际调查工作。

任 务 一 选择市场调查机构

一、市场调查机构的含义

市场调查机构是指受部门委托，专门从事市场调查的组织。在市场调查活动的实施过程中，为了更有效地对市场信息进行收集、整理和分析，就要设立市场调查机构。市场调查机构可以是企业内部固定或临时的市场调查部门，也可以是企业外部专业性的市场调查机构。

二、市场调查机构的类型

市场调查机构大致可以划分为以下几种类型。

（一）企业内部的市场调查部门

▶ 1. 企业临时调查机构

企业临时调查机构是指企业因某种市场调查需要临时成立的负责组织某项市场调查与

预测活动的机构。企业临时调查机构的优点是机构比较灵活，在需要时组建，调查完成后解散，减省了开支；缺点是调查人员都是临时从企业内部或外部选聘，调查经验可能存在不足。

▶ 2. 企业专门调查机构

企业专门调查机构是指企业内部有一定数量且固定的人员、稳定的经费投入、专职负责市场调查活动的职能机构。目前，国外许多大的企业和组织大都设立专门的调查机构，市场调查已经成为这类企业固定性、经常性的工作。企业专门调查机构的特点是由具备专业能力，且在工作中不断积累经验的人员承担市场调查工作，能提高市场调查工作的质量。

（二）企业外部的市场调查机构

企业外部的调查机构也称专业市场调查机构，是专业从事市场调查的机构，专业水平较高。大多数中小型企业常采用委托专业市场调查机构进行市场调查与预测。

企业外部的专业市场调查与预测机构主要有以下几种类型。

▶ 1. 综合性市场调查与预测专业公司

综合性市场调查与预测专业公司专门收集市场信息，当有关的企业需要时，只需缴纳一定费用，就可随时获得所需资料。同时，它们也承担各种调查委托，为企业进行专项和全面调查，具有涉及面广、综合性强的特点。

▶ 2. 广告公司的调查与预测部门

广告公司为了制作出打动人心的广告，取得良好的广告效果，就要对市场环境和消费者进行调查。有一定规模的广告公司都下设市场调查部门，为其主体业务即广告业务做辅助，主要功能是为广告客户收集必要的市场资料，协助客户制定广告推广策略。广告公司的调查与预测部门也接受一般企业的委托，从事一些市场调查与预测业务。

▶ 3. 咨询公司

咨询公司一般由一些资深的专家、学者和有丰富实践经验的人员组成，是主要为企业和单位的经营管理提供咨询服务的专业机构。这类机构往往具有较强的研究实力，除了能够从较高层次、较宏观的角度提供咨询顾问服务以外，还进行一些独立的相关研究。另外，也接受企业或单位的委托，代理或参与调查设计和具体调查工作，如闻名世界的美国兰德顾问公司。

▶ 4. 非商业性质的统计调查部门

上面所谈到的调查机构基本属于商业性质的市场调研机构，社会上还有各种各样非商业性质的调查机构，非营利是这类调查与预测机构的特点，其活动经费主要靠公共财政或协会成员缴纳，有的甚至没有专门的经费。

1）各级政府部门组织的调查机构

我国最大的市场调查机构就是各级政府的统计部门，它们会定期进行市场调查与预测，收集有关的统计资料以年鉴等形式向社会公布。例如，我国的国家统计部门、国家统计局、各级主管部门和地方统计机构负责管理和公布统一的市场调查资料，便于企业了解市场环境变化及发展，指导企业微观经营活动。此外，为适应经济形势发展的需要，统计部门还相继成立了城市社会经济调查队、农村社会经济调查队、企业调查队和人口调查队等调查队伍，也提供了这种类型的调查信息。

2）新闻单位、大学和研究机关的调查机构

这些机构也都开展独立的市场调查活动，定期或不定期地公布一些市场信息，如新华社的全国主要农产品物价监测网络。

3）其他调查机构

一些非官方性质的机构，如行业协会等非政府组织，有些设有自己的市场调查与预测部门，负责本行业市场情报的调查与预测研究，为本行业企业提供公共服务。

（三）市场信息网络

▶ 1. 市场信息网络的分类

市场信息网络是现代市场调查的一种方式，也可以算作一种特殊的市场调查机构。市场信息网络可分为宏观市场信息网络和微观市场信息网络两种。

宏观市场信息网络即中心市场信息网络，它是为整个市场服务的信息管理系统，是纵横交错、四通八达的市场信息网络系统的总和。例如，化工信息情报网就是专门进行化工系统信息交流的信息传递网络。

微观市场信息网络又称基础市场信息网络，是以单个企业为典型代表的企业市场信息系统，它可为企业提供市场经营活动所需的各种信息。

▶ 2. 市场信息网络的优势

市场信息网络具有以下优势。

（1）整体性。信息网络是一个有机整体，构成网络的各个要素之间互相协调、互相配合，实现信息收集和反馈的最优化。

（2）时效性。信息网络多数要求定时交流信息，以提高经济信息的时效性。

（3）广泛性。信息网络覆盖面广，可以涉及市场的各个领域。

（4）灵活性。各种信息网络可以相互交叉、互通有无，具有较强的灵活性。

（5）开放性。信息网络是以收集、储存、处理和传递信息为目的而建立起来的，开放性使信息源源不断地流入和流出，有效地实现信息的传递和交流，发挥信息的最大效益。同时，开放性的特点也要求其信息网络必须面对市场、加强市场调查。

▶ 3. 市场信息网络的主要形式

我国影响较大的市场信息网络主要有以下几种形式。

1）行业性市场信息网络

行业性市场信息网络是指以行业为主体，广泛建立信息点组织调查，收集信息，进行综合分析的市场信息网络。按照这种网络的地域覆盖范围不同，可分为企业性、地区性和全国性三类。例如，中国人民银行信息网联系全国各地分行，建立了银行经济信息网，它们曾多次对全国许多产品的供销情况进行调查和预测，并发布信息，对商品生产和商品流通起着重要的指导作用。

2）以产品为主体的信息网络

以产品为主体的信息网络是指以产品为主体，广泛组织有关单位参加，以自愿为原则，互相交换信息的市场信息网络。例如，全国化工产品信息网络收集、汇总了全国化工行业的产供销信息资料，为我国化工行业走向市场，进行科学决策提供了可靠的依据。

3）联合性市场信息网络

联合性市场信息网络是指不受行业和产品的限制，由于市场竞争环境需要而自动联合、互相交流信息的市场信息网络。这样，商品生产者、转卖者和用户都可以借助计算机网络直接了解某种商品的销售和库存情况，根据不同情况合理安排生产和流通，从而把产、销、用三者紧密地联系起来。例如，商业部门是沟通生产和消费的桥梁，各类商品的购、销、存数量、品种、价格，以及消费者的意见、反映、市场行情的动态趋势等都能在此得到体现。通过工商企业的信息沟通，就能把局部的、零散的、不协调的信息集中形成准确、系统的信息，并直接指导商品的再生产过程。

4）临时性的市场信息网络

临时性的市场信息网络主要是指通过会议或展览的形式，临时组织有关信息人员参加会议、沟通信息的市场信息网络。例如，各类市场上所进行的商品交易活动是公开的、具体的，展销商品和陈列产品明码标价，产品质量有详细介绍或可凭经验判断，因此，各种各样的商品交易会、展销会、订货会等可将买卖双方汇集于一处，成为一个信息的交汇点和集散地。

三、选择市场调查机构的依据

当企业需要委托市场调查专业机构进行调查时，应做到知己知彼，慎重地选择合作对象，以取得事半功倍的效果。企业在委托调查机构完成调查任务时，应考虑以下几项因素。

（一）调查机构的信誉

调查机构在同业界的声誉和知名度，严守职业道德及公正原则的情况，限期完成工作的能力等。

（二）调查机构的专业能力和业务能力

调查机构内专业人员业务能力的高低，能否提供有价值的资讯，是否具备创新观念、系统观念、营销观念和观念沟通能力等。

（三）调查机构的资历

调查机构的资历包括调查机构创建的时间长短、主要工作人员服务年限、已完成的市场调查项目性质和工作范围等。

（四）调查机构的资源配置

调查机构的资源配置是指市场调查机构所拥有的硬件和软件条件。硬件包括信息收集、整理和传递工具的现代化程度；软件包括调查人员的素质及配备情况。

（五）调查机构的经费报价

调查机构的经费报价包括调查机构的收费标准和从事本项调查的费用预算等收费的合理性。

（六）调查机构对委托调查项目的适应性

调查机构能不能完成调查任务，对调查任务是否熟悉，这是选择调查机构必须要考虑的因素。

通过以上各方面的分析和评估，可以选择最有可能合作的两三个调查机构进行面谈，要求各调查机构提出书面的调查建议书。一般建议书内容包括工作人员的配备、专业水平、实际工作经验，抽样调查的方法和技术，市场调查的重点及可能结果，提供市场报告的时间，市场调查预算及收费条件，以及企业应有的协助等。在综合比较几个调查机构的建议之后，与最能满足要求的调查机构进行合作。

任务二 选拔和培训市场调查人员

一、市场调查人员的选拔

市场调查人员是调查工作的主体，其数量和质量直接影响市场调查的结果，因此，市场调查机构必须根据调查工作量的大小及调查工作的难易程度，配备一定数量并有较高素质的工作人员。为保证市场调查与预测工作的质量，市场调查与预测机构必须重视对有关人员的选择和培训。

根据市场调查与预测活动的特点，选择市场调查人员应考虑以下几个方面的条件。

（一）具有较高的职业道德修养

市场调查人员要有工作责任感和事业心，重视社会公德，尊重他人人格，乐于为人服务。

（二）掌握多学科的知识

市场调查人员要有较广博的理论知识，较强的语言表达和文字写作能力，善于与客户沟通，具有创新精神。

（三）要有优秀的品质及谦虚的态度

在调查过程中，市场调查人员可能会面对各种问题，如经受各种拒绝、猜测，因此，要具备良好信心和耐心，要足够细心。谦虚和善的态度更容易被调查者所接受。

（四）具有收集调查资料的能力

市场调查人员要能够根据调查目的收集到充分、完整且有时效性和针对性的文案资料，能够熟练运用各种调查方法获取有价值的一手资料。

（五）具有较强的分析研究能力

市场调查人员应掌握资料审核、分组、整理的方法，资料分析的技术，并能熟练使用SPSS等软件系统进行数据处理。市场调查人员还要能够创造性地运用专业理论解决新问题，根据调查结论提出创新性意见和建议。

二、市场调查人员的培训

（一）培训的基本内容

市场调查人员的重要作用以及对调查人员的客观要求都提出了对调查人员进行培训的需求，培训的内容应根据调查目的和调查人员的具体情况而有所不同，通常包括以下几个方面的内容。

▶ 1. 思想道德方面的教育

思想道德方面的教育包括组织调查人员学习市场经济的一般理论，学习国家有关政策、法规，充分认识市场调查的重要意义，使他们有强烈的事业心和责任感，端正工作态度和工作作风，激发市场调查人员的积极性。

▶ 2. 性格修养方面的教育

性格修养方面的教育包括对调查人员在热情、坦率、谦虚、礼貌等方面进行培训。

▶ 3. 市场调查业务方面的培训

市场调查业务方面的培训是指对市场调查基本原理、统计学、市场学、心理学等知识的培训，包括加强问卷设计、提问技巧、信息处理技术、分析技术及报告写作技巧等技能方面的训练，以及规章制度方面的教育。规章制度也应列入培训的内容，调查人员必须遵守组织内部和外部的各种规章制度，这是调查得以顺利进行的保证。

(二) 培训的方式

▶ 1. 基础培训

基础培训是专业市场调查与预测机构的基础性工作之一。基础培训的主要内容包括以下几个方面。

(1) 职业道德，包括合法的手段、严谨的态度，杜绝弄虚作假和舞弊行为，对待调查工作要严肃客观。

(2) 行为规范，主要是按照调查项目的要求规范其行为。例如，严格按照抽样方法进行抽样，按照规范要求进行操作。

(3) 调查技巧，告诉调查人员应该怎么做，以及为什么要这么做。

▶ 2. 项目培训

项目培训是针对特定市场调查项目而组织有关人员进行的岗前培训。较大规模的市场调研项目往往参与人员众多、人员活动空间较广、活动时间较长且要求紧凑，因此，项目开展实施前组织有关人员进行有针对性的训练是非常重要的。项目培训的内容一般包括以下几个方面。

(1) 熟悉调查对象的基本情况或基本环境。每个行业的背景不同、情况不同，了解这些基本情况有助于调查者更好地与被调查者沟通。

(2) 掌握抽样方法、询问或观察的技巧。

(3) 资料收集方法。

(4) 岗位责任与纪律要求。

(三) 培训的具体方法

培训的方法很多，培训时可根据培训目的和被培训人员的实际情况进行选择。常见的培训方法主要有以下几种。

▶ 1. 集中讲授法

集中讲授法是培训中采用的主要方法，就是请有关专家或是调查方案的设计者，对调查课题的意义、目的、要求、内容、方法及调查工作的具体安排等进行讲解，在必要的情况下，还可讲授一些调查的基本知识，介绍一些背景材料等。采用这种培训方法，应注意突出重点、针对性强、讲求实效。这种培训方法能让调查与预测人员了解和掌握相关学科与行业最新的发展技术和方法，实现知识更新，促进业务水平的提高。

▶ 2. 模拟训练法

模拟训练法是指模拟一种调查环境，由培训者和受训者或受训者之间相互分别装扮成调查者和被调查者，进行一对一的模拟调查，练习某一具体的调查过程。进行模拟训练时，要将在实际调查中可能遇到的各种问题和困难表现出来，让受训者做出判断、解答和处理，以增加受训者的经验。采用这种方法，应事先做好充分准备，模拟时才能真实地反映调查过程中可能出现的情况。这种培训方法对缺乏相关工作经验、新入行的人员有显著的效果。

▶ 3. 分层培训法

分层培训法也叫哈雷斯法，该方法是由经济学家哈雷斯从自身从事的市场调查与预测经验中总结出来的一种方法。

哈雷斯认为，按受训对象不同，可将受训人员分为监督员与访问员。监督员是较高级的调查与预测人员，他们要负责训练访问员，指导、监督与检查访问员的工作，组织与控制调查进度。因此，对监督员的培训要求更严格、更全面。访问员是具体实施调查的人员，对他们的培训应侧重于活动能力与技巧方面。在培训方法上，哈雷斯认为有书面训练法和口头训练法，前者适用于思维能力、分析能力、判断能力的训练，后者适用于行为能力与应变能力的训练。

▶ 4. 以会代训法

以会代训法中，一般有两种形式的会议：一是开研讨会，主要是对需要调查的主题进行研究，从拟订调查题目到调查计划的设计，资料的收集、整理和分析，以及调查的组织实施等各项内容逐一研究确定；二是开经验交流会，大家互相介绍各自的调查经验、先进的调查方法、手段和成功的调查案例等，以集思广益、博采众长、共同提高。采取以会代训法，一般要求参加者有一定的知识水平和业务水平。

▶ 5. 以老带新法

以老带新法是一种传统的培训方法，它是由有一定理论和实践经验的人员，对新接触调查工作的人员进行传、帮、带，使新手能尽快熟悉调查业务，使之得到锻炼和提高。这种方法能否取得成效取决于带者是否无保留地传授，学者是否虚心求教。

▶ 6. 实习锻炼法

实习锻炼法是指在培训者的策划下，让受训者到真实的调查环境中去实习和锻炼，有助于理论和实践有机地结合，在实践中发现各种问题，在实践中培养处理问题的能力。采用这种方法，应注意掌握实习的时间和次数，并对实习中出现的问题和经验及时进行总结。

三、市场调查人员的岗位设置

不同的调查机构，岗位设置不尽相同，但一般可分为以下几类。

（一）管理人员

管理人员负责组织、控制整个市场调查与预测工作，协调下属各部门之间的工作，制定公司的管理规则、人员的职责，如调研公司总裁、调查部主任、项目经理、调查实施部主任等。

（二）研究人员

研究人员负责拟订调查方案和数据处理计划，进行抽样设计、文具设计、数据分析以及撰写调查报告，此外，还负责向客户汇报调查结果，提供咨询服务，如统计学家或数据处理专家、分析师等。

（三）督导

督导负责访问员的招聘和对访问员的培训，以及对访问员的工作进行指导、监督和检查。

（四）访问员或调查员

访问员或调查员负责采集资料，对指定的受调查者进行调查访问，以获得原始数据资料。

（五）信息录入员

信息录入员负责对收集到的问卷资料进行编码，并将数据资料输入计算机，以便研究人员做统计分析处理。

（六）资料员

资料员负责进行各种一般性的商业资料的收集、分类、整理和归档，以便研究人员查询，资料一般来自各种媒体，包括报纸、杂志、商业通报、邮函或出版物。

任务三　市场调查工作的开展

市场调查是一项复杂和细致的工作，为了确保市场调查工作有条理、高效地进行，必须加强组织管理，并建立一套系统、科学的程序。

一、市场调查准备工作

市场调查工作的准备阶段是市场调查工作的开始，准备工作是否充分，对后续的实际调查工作的开展和调查质量的好坏影响很大。准备阶段包括明确调查的主题和目标、调查的可行性分析和调查方案的设计及最终确定三方面的内容。

（一）明确调查的主题和目标

明确调查的主题和目标是市场调查能够取得成效的重要条件。调查的主题一般是根据企业预测、决策和计划的要求，或者是根据经营活动中发现的新情况和新问题而提出的。

（二）调查的可行性分析

无论是外部委托的调查项目，还是内部组织的调查项目，事先都需要做严谨的可行性分析与研究。例如，从技术角度看是否具有可行性；市场调查与预测机构从人力、物力、财力等方面是否具备承担活动的能力和条件；相关主题的调查活动是否有法律的保障和是否有违社会道德准则等。

（三）市场调查方案的设计及最终确定

在选定市场调查主题和目标，并且确定具有调查的可行性之后，就可以进行方案的设计和策划，这是确定市场调查取得成功的关键内容。市场调查必须事先编制详细、周密的调查计划书，为了提高调查计划书的科学性、可操作性，还必须对调查计划书进行可行性论证，最终为整个调查活动制定详细、内容完整的策划书。

二、市场调查计划的实施

市场调查计划的实施主要包括对调查人员的培训、实地调查和调查总结三个方面的内容。

（一）对调查人员的培训

对调查人员进行培训，让调查人员理解调查计划，掌握调查技术和与调查目标有关的经济知识，解答调查人员对调查表和问卷的疑问，这是保证调查质量的一项重要措施。

（二）实地调查

调查人员在计划规定的时间、地点收集有关资料，不仅要收集二手资料，而且要收集一手资料。实地调查的质量取决于调查人员的素质、责任心和组织管理的科学性。

（三）调查总结

市场调查的作用能否充分发挥，与是否做好调查总结的两项具体工作密切相关。调查总结的两项具体工作包括资料的整理和分析、编写调查报告。

▶ 1. 资料的整理和分析

通过市场调查取得的资料往往是杂乱无章，有些只是反映问题的某个侧面，往往带有很大的片面性或虚假性，所以对这些资料必须做审核、分类、制表工作。审核就是去伪存真，不仅要审核资料的正确与否，还要审核资料的全面性和可比性。分类是为了便于资料的进一步利用。制表的目的是使各种具有相关关系或因果关系的经济因素更为清晰地显示出来，便于进行深入的分析和研究。

▶ 2. 编写调查报告

调查报告是体现调查活动的结论性意见的书面报告。调查报告的编写原则应该是客观、公正、全面地反映事实，以求最大限度地减少营销活动管理者在决策前的不确定性。调查报告包括的内容有调查对象的基本情况、对所调查问题的事实所做的分析和说明、调查者的结论和建议。

三、市场调查工作的管理和监督

（一）调查进度的管理和监督

▶ 1. 调查进度影响因素

调查进度的安排要综合考虑所有相关的因素。确定调查进度主要考虑的因素有客户的要求、兼职调查员与督导员的数量及比例、调查员每天所完成的工作量等。

（1）客户的要求，这是调查公司安排调查进度首先和必须要考虑的最重要的因素。

（2）兼职调查员和督导的比例。调查实施期间兼职调查员和督导员的比例会直接影响调查进度，因此，要合理安排两者的比例。

（3）调查员每天完成的工作量。每天完成的工作量主要从调查员的工作能力、责任心，调查问卷的复杂程度、调查方式的难易程度，以及调查的区域和时段等方面进行综合考虑。

▶ 2. 调查进度管理的具体内容

1）时间管理

确保项目按照计划进行是非常重要的，所以要按照具体调查项目设置具体的调查时间安排，保证调查能够按时完成，否则可能会给客户造成损失。例如，调查结果必须在某月某日之前提交，否则就会影响委托者是否开放新市场的决策。判断是否可以加快项目进展，是否需要增加调查人员，或是否要延期，都要及时与客户沟通。

2）进度管理

一个调查项目的实施要有计划、按步骤进行，对实施进度进行合理安排是至关重要的。进度安排可以分为三个阶段。

第一阶段：调查实施初期，慢节奏。

第二阶段：调查实施中期，快节奏。

第三阶段：调查实施末期，满节奏。

当然，进度的具体安排还要根据调查人员的实际能力、被调查者所在地点的远近以及其他的相关影响因素进行综合考虑，确定具体的进度安排。

（二）调查质量的管理和监督

调查的质量管理主要是以调查结果为对象，是指以消除调查结果的差错为目标，通过一定的方法和手段，对调查过程进行严格监控，对调查结果进行严格的审核和订正的工作过程。调查质量的管理和监督主要是从调查质量控制和调查质量评估两个方面进行。

▶ 1. 调查质量控制

调查质量控制应根据调查工作的不同阶段分别进行，具体分为：①设计阶段的质量控制（研究者）；②调查实施阶段的质量控制（访问者、被访者）；③资料整理阶段的质量控制（研究者）。

▶ 2. 调查质量评估

1）实施过程的质量评估

调查员的工作质量评估包括访谈过程是否规范、问卷的填写是否合格、工作记录是否齐备、完成时间是否及时等方面的评估。

2）数据质量的评估

良好的现场调查操作也不能保证数据质量就一定会高。在数据进入分析阶段之前，对原始数据的质量进行评估是十分必要的。一般从以下两个方面对原始数据的质量进行评估。

（1）受访者的配合程度。在调查问卷的尾部，一般要设计几个问题，内容主要包括被调查者对问卷的理解程度和被调查者的配合程度。

（2）问卷回答率，也是评价数据质量的一个重要的量化指标。

（三）对调查员的监督和管理

对调查员进行监督和管理的目的是保证调查员能够按照培训的方法和技术进行市场调

查。要做好调查人员的监督和管理工作，首先要了解调查员在调查过程中可能出现的问题，其次要掌握监督和管理的各种方法和手段，对调查员的工作过程实施监督和管理。

▶ 1. 调查人员容易出现的问题

（1）调查人员自填问卷，而不是按照要求让被调查者填写。

（2）没有对指定的调查对象进行调查，而是对非指定的调查对象进行调查。

（3）调查人员自行修改已经完成的调查问卷。

（4）调查人员没有按照调查要求向被调查者发放礼品或礼金。

（5）调查者在调查过程中带有一定的主观倾向性。

（6）有些问题漏记或没有记录。

（7）调查人员为了获取更多的报酬，片面追求问卷完成的份数，而放弃有些地址不太好找的调查对象。

▶ 2. 监督和管理的方法和手段

市场调查人员所收集的被调查者的问卷是进行市场调查重要的信息来源。但是，在实际调查过程中，调查人员的问卷来源不一定真实可靠，因此必须对调查人员进行适当的监督和管理，以保证调查问卷的质量。对调查人员的监督和管理一般有以下四种方式，可以先通过这四种方式判断调查人员访问的真实性，然后再根据每个调查人员的任务完成质量，从物质上给予相应的奖励和惩罚。

（1）现场监督：在调查人员进行现场调查时，由督导跟随，以便随时进行监督并对不符合规定的行为进行指正。

（2）审查问卷：对调查人员收集来的问卷进行检查，看问卷是否有质量问题、是否有遗漏、答案之间是否有前后矛盾、笔迹是否一致等。

（3）电话回访：根据调查人员提供的电话号码，了解是否真实地进行过调查。

（4）实地复访：如果电话回访找不到有关的被调查者，则根据调查人员提供的真实地址，由督导或专职访问员进行实地复访。

在电话回访和实地复访中，通常要根据以下几个方面来判断调查人员访问的真实性：①电话能否打通或地址能否找到；②调查中是否有人接受访问；③调查的问题是否与该调查吻合。

案例分析

一次并不成功的拜访

在组建销售队伍时，我请来一位老朋友，他一直在销售同类的产品，我对他寄予厚望。他进入公司后，业绩很不稳定，遇到大订单就可以完成任务，否则就完不成。我决定和他一起去拜访客户，看看到底是怎么回事。

我们计划拜访某省公路局的赵主任，我们如约来到客户办公室后，我发现客户的桌子上摆着我们的产品，旁边的机房内堆有不少我们公司产品的包装箱，而且客户对我们很热情，这些都是很好的兆头。由于我希望观察销售人员是怎么进行销售的，因而决定尽量让他独自与客户交谈。以下是他们的对话：

"赵主任，我们的产品您用得好吗？"

"不错，我们以前用的都是其他公司的，现在都改用你们的了。"

"对，我们采用按订单生产的模式，每一台都按照客户的要求配置生产，经过测试以后直接交付客户，按照客户的要求上门安装。在整个过程中，质量得到严格的控制和保证。以前我做分销的时候，先从厂家采购大批产品，当客户要的和我们订的标准配置不同时，我们就在市场上买一些兼容的零件拼装上去。"

"是吗？我一直不知道经销商是这样改变配置的。"

"这也不是经销商的问题，他们的经营模式决定他们只能这样做。很多产品故障就是因为经销商在改变配置时，没有佩带防静电手套造成的。"

"是吗？你们产品的质量确实不错。我们最近要启动全省高速公路的项目，我就建议用你们公司的产品。"

"不止质量不错，我们还提供三年的上门服务，只需一个电话，如果是硬件问题，我们的工程师会在第二个工作日上门维修。"

"上门服务对我们很重要，我们的收费站分布在全省各地，机器一出问题，他们就打电话给我，我就要派人立即去修，我们的技术人员很辛苦。"

"如果您采购了我们的产品，就不用这么辛苦了。目前我们公司的市场份额已经是全球第一，虽然只有17年的历史，取得这么大的成功是因为我们独特的直销模式，我来给您介绍我们的直销模式吧。"

时间过得很快，客户听得津津有味，但客户开会的时间到了。

"赵主任，您要去开会了吗？今天谈得很投机，我就不耽误您的时间了，告辞。"

销售人员高高兴兴地离开了客户的办公室，我询问他对这次拜访的体会，他说："很好啊，客户很喜欢我们公司的产品。"

资料来源：百度文库.

思考：该案例中的销售人员采用的是哪种调查方法？该销售人员拜访失败的原因有哪些？

课后实训

某公司要调研某地家用电器商品的潜在用户，这种商品的消费与居民收入水平有关，因此，以家庭收入为分层基础。假定该地居民户即总体单位数为20 000户，已确定调研样本数为200户。家庭收入分高、中、低三档，其中，高档收入家庭为2 000户，占总体单位数的10％；中档收入家庭为6 000户，占总体单位数的30％；低档收入家庭为12 000户，占总体单位数的60％。现又假定各层样本标准差：高档收入家庭是300元，中档收入家庭是200元，低档收入家庭是50元。

思考：根据分层抽样法，各档收入层家庭应抽取的户数各为多少？

项目七

整理与分析市场调查资料

学习目标 👉

1. 了解资料整理与分析的意义和原则；

2. 能够进行文案资料的整理；

3. 能够进行原始资料的整理；

4. 能够进行资料的基础分析。

案例引入

广州药业集团数据分析系统成功案例

1. 背景

广州药业集团（以下简称广药集团）是在我国香港上市的 H 股公司，下属八家制造企业和三家医药贸易企业，是中国最大的中成药制造商、中国第三大医药贸易商。

由于广药集团是当初多家企业组成的集团公司，各企业中都存在各自的系统，这就决定了它们产生的营运数据不同，这些数据的格式不同，软件和硬件平台也不同。而且随着时间的增加，数据量日益增大，要及时访问大量数据会有困难。各企业中的这些系统仅是简单的管理信息系统，无法提供深层次的管理决策服务，导致这些数据没有得到很好的利用。同时，随着我国市场经济的不断发展，广药集团面临日趋激烈的市场竞争，为了提高企业的整体管理水平、适应社会能力和竞争能力，高效、快捷地进行数据分析处理和预测就显得非常重要。因此，建立一套用来了解和掌握市场信息和企业内部的变化情况，以及能够根据市场的变化迅速调整优化企业的产品结构和市场策略的系统就非常重要。

2. 系统目标

广药集团数据分析系统主要帮助各企业对内部和外部的营运数据进行收集、归纳、量化，并提供多种数据分析、数据挖掘工具，辅助企业管理者进行科学分析预测，提高企业的数量化管理水平和市场竞争力。该数据分析系统主要包括关键指标分析系统、财务分析系统、销售分析系统、生产计划和库存分析系统、预测分析系统和多元统计分析系统。

3. 价值体现

（1）实现了可靠性分析数据的集中存储、管理和共享

广药集团以往用于可靠性指标分析的数据由于存放在不同平台的业务系统数据库中，没有统一的管理和规划，几乎没有通用性和兼容性，很难实现总部的管理利用，只能由人工进行统计和计算，时间的延误和计算的误差无法避免，分析准确性较差。广药集团数据分析系统实施与使用后，由系统自动从不同的业务系统平台定期收集所需相关数据，存储于数据库中，实现了数据的集中存储、管理和共享。

（2）日常经营统计数据的灵活获取

以往，如果要获得不同分析角度、不同侧重点的可靠性指标，需要进行大量重复工作，难度较大，很难做到及时、准确，同时，分析角度稍有变化，现有的数据可能就无法再次利用。在使用广药集团数据分析系统后，系统提供的多视角分析和数据挖掘功能使用户多角度灵活分析其产品可靠性指标的需求得到充分满足。同时，通过对分析角度之间的任意组合、对分析角度任意层次间的灵活钻取和对分析结果的切片等操作，保证了灵活、高效地获取所需的可靠性指标信息。

（3）使得管理者可以从复杂的观察工作中抽身而出

以往，如果管理者想知道目前企业的经营状况，必须由有关人员统计大量报表，管理者再从报表中查找问题。使用广药集团数据分析系统之后，只要通过设定企业日常关注的一些重要指标及这些指标异常的参数，指标告警模块会自动检查这些指标，发现问题即时提示。这样，管理者每天只需打开计算机，指标告警模块会提示目前企业共有几个异常，如果没有异常，管理者可腾出时间处理别的事情；如果发现异常，指标告警模块会指导管

理者迅速找到问题所在。

（4）对客户进行信用管理

以往，对客户仅是人为的管理，主观因素较多，经常造成上一笔款还没付就向他提供又一笔货或向一个小客户提供一大笔货等情况，而且有些客户在集团的一家企业中长期欠款，而在集团的另一家企业中还能得到提货。对于以上情况，使用广药集团数据分析系统后再也没有发生过。

4. 用户评价

应用广药集团数据分析系统之后，应收款周转天数由 70 天下降到 50 天，对提高企业的整体管理水平和科学决策水平起到了积极的作用。

5. 结论

广药集团数据分析系统是一个灵活、高效的统计分析与决策支持的商业智能系统，不仅解决了广药集团以往对下属各企业管理的困难，而且提高了广药集团对市场的应变能力，使该集团在市场上更具竞争实力。

思考：数据整理和分析对企业管理的重要性？

原始资料收集完成之后，为了使资料含有的信息更直观、更准确地表现出来，必须对其进行整理和分析，具体包括审核、分组、编码和录入，针对原始资料和文案资料的整理和分析方法还有一定区别。

通常情况下，调查所得资料总是显得杂乱无章，不容易看出事物之间的本质联系和发展趋势，必须经过处理才便于分析和利用。市场调查资料整理是对市场调查获得的信息进行初加工，为分析、研究准备数据。本项目主要阐述市场调查资料加工整理的基本知识和技术方法，包括资料的审核、分组、编码、录入、常用统计指标的计算及统计图表的制作等技术。

任务一　资料整理与分析的意义和原则

一、资料整理与分析的意义

资料整理与分析是指通过各种资料收集方法收集多种信息，并对这些信息进行加工处理，使之符合信息使用者的要求的一系列过程。资料整理与分析就是根据调查的目的，运用科学的方法，对调查所获得的资料进行审查、检验、分类、汇总等初步加工，从而使收集到的资料系统化和条理化，并以集中、简明的方式，反映研究对象的总体背景和资料间的相互关系。因此，资料的整理与分析具有十分重要的意义。

（一）资料整理与分析是提高所收集资料的质量和使用价值的必要步骤

运用各种方法从调查的过程中得来的资料往往是分散的、零乱的，而且难免出现虚假、差错、短缺等现象。所有这些现象，都会在很大程度上降低资料的质量和使用价值。

（二）资料整理与分析是使用资料的重要基础

众所周知，分析的目的就在于获得正确的结论，而正确的结论来源于科学的统计分析和思维加工；科学的统计分析和思维加工，又有赖于我们所收集资料的真实性、准确性、完整性和统一性。因此，必须把各种错误，特别是数据上的错误，消灭在统计分析和思维加工之前。实践证明，如果到了统计分析和思维加工过程中才发现资料有错误，再去修改资料的错误信息，其难度和工作量都会加倍提高，有时甚至影响最后的研究结果。所以，在分析资料之前，一定要认真鉴别、整理资料，保证分析工作的顺利进行。

（三）资料整理与分析是保存资料的客观要求

原始资料不仅是当时做出分析结果的客观依据，而且对将来研究同类课题也具有重要的参考价值。因此，将原始资料按一定的格式整理后，便于以后的长期保存和研究。实践证明，一份真实、完整的原始资料往往具有长久的研究价值，并且随着时间的推移，其价值将会越来越大。

在整理资料时，应力求真实、准确、完整、统一和简明，并且尽可能做到新颖。只有在资料真实、准确、完整、统一和简明的基础上，才能得出科学的分析结果。

二、资料整理与分析的原则

（一）真实性原则

整理的资料必须是确实发生过的客观事实，不弄虚作假，更不主观杜撰，否则会得出错误的结论。

（二）准确性原则

整理后的资料，事实要准确，特别是数据要准确。但在实际操作中，还应从实际出发，以能说明问题为原则，因为有些问题若是单纯追求精确的话，反而将问题复杂化。

（三）完整性原则

在整理资料时，应尽可能地保证资料的完整性。力求全面地反映研究对象的全貌；反之，很可能以偏概全，使研究价值降低或失去研究价值。

（四）统一性原则

在对指标的定义、取值、计算方法和计算单位等方面都要有统一的解释和标准，从而加强数据和结果的可比性。

（五）简明性原则

整理的资料要尽可能简单、明确，并使之系统化、条理化，以集中的方式反映研究对象总体的情况。

（六）新颖性原则

在整理资料时，要尽可能从新的角度来审视资料，组合资料，尽可能地打破旧有的观念，要有创新意识，在新的组合和新的视角下发现新情况、新问题。

任务二 文案资料的整理

一、文案资料的评价和选择

收集文案资料成本低、易获取，但文案资料容易过时，其有效性有待考量，所以需要根据一些标准来评价和选择文案资料。

（一）文案资料的提供机构要具有可靠性

衡量资料准确性的首要因素是资料的来源，资料的提供机构会影响资料的质量。信誉好的机构，由于资料采集过程比较客观、科学，因而数据资料一般也比较可靠。从来源上来说，要尽量选择有资质的调查公司或权威机构。

（二）资料收集目的要具有客观性

在利用文案资料之前，还应考察资料收集的初衷。原始资料的提供者在收集资料时总是带有某种目的，例如，某些机构是为了机构本身的某种利益采集资料，此类资料就要慎重考虑其真实性。

（三）文案资料的收集方法要具有科学性

评价文案资料质量的另一个重要标准是样本的收集方法。事实上，收集资料所用的一整套方法中的缺失往往会影响资料质量的最终评价。在文案资料收集方法的评估中，要了解问卷的设计方法、访问方式、抽样方法、问卷访问的有效率、调查实施的组织管理情况，以及其他任何有可能影响调查结果的方面，通过考察该文案资料获取时采取的相关技术，可以评估资料的准确性。

（四）文案资料的内容要具有相似性

文案资料的来源渠道和调查技术通过审核后，还要调查资料的内容是否与现在的调查目的相符。如果内容不符合调查目的要求，也是不能加以利用的，尽量选择与本次调查目的相似或相近的资料。

（五）文案资料收集的时间要具有时效性

原始资料的采集时间关系着资料的时效性。有些资料可能是近期出版或公开发表的，但资料采集是在很早以前进行的，这样的资料常常是没有什么利用价值的。所以，为了保证资料的时效性和可利用性，最好选择近三年的数据。

二、文案资料的调整和汇编

选择了合适的文案资料以后，一定要对文案资料进行调整和汇编，因为任何别人的资料都不能完全符合我们的调查目的。文案资料的调整和汇编是指根据调查目的，将调查所获得的文案资料进行科学的筛选、分类和汇总，使之系统化、条理化，从而得出能够有针对性地反映调查项目特征的资料。加工改造的方法主要有调整法、推断法、再分组法。为了便于资料的使用，可以对资料进行制表、归类、汇编、归档。

任务三　原始资料的整理

一、原始资料的审核

在汇总前，要对收集的原始数据资料进行审核。审核、检查所收集的数据资料是否完整，有无迟报、不报、漏报的情况，如果报送已齐全，应审查有无差错。审查的方法主要有以下几种。

（一）经验审核

经验审核是指根据已有经验，判断数据的准确性。例如，年龄填写成三位数或四位数肯定是有问题的；选择喜欢的西餐品牌，选择了全聚德也肯定有问题。根据经验，这都是与事实不符的。

（二）设疑审查

设疑审查是指根据指标之间存在的一定量值的范围与比例关系，设置疑问框，审查数据疑点。例如，如果规定现价工业总产值与销售收入的比值为 0.7～1.5，那么，小于 0.7 或大于 1.5 的比值均为疑问值。当然，疑问框的设置必须有科学依据，不可随意设置。

（三）逻辑审查

逻辑审查是指利用逻辑理论检查指标之间或数据之间有无矛盾，是否符合逻辑关系。例如，在家庭的收支结构调查中，家庭总收入远小于总支出与储蓄之和，这种情况肯定是错误的。

发现统计数据差错以后，要分别就不同情况及时纠正与处理。在对原始数据资料进行审核的同时，也要对整理后的次级数据资料进行审核与检查。

二、原始资料的分组

分组是根据统计研究的需要，将原始数据按照某种标准分为不同的组别。如果为了观察方便，分组后再计算出各组数据出现的频率，就可形成频数分布表。

调查数据一般按照计量尺度不同分为分类数据、顺序数据和数值型数据。

数据分组的方法有单变量值分组和组距分组两种。

单变量值分组是把每一个变量值作为一组，这种分组方法通常适用于分类数据、顺序数据、变量值较少的数值型数据。

数值型数据采用组距分组，它是将全部变量值依次划分为若干个区间，并将这一区间的变量值作为一组。

（一）简单分组

简单分组是指对总体各单位或样本各单位只按一个标志或标准进行分组。分组的标志或标准一般可以区分为品质属性、数量属性、时间属性、空间属性四类。例如，某市组织了一次样本量为 2 000 户的居民家庭冰箱拥有量品牌分布的市场调查，如表 7-1 所示。

表 7-1　某市居民家庭冰箱拥有量品牌分布

品牌	A	B	C	D	E	F	G	合计
拥有量/台	369	665	775	444	406	261	230	3 150
比重/%	11.7	21.1	24.6	14.1	12.9	8.3	7.3	100.0

（二）平行分组

平行分组是指对总体各单位或样本各单位同时采用两个或两个以上的标志或标准进行平行排列的分组，所编制的分组数列称为平行分组数列。

▶ 1. 两变量平行分组

两变量平行分组是指将两个有联系的调查项目按相同选项分组，并将分组结果并列在一起而编制的平行分组。

▶ 2. 多变量平行分组

多变量平行分组是指将两个以上有联系的调查项目按相同选项分组的结果并列在一起而编制的平行分组，常用于产品或服务满意度测评、被调查者态度测量等原始资料的加工开发。例如，某市进行居民家庭空调满意度测评，结果如表7-2所示。

表7-2 某市居民家庭空调满意度测评汇总表

测评项目	很满意	满意	较满意	不满意	很不满意	次数合计
制冷效果	261	328	686	340	85	1 700
制热效果	272	330	514	386	198	1 700
节电效果	272	330	514	386	198	1 700
噪声大小	115	230	680	365	310	1 700

（三）交叉分组

交叉分组是指对总体各单位或样本各单位采用两个或两个以上的标志或调查项目进行交叉分组，表现为相关分组或复合分组。

▶ 1. 两变量交叉分组

两变量交叉分组是指利用反映被调查者基本情况的两个调查项目之间的关联性进行交叉分组处理，如表7-3所示。

表7-3 被调查者性别与文化程度分布 　　　　　　　　单位：位

文化程度 性别	男	女	合计
小学以下	6	4	10
初中	210	176	386
高中高职	297	321	618
专科	248	265	513
大学本科	226	177	403
硕士博士	48	22	70
合计	1 035	965	2 000

▶ 2. 三变量交叉分组

三变量交叉分组是指利用反映被调查者基本情况的三个调查项目之间的关联性进行交叉分组处理。

（四）开放式问题答案的分组

▶ 1. 按照答案类型归纳分组

按照答案类型归纳是指集中同一个开放式问题的全部文字性答案，通过阅读和分析，按照答题者思想认识不同归纳为若干类型，并选择合适的描述词或短语作为组名。

▷ 2. 计算各答案类型的频数

根据所有同一问题、同一答案类型数目的统计，计算各种类型出现的频数，制成全部答案的频数分布表。

▷ 3. 确定合适的分组数

对全部答案分布表中的答案进行挑选归并，在符合调查项目的前提下，保留频数多的答案，把频数很少的答案尽可能归并到含义相近的组中，一般控制在 10 组之内。

例如，在一项关于居民冰箱购买行为的调研中，问卷中设置了"你对'节能冰箱'这个产品概念有何看法？"的开放式问项，被调查者的回答是多种多样的，通过分类归纳得到的答案分布如表 7-4 所示。

表 7-4 被调查者对"节能冰箱"的看法分布

看 法 分 类	答案人数/人	比重/%
符合环保需求	325	16.25
符合发展趋势	286	14.30
符合消费需求	316	15.80
有可能实现	312	15.60
不可能实现	350	17.50
难以评价	213	10.65
其他	198	9.90
合　　计	2 000	100

（五）组距分组与频数分布表

数值型数据采用组距分组，将全部变量值依次划分为若干区间，并将这一区间的变量值作为一组。在组距分组中，各组之间的取值范围称为组限，一个组的最小值称为下限，最大值称为上限。每个组上限与下限之差为组距，上限值与下限值的平均数为组中值，它是一组变量的代表值。假设一组数据为 (a, b)，则下限为 a，上限为 b。数值型变量进行组距分组的步骤如下，最后形成一个频数分布表。

【例 7-1】 某公司 2018 年 1—4 月 120 个地区的产品销售量如下，请对这一组数值型数据进行组距分组。

234	159	187	155	172	183	182	177	163	158
143	198	141	167	194	225	177	189	196	203
187	160	214	168	173	178	184	209	176	188
161	152	149	211	196	234	185	189	196	206
150	161	178	168	174	153	186	190	160	171
228	162	223	170	165	179	186	175	197	208
153	163	218	180	175	144	178	191	197	192

166	196	179	171	233	179	187	173	174	210
154	164	215	233	175	188	237	194	198	168
174	226	180	172	190	172	187	189	200	211
156	165	175	210	207	181	205	195	201	172
203	165	196	172	176	182	188	195	202	213

第一步：排序。

面对一组数据，首先要将原始数据按数值大小顺序排列，并确定最大值、最小值。对 1—4 月共 120 个产品销售数据进行排序，确定最小值为 141，最大值为 237。

141	159	166	172	177	182	188	196	203	214
143	160	167	173	177	183	189	196	203	215
144	160	168	173	178	184	189	196	205	218
149	161	168	174	178	185	189	196	206	223
150	161	168	174	178	186	190	196	207	225
152	162	170	174	179	186	190	197	208	226
153	163	171	175	179	187	191	197	209	228
153	163	171	175	179	187	192	198	210	233
154	164	172	175	180	187	194	198	210	233
155	165	172	175	180	187	194	200	211	234
156	165	172	176	181	188	195	201	211	234
158	165	172	176	182	188	195	202	213	237

第二步：确定组数。

组数一般与数据本身的特点及数据的多少有关。组数太少，数据的分布就会过于集中，组数太多，数据的分布就会过于分散，这都不便于观察数据分布的特征和规律。组数的确定和组距有密切联系。组距大则组数少，组距小则组数多，两者成反比。

在实际分组时，可以按 Sturges 提出的经验公式来确定组数 K，即

$$K = 1 + \frac{\lg n}{\lg 2}$$

式中，n 为数据的个数，对结果四舍五入取整数即为组数。例如，对 120 个产品销售数据进行计算可确定组数为

$$K = 1 + \frac{\lg 120}{\lg 2} \approx 8$$

即应将 120 个产品销售数据分为 8 组。当然，实际应用时，可根据数据的多少和特点来确定组数。为了使数据均匀分布，本例共 120 个数据，根据经验判断取组数为 10。

第三步：确定组距。

组距一般取 5 或 10 的倍数，如果调查对象的数目不能正好被 5 或 10 整除，可以四舍五入取整数。第一组的下限应低于最小变量值，最后一组的上限应高于最大变量值。组距用 L 来表示，计算公式为

$$L = \frac{b - a}{K}$$

对于 120 个产品销售数据：

$$L = \frac{237 - 141}{10} = 9.6$$

L 取整数为 10。

第四步：根据分组情况编制频数分布表。

针对调查对象，把各个数据组、相应的频数及频率在表中列出来就是频数分布表。也就是说，将确定好组数的数据合计出每一组中数据出现的次数，体现在表格中。

对 120 个产品销售数据制作频数分布表，如表 7-5 所示。

表 7-5 某公司 2018 年 1—4 月 120 个地区的产品销售量频数分布

分　　组	频　　数	频　率/%
140～150	5	4
151～160	10	8
161～170	15	13
171～180	28	23
181～190	20	17
191～200	16	13
201～210	11	9
211～220	6	5
221～230	4	3
231～240	5	4
合　　计	120	100

三、原始资料的编码

（一）编码的概念与作用

编码就是将问卷信息转化为统一的计算机可以识别的代码，以便对其进行数据整理与分析。编码是信息转换的重要手段之一，在市场调查中，编码是一个不可忽视的重要环节。从问卷设计中的编码设计，到数据处理阶段的编码过程，都有可能存在编码误差，编码误差将直接影响调查的数据质量。编码的作用主要有以下几点。

▶ 1. 提高工作效率

减少数据录入和分析的工作量，节省费用和时间，提高工作效率。

▶ 2. 便于定量分析

将定性数据转化为定量数据，把整个问卷的信息转化为规范、标准的数据库，进而可以利用统计软件，采用统计分析方法进行定量分析。

▶ 3. 减少误差

量化的数据简单易懂，不容易丢失重要信息，在编码过程中，还可以利用编码修正回答误差，替代缺失值，有助于减少调查误差。

（二）编码的基本原则

▶ **1. 系统化原则**

编码要系统化，要以整体目标为基准。编码结构要对有关各方都具有实际意义，编码应能适应整个系统的全部功能。

▶ **2. 标准化原则**

编码要标准化，一般来说，每一码只代表一个资料数据。编码要等长，尽量避免混淆和误解。

▶ **3. 实用性原则**

编码应与分类相适应，其设计要适合使用者的需要，方法必须合理，结构上要直观。

▶ **4. 预见性原则**

编码时应预留足够的位置，以适应变化的需要；否则，编码体系一旦确定，要插入新的号码将不可能，而要改变整个编码结构则会劳民伤财。当然，空档也不宜留得太多，否则也会造成浪费。

▶ **5. 兼容性原则**

要尽量使编码具有兼容性和通用性，以便与其他系统相连接。

（三）编码设计的内容与分类

编码的设计工作包括确定各问卷、问卷各项目和答案对应代码的名称、形式、范围，以及与原数据的对应关系。

▶ **1. 编码设计的内容**

1）变量的定义

为了便于统计处理，在数据输入计算机前，必须先给每个问题或变量起一个变量名称。变量名称一般使用数字或英文字母的组合。可以用 Q（question）代表"问题"，Q1 代表第一个问题，依此类推。

2）编制问卷的代码

问卷的代码主要包括地区代码、调查员代码、问卷代码、问题代码及答案代码。可以参照身份证的编码原则，根据实际调查的地区和问卷数量进行编码。例如，某问卷的代码为"0106301104"，前两位数字"01"表示第一块被调查地区，第三、第四位数字"06"表示调查员代号，第五、第六位数字"30"为问卷代码，第七、第八位数字"11"表示该问卷的第 11 个问题，最后两位数字"04"表示第 11 个问题的第 4 个答案。其中，每个代码可以根据实际情况赋予相应的内容，并设置相应的位数，满足问卷的整体编码需要。对问卷进行编码看上去很烦琐，实则会为问卷的整理、分析和查询带来极大的方便。

【例 7-2】以"大学生消费水平调查问卷"为例，现配备 6 名调查人员，针对 A、B、C 三个地区进行问卷调查，共调查 60 份问卷，每个调查人员负责调查 10 份问卷，请为第一名调查人员调查 A 地区的 10 份问卷的所有问题进行编码。

编码过程：本问卷的编码涉及地区码、调查人员码、问卷码、问题码及答案码。A、B、C 三个地区分别编码 01、02、03；6 名调查人员分别编码 01、02、03、04、05、06；每名调查人员负责的调查问卷编码为 01～10；问题码按照前编码设计为 01～12；答案码根据每一题的具体情况编码，例如第一题的两个答案分别编码01、02。编码所代表信息从左到右依次为：第1～2位代表调查地区码，第3～4位代表调查人员码，第5～6位代表问卷码，第7～8位代表问题码，第9～10位代表答案码。为了满足编码需求，可以根据问卷实际情况进行位数分配。如果调查地区和调查人员的人数少于10个，可以取1位数进行编码。如此得到一个编码表，如表7-6所示。

表7-6 第一名调查员在A地区调查10份问卷的编码表

题目序号	第一题	第二题	第三题	第四题	第五题
编 码	0101010101	0101010201	0101010301	0101010401	0101010501
	0101010102	0101010202	0101010302	0101010402	0101010502
		0101010203	0101010303	0101010403	0101010503
		0101010204		0101010404	0101010504
					0101010505
					0101010506

题目序号	第六题	第七题	第八题	第九题	第十题
编 码	0101010601	0101010701	0101010801	0101010901	0101011001
	0101010602	0101010702	0101010802	0101010902	0101011002
	0101010603	0101010703	0101010803	0101010903	0101011003
	0101010604	0101010704	0101010804	0101010904	
				0101010905	

▶ 2. 编码设计的分类

1）根据编码设计的方法和时间不同分类

根据编码设计的方法和时间不同，编码设计分为前编码设计和后编码设计两种。

前编码设计主要针对答案类别事先已知的问题，如封闭式问题，在问卷设计的同时设计其编码。这种编码设计简单易行，并且与问卷设计同时完成，方便整理和录入。

后编码设计主要针对答案类别事先无法确定的问题，如问卷中的文字型开放题，要在数据收集完成后，根据被调查者的回答类型设计编码表。这种编码设计相对更准确、有效，但比较复杂，而且费时、费力。

2）根据问卷中问题类型的不同分类

根据问卷中问题类型的不同，编码设计分为封闭式问题的编码、半封闭式问题的编码和开放式问题的编码。封闭式问题和半封闭式问题一般采用前编码设计，开放式问题采用后编码设计。例如，表7-4中的开放式问题编码，在经过归纳分组后，每一个组设为一个答案选项，赋予一个编码，最后的编码情况如表7-7所示。

表 7-7　开放式问题"调查者对'节能冰箱'的看法"编码表

看 法 分 类	答 案 人 数	编 码
符合环保需求	325	01
符合发展趋势	286	02
符合消费需求	316	03
有可能实现	312	05
不可能实现	350	06
难以评价	213	07
其他	198	04

四、原始资料的录入

市场调查一般都需要进行调查后的数据录入工作。如果调查表的编码和数字书写有统一的规范和标准，可以采用光电录入的方法进行，例如英语等级考试时按标准涂卡后再用光电阅读系统录入。如果调查表没有统一的标准和规范，则采取手工录入，但是手工录入的错误率较高。

（一）手工录入

最常见的录入方式是手工键盘录入，但是手工键盘录入的出错率很高，这就要求有防错的措施，一般需要注意以下几点：

（1）挑选工作认真、有责任心、技术熟练的录入员；

（2）加强对录入员的监督和管理；

（3）定期检查录入员的工作质量和工作效率；

（4）对录入的资料进行抽样复查，一般复查比例为 25%～35%；

（5）二次录入或双机录入，即相同的资料由不同的人进行两次录入，或相同的资料在两台不同的机器上分别录入，以备查询。

（二）机器录入

随着计算机技术的发展和计算机应用的普及，数据的录入工作已逐渐从手工处理转变为计算机操作。目前常用的机器数据录入方式有光标阅读机（OMR）、光学字符识别技术（OCR）及语音识别，这三种属于自动识别技术，适用于比较大型的市场调查，可处理大量数据的输入工作。

任 务 四　资料的基础分析

调查资料不会直接显现出事物的规律，需要对资料进行分析总结，结合统计指标、统计表列及图形，进行定量分析，只有这样才能更好地呈现数据的趋势和特点。

一、常用指标分析

（一）平均指标

▶ 1. 算术平均数

算术平均数也称均值，是全部数据的算术平均。均值是集中趋势的最主要测度值，它主要适用于数值型数据，而不适用于分类数据和顺序数据。

1）简单算术平均数

未分组的原始资料，将总体各单位的标志值简单加总形成总体标志总量，再除以总体单位总数，即得到算术平均值。计算公式为

$$\bar{x} = \frac{\sum x}{n}$$

式中，$\bar{x}$ 为算术平均数；n 为单位数或项数。

2）加权算术平均数

根据分组整理的频数分布表计算算术平均数，即得到加权算术平均数。计算公式为

$$\bar{X} = \frac{\sum xf}{\sum f}$$

式中，f 是各组的频数，也称权数。

▶ 2. 几何平均数

n 个观察值连乘积的 n 次方根就是几何平均数。根据资料的条件不同，几何平均数分为不加权平均数和加权平均数，其中，不加权几何平均数又称简单几何平均数。

简单几何平均数的计算公式为

$$X_G = \sqrt[n]{x_1 \times x_2 \times \cdots \times x_n}$$

式中，x 为被平均的变量。

加权几何平均数的计算公式为

$$G = \sqrt[\sum f]{\prod x^f}$$

式中，f 为各个变量值出现的次数。

值得注意的是，几何平均数在实际应用中受到不少限制，如在被平均变量中不允许有零值出现，只要任意一个变量值为零就不能计算几何平均数。

▶ 3. 平均差

平均差是反映各标志值与算术平均数之间的平均差异。平均差越大，表明各标志值与算术平均数的差异程度越大，该算术平均数的代表性就越小；平均差越小，表明各标志值与算术平均数的差异程度越小，该算术平均数的代表性就越大。

在资料未分组的情况下，平均差的计算公式为

$$A.D = \frac{\sum |x - \bar{x}|}{n}$$

根据分组数据计算平均差的公式为

$$A.D = \frac{\sum |x - \overline{x}| f}{\sum f}$$

式中，$\overline{x}$ 为各组组中值。

▶ 4. 标准差

标准差也称均方差，是各数据偏离平均数的距离的平均数，它是均差平方和平均后的方根，用 σ 表示，标准差是方差的算术平方根。标准差能反映一个数据集的离散程度。根据所掌握资料的不同，标准差的计算方法也分为简单平均式和加权平均式两种。

简单平均式的计算公式为

$$\sigma = \sqrt{\frac{\sum (x - \overline{x})^2}{n}}$$

加权平均式的计算公式为

$$\sigma = \sqrt{\frac{\sum (x - \overline{x})^2 f}{\sum f}}$$

二、制作统计图表

为了更好地呈现数据的趋势，我们要使用统计图和统计表。统计表把杂乱的数据有条理地组织在一张简明的表格内，统计图把数据形象地显示出来。显然，统计表和统计图比文字更形象。

(一) 统计表

统计表是用于显示统计数据的基本工具。在数据的收集、整理、描述和分析过程中，都要使用统计表。一个规范的统计表一般包括总标题、横标题、纵标题、数字资料、单位、制表日期六个内容。

总标题是指表的名称，它要能简单扼要地反映出表的主要内容。

横标题是指每一横行内数据的意义。

纵标题是指每一纵栏内数据的意义。

数字资料是指各空格内按要求填写的数字。

单位是指表格里数据的计量单位。在数据单位相同时，一般把单位放在表格的右上角。如果各项目的数据单位不同时，则可放在表格里注明。

制表日期放在表的左上角，表明制表的时间。各种统计表都应有"备注"或"附注"栏，以便必要时填入不属于表内各项的事实或说明，如表 7-8 所示。

表 7-8　媒体广告对购物的影响

序　号	媒　体	影　响/%	备　注
1	报纸	13.60	
2	电视	49.26	
3	购物场所广告	12.62	
4	广播	2.48	

续表

序 号	媒 体	影 响/%	备 注
5	街头广告	2.72	
6	其他	12.38	
7	没有影响	6.93	
总 计		100.00	

（二）统计图

统计图是指根据统计数字绘制的各种几何图形，具有直观、形象、生动等特点。一张好的统计图往往胜过冗长的文字表述，因此，在统计资料整理与分析过程中，统计图被广泛应用。统计图的类型有条形图和柱形图、饼图、折线统计图等，下面以表 7-8 为数据源，制作几种图形。

▶ 1. 条形图和柱形图

条形图和柱形图是用宽度相同的条、柱的长短和高度来表示数据多少的图形。在表示数据的分布时，使用条形图和柱形图的长短和高度来表示各类数据的频数或频率，能够清晰地显示各个数据的多少和差别，如图 7-1 和图 7-2 所示。

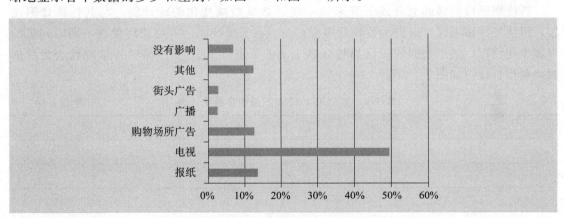

图 7-1 媒体广告对购物的影响条形图

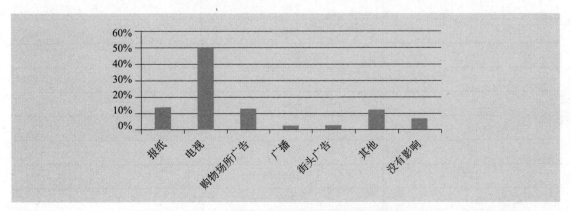

图 7-2 媒体广告对购物的影响柱形图

▶ 2. 饼图

饼图是指以一个圆的面积表示事物的总体，以扇形面积表示各项目占总体的百分数的统计图。饼图可以清楚地反映部分与部分、部分与整体之间的数量关系，易于显示每组数据占总体的百分比，如图 7-3 所示。

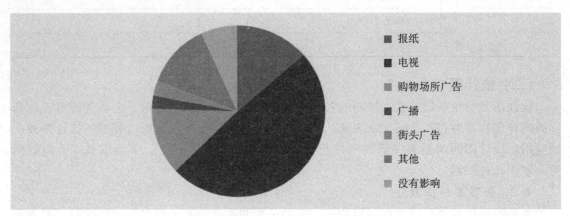

图例：
- 报纸
- 电视
- 购物场所广告
- 广播
- 街头广告
- 其他
- 没有影响

图 7-3 媒体广告对购物的影响饼图

▶ 3. 折线图

折线图是以折线的上升或下降来表示统计数量增减变化的统计图。与其他统计图比较，折线统计图不仅可以表示数量的多少，重点在于反映同一事物或现象在不同时间里的发展变化情况，显示数据的变化趋势。以表 7-9 某公司 2017 年产品销售量统计表为数据源，制作折线图如图 7-4 所示。

表 7-9 某公司 2017 年产品销售量统计表　　　　　　单位：件

月　份	销　售　量	备　注
1	50	
2	80	
3	100	
4	150	
5	210	
6	230	
7	250	
8	290	
9	260	
10	240	
11	230	
12	200	
总计	2 290	

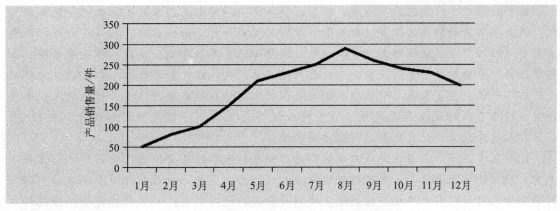

图 7-4 某公司 2017 年产品销售量折线图

案例分析

家庭轿车市场研究

调查地点：北京、上海、广州、重庆、天津、武汉

调查方法：入户调查

调查时间：2000 年 1—4 月

样本量：1925

被访者：城市居民

调查机构：中国社会调查事务所 SSIC

报告来源：中国社会调查事务所 SSIC

随着生活水平的迅速提高，拥有家庭轿车的居民变得越来越多。国家也在积极酝酿出台新的汽车消费政策，以鼓励个人购车，特别是鼓励个人购买轻便、节能的经济型用车。即将出台的汽车消费政策主要包括税费管理、城建协调、信贷政策和鼓励消费等四方面的内容。为了解百姓对家庭轿车的需求，对国家有关旨在发展汽车工业、鼓励私人购车措施的看法及轿车进入家庭面临的主要障碍等问题，中国社会调查事务所 SSIC 于 2000 年 1—4 月在北京、上海、广州、重庆、天津、武汉等城市开展了专项调查研究，收集有效样本 1 925 个。

1. 经济型轿车最扣人心弦

近年来，国产轿车厂商相继推出各种促销方式，以调动广大消费者的购车热情。调查显示，91％的人认为国产轿车降价势在必行；79％的人认为国产轿车价格会在近期继续下降；17％的人表示之所以还没有下决心买车，主要是因为目前国产轿车价格偏高。

调查还显示，32％的人认为现在购买家庭轿车不合算，在国际市场上，汽车的销售价格要比中国低一半甚至更多。以普通桑塔纳为例，在国外市场只卖 9 000 美元左右，而国内市场的售价却超过了 10 万元人民币。86％的人认为，家庭轿车只有降价才能与国际市场接轨。

对家庭轿车销售价格承受能力的调查表明，人们可承受不同价格的比例分别为：36％在 5 万元以下，41％在 5 万～10 万元，15％在 10 万～15 万元，5％在 15 万～20 万元，能承受 20 万元以上者只有 3％。因而，价格相对便宜的经济型家庭轿车将受欢迎。

消费者期盼更优惠的购车政策，盼望税费下调。消费者在购车时要承担增值税和消费税，还要承担诸如购置附加费、验车费、车辆牌照费等许多价外收费。在一些地方，消费者还要缴纳入户费、城市增容费等。此外，消费者还要承担车船使用税、汽油消费税、车辆管理费、年检费等一系列税费。就目前普通百姓的收入水平和消费水平来说，这些费用是较难承受的。调查表明，84％的人认为应尽快取消一些不合理的政策；41％的人认为应制定小排量汽车的税收优惠政策；52％的人认为应把按年限报废改为按综合车况报废；47％的人认为应减少税费项目，简化征收手续。

调查显示，93％的消费者认为在购车过程中应对汽车的质量性能，特别是安全性加以考虑；91％的消费者很在意汽车的舒适程度；90％的消费者把价格作为决策的基础；87％的消费者认为油耗不可忽视，因为这直接影响日后的使用费用；64％的消费者将外观样式作为体现自己个性的方式；89％的消费者认为购置手续齐全、简便的车具有一定的吸引力。另外，品牌知名度、厂商信誉、售后服务、维修便利性等都影响消费者的购买选择。

消费者中，愿意通过厂家直接购车的人占31％；愿意通过汽车交易市场购车的人占19％；愿意通过经销商购车的人占27％；愿意通过展销会购车的人占5％；愿意通过亲戚朋友关系购车的人占10％；愿意通过其他途径购车的人占8％。

2. 国产车比进口车更具吸引力

在打算购车的消费者中，82％的人愿意购买国产轿车，消费者普遍认为国产轿车价格低，维修方便，而且国产轿车的质量性能也在不断提高；58％的人认为目前国产经济型轿车的车型品种较为单一；69％的人认为国产轿车的技术水平较为落后。从目前国内汽车企业的动向来看，轿车企业、非轿车定点企业都相继推出了各自的经济型轿车，将使经济型轿车市场的竞争加剧，也促使生产厂家改进技术、改善经营。虽然调查显示只有8％的人愿意购买进口轿车，但随着进口关税的下降和商品进口数量限制的逐步取消，进口轿车的价格会有不同程度的下降，进口轿车的数量、品种会逐步增加。

3. 厂商的出路：技术及管理创新

通过调查可以预计，2005年后，随着国产车关税和非关税壁垒保护程度的大大降低，进口轿车在价格、质量和服务上将对消费者具有较大的吸引力。因而，国产汽车技术创新和管理革新的成果大小，将决定企业在市场竞争中的地位。

在发展过程中，厂家还须注意家庭轿车消费与交通、能源、环保相协调的问题。交通堵塞、停车难是当前大城市的通病，虽然国家一直很重视交通问题，每年都在进行大规模的铺路架桥、道路改造工程，然而汽车数量庞大、停车泊位少的状况仍然难以在短时间内解决，因而发展家庭轿车一定要考虑道路的承受能力。同时，世界范围的能源危机和环境危机已经向人类敲响了警钟，汽车的环保性能越来越受到重视，市场上出现了液化气汽车、太阳能汽车、充电汽车等新型"绿色汽车"，拥有一辆环保型家庭汽车必将成为21世纪的时尚。这对汽车厂商来说，也意味着新的商机。

资料来源：写作通．家庭轿车市场研究，2011-06-10.

思考：家庭轿车市场调查数据的分析能够给汽车厂商带来哪些启发？

课后实训

针对实地调查收集回来的资料进行整理分析，包括审核、分组、编码、录入，对原始问卷的调查信息进行分析、总结，制作频数分布表并用统计图列示，步骤及要求如下。

第一步，审核。找出无效问卷，并重新调查，获取数据。

第二步，分组。针对原始问卷中的每一个题目及答案进行分组，制作频数分布表。

第三步，编码。对问卷进行详细编码，重点对原始问卷中开放式问题的答案进行分组编码。

第四步，计算基础数据并统计列示。为了观察调查资料的变动趋势，计算需要了解的基础数据，包括平均数及标准差等。利用已经制作好的频数分布表，制作统计图，列示数据特点及趋势。

项目八

认识市场预测

学习目标 ☞

    1. 了解市场预测的含义、特点和原则；

    2. 了解市场预测的类型和作用；

    3. 掌握市场预测的基本原理；

    4. 掌握市场预测的内容；

    5. 掌握市场预测工作的实施步骤。

案例引入

一向以钟表王国著称的瑞士在机械表技术方面领先于世界，成为世界钟表市场的主要生产国。20世纪60年代，一位瑞士工程师向政府提出了开发石英技术，发展石英表的建议，结果被打入冷宫。而日本钟表业则对石英技术表现出浓厚的兴趣，并对全球钟表市场进行了深入的调查，结果发现，机械表的发展已经呈现下降的趋势，潜力有限；而石英表则以成本低、全自动、华丽和方便的特点，具有极大的发展空间，是挑战机械表的核心技术。日本钟表商预测，钟表业市场今后的竞争焦点将是石英表，它能够引领日本钟表业挑战瑞士钟表王国的垄断地位。于是，日本钟表商全力发展石英技术，在市场上遥遥领先。等到瑞士人猛然醒悟、奋起直追时，则为时已晚，日本钟表业早已靠石英技术占据了世界钟表市场的主导地位。

从案例可以看出，把握事物发展趋势，对事物发展方向进行准确预测，是做出正确决策的前提，否则终究被市场所淘汰。

随着社会主义市场经济的发展，我国社会购买力逐步提高，市场需求不仅在数量上不断增长的，同时对品种、花色、规格、外形等方面的需求也是不断变化的。因此，为了充分发挥市场信息的反馈作用，使企业经营活动适应千变万化的市场需要，使经济政策能合理调整市场供需矛盾，市场预测工作必须做到经常化和多样化。要使市场预测及时反映市场发展变化的实际，满足各种经营管理信息需要，就必须采用多种方式进行多种类型的预测。

任 务 一　市场预测的含义、特点和原则

市场调查是为企业营销决策服务，而营销决策必须紧跟市场发展变化的实际，因而在调查获取各种经营管理信息的基础上，必须采取多种方式对市场的发展情况进行预测。

一、市场预测的含义

预测是根据过去和现在推测未来，由已知推测未知，即事先对某一观察对象进行的计量和推测。

预测是人类研究客观事物未来发展变化的行为，是人类根据客观事物发展变化的内在联系及规律推测未来不确定事物的认识活动。预测结果是否与未来发展相吻合取决于两个方面：

（1）事物本身的发展进程及影响事物发展的各种因素的作用状态；

（2）人类认识客观事物和自觉控制事物方向的能力。

市场预测是在对影响市场供求变化的诸因素进行调查研究的基础上，运用逻辑和数学等科学的方法和手段，对市场变量的未来演变规律和发展趋势，以及可能水平进行分析、估计和判断，为企业决策提供依据的过程。

二、市场预测的特点

由市场预测的含义可概括出市场预测的特点。

(一)市场预测以准确、灵通、丰富的市场信息为依据

市场预测需要占有准确、灵通、丰富的市场信息。市场预测不是占卜算卦、主观臆断、胡估乱测，只有以准确、灵通和丰富的市场信息为依据，才能通过对市场商品供需发展的历史和现状的研究，认识其发展变化的规律性，科学地预测其未来发展前景。因此，准确、灵通、丰富的市场信息是市场预测的前提和基础。为了占有准确、灵通、丰富的市场信息，除进行必要的市场调查外，还要建立横向和纵向的市场信息交流渠道，成立市场信息库，做好市场信息的积累工作。

(二)市场预测有一套科学的预测方法

要搞好市场预测，不仅要善于提出任务，而且要有完成任务的预测方法。毛泽东同志曾说："我们的任务是过河，但是没有桥或没有船就不能过。不解决桥或船的问题，过河就是一句空话。不解决方法问题，任务也只是瞎说一顿。"有了准确、灵通、丰富的市场信息，还必须掌握科学的预测方法，才能完成市场预测的任务。

市场预测方法包括：①以判断市场商品供求未来发展前景的情况为主的定性预测方法；②以预测市场商品供求未来发展的规模、水平、速度和比例为主的定量预测方法。定量预测方法中还包括各种统计方法、计量分析方法和应用数学方法。市场预测将市场商品供需发展变化的规律性延伸到未来，运用经济理论分析研究其发展前景，既有定性的方面也有定量的方面。因此，应以经济理论为指导，将定性预测和定量预测相结合，以提高市场预测质量。

(三)市场预测研究市场商品未来发展前景

市场商品供求发展前景，既受人们已经认识因素的影响，又受人们尚未认识因素的影响，因而具有不确定性。市场预测是对市场商品供求未来发展前景不确定性的认识活动，其准确性取决于对市场商品供求发展变化规律性的认识能力。

为了提高市场预测的准确性，适应市场商品供求发展复杂多变的不确定性需要，在占有市场信息、掌握预测方法之后，对市场商品供求前景做出多种测定，经过经济理论分析得出结论。

三、市场预测的原则

市场预测应遵循以下原则。

▶ 1. 连续性原则

连续性原则就是从时间上考察事物的发展，其各阶段具有连续性。一切社会经济现象都有它的过去、现在和未来。

▶ 2. 类推原则

所谓类推原则，就是根据经济过程的结构和变化所具有的模式和规律，可以推测出将来经济发展变化的情况。利用预测对象与其他事物的发展变化在时间上的先后不同，但在表现上有类似之处的特点，人们有可能根据已知事物的基本类似的结构和发展模式，通过

类推的方法对今后事物发展的前景做出预测。

拓展阅读

市场中林林总总的类推预测

我国吉林省通化市是有名的人参产地，所产人参白酒有很大的市场，主要就是人们认为其不仅是一种酒，更重要的是它还具有营养保健作用和药物作用。于是，我国各类名贵中药入酒就成为各地名酒特色，如云南的三七酒、广西的蛤蚧酒等。同样的情况在其他食品行业进行类推，烟草行业推出人参烟、田七烟，糖果行业推出一定药效的梨膏糖、驱虫宝塔糖等，甚至日化行业也推出有药效的牙膏，如草珊瑚牙膏、云南白药牙膏等。以上这些都是运用类推原则来进行新产品的市场预测。

▶ 3. 相关原则

世界上各种事物之间都存在直接或间接的联系。事物之间或构成一种事物的诸多因素之间都存在或大或小的相互联系、相互依存、相互制约的关系，要么相生，要么相克。任何事物的发展变化都不是孤立的，都是与其他事物的发展变化相互联系、相互影响的，市场需求量和供应量的变化也存在各种相关因素。

▶ 4. 质、量分析结合原则

质、量分析结合原则是指在市场预测中要把量的分析法（定量预测方法）与质的分析法（定性预测方法）结合起来使用，才能取得预测的良好效果。质、量分析结合原则是现代企业预测得以科学进行的一项重要原则。

▶ 5. 可控制原则

可控制原则是指企业对所预测的客观社会经济事件的未来发展趋向和进程在一定程度上是可以控制的。客观事物的发展变化是有一定的客观规律的，这种规律性是可以认识的。当人们认识了客观事物发展的规律性以后，就可以创造条件，使预测对象在企业自觉控制下朝着所希望的方向发展。因此，可控制原则的运用应与以随机现象为研究对象的数理统计方法，如概率推断法结合起来。

任务二 市场预测的类型

一、按照预测范围分类

按照预测范围分类，市场预测可以分为宏观市场预测与微观市场预测。

宏观市场预测是指在广泛的市场调查的基础上，对各种影响市场活动的社会经济环境因素的发展变化进行预测，进而对市场总供给、总需求，以及两者之间关系的发展变化趋势做出估计和判断。

微观市场预测是指把宏观因素的影响缩小到某行业、企业乃至某一类产品或某项产品上，对行业、企业产品生产经营发展变化趋势，乃至某类产品或某项产品的市场需求做出估计和判断。

二、按照商品层次分类

按照商品层次分类，市场预测可以分为单项商品预测、同类商品预测、分消费对象商品预测和商品总量预测。

单项商品预测是指对某种商品的牌号、质量、规格、花色、款式等市场需求量的预测，一般由专业公司、生产和供应企业进行预测。

同类商品预测是指对某一类商品按其不同的特征，如产地、原料等预测市场需求量，一般由商品的主管部门或专业公司进行预测。

分消费对象商品预测包括两种情况：一种是按某一消费对象（如青年人、中年人、老年人）需要的各种商品进行预测；另一种是按不同消费对象所需求的某种产品的花色、款式、规格进行预测。

商品总量预测是指对消费者所需求的各种商品的总量进行预测。

三、按照预测分析要求的侧重点分类

按照预测分析要求的侧重点分类，市场预测可以分为定性预测和定量预测。

定性预测是指对预测对象目标运动的内在机理进行质的分析，据以判断未来质的变化趋向，并辅以量的表述。

定量预测是指依据信息资料，运用数学分析方法建立的数学模型，对预测对象目标运动质的规律进行描述，据以确定未来量的变化程度。

四、按照预测期长短不同分类

按照预测期长短不同分类，市场预测可以分为长期预测、中期预测和短期预测。

长期预测是指五年以上市场发展前景的预测，是制订中长期计划和经济发展规划的主要依据。

中期预测是指对一年以上五年以下的市场发展前景的预测，是制订中期计划和规定经济五年发展任务的主要依据。

短期预测是指对一年以下的市场发展变化的预测，是经营决策的主要依据。

另外，还可以按照空间层次分为国际市场预测、全国性市场预测、地区性市场预测、当地市场预测，以及行业或企业市场占有率预测。

任 务 三 市场预测的作用

一、市场预测在宏观经济管理中的作用

（1）通过预测，预见市场活动发展趋势，为编制国民经济发展计划提供资料，同时为制定间接调控生产、流通、分配和消费的政策法规提供依据，促使宏观经济管理各项工作

进一步适应市场发展要求。

（2）通过市场商品供需总量及构成预测，预见商品供需发展变化趋势。据此，研究供需总额及结构平衡状况，以便实现调整生产与消费的关系，安排积累与消费的比例，调整生产与投资结构，扭转经济发展中可能出现的失衡现象。

（3）通过预测，预见关系国计民生的主要产品供需变化，明确重点产品发展方向，抑制长线产品，支持短线产品。

二、市场预测在企业生产经营管理中的作用

（1）通过预测，预见市场未来发展趋势，为企业确定生产经营方向、制订生产经营的发展计划提供依据。

（2）通过预测，可探明消费者消费心理变化，购买力增减、具体商品需求趋向等，然后结合企业自身条件，分析优势与差距，寻求可行的解决方案。

（3）通过预测，摸清竞争对手状况，制定相应策略，克"敌"制胜。

（4）了解与企业有关的各项市场环境的变化，有针对性地制定适当措施和利用环境策略，以确保企业生产经营的顺利发展。

（5）掌握市场各种变化所带来的企业管理的变革。

任 务 四　市场预测的基本原理

一、连续性原理

连续性是指预测对象的发展会依据过去和现在的发展规律延续向前发展。判断一个人的情况，人们常常说："看看他的过去，就可以知道他的现在；看看他的现在，就可以知道他的将来"，这种说法其实依据的就是连续性原理。这一原理的存在主要是因为任何市场预测对象，其内在结构及构成因素的相互作用都具有一定的规律性，因而使得这些因素必然依据某种规律向前发展。例如，人们生活习惯、消费习惯、消费模式的变化以及季节性产品销售的周期性等，一般都具有很强的连续性，很难在短时期内发生变化。因此，市场预测对象的连续性就为市场预测工作的开展提供了依据，使人们可以根据预测对象的连续性原理，对市场预测对象的发展变化趋势和变化程度做出正确的估计。

在利用连续性原理进行预测时，一般要求预测对象所处的系统要具有稳定性。只有在系统稳定的条件下，预测对象才可能依据原来的规律继续发展。一旦系统的稳定性遭到破坏，预测对象的发展变化规律将会发生变化，这时应用连续性原理进行预测就可能产生误差，误差的大小将随系统稳定性变化的大小而不同。

二、相关性原理

相关性是指预测对象与其影响因素之间的相互联系。因为任何事物的发展变化都不是孤立的，都是与其他事物的发展变化相联系的。利用相关性原理进行市场预测，就是要找

出影响预测对象变化的各种因素，以及这些因素与预测对象的相互依存关系，然后根据这些影响因素的变化估计预测对象的变化。例如，对于食物的消费，人口和购买力是最主要的影响因素，这样就可以根据人口和购买力的变化预测对食物需求的变化。

客观事物之间存在某种类似的结构和发展模式，人们根据已知事物的某种类似的结构和发展模式，就可以类推某个预测目标未来的结构和发展模式。在利用相关性原理进行市场预测时，除要找出各相关因素与预测对象之间的相关关系外，还必须分析在预测期内这些因素与预测对象之间的相关性是否会发生较大的变化。如果将发生较大的变化，则预测结果将会出现较大的偏差。

三、类推性原理

许多事物的发展变化通常会表现出一些类似的特点。类推性就是指根据与预测对象的变化有类似特点的事物的发展变化规律，来推测和估计预测对象的发展变化趋势和变化程度。例如，可以根据其他国家在与我国处于类似经济发展阶段的消费需求和消费结构变化规律，预测我国的消费需求和消费结构变化前景。使用类推性原理进行市场预测的关键在于发现预测对象与已知事件之间的共同性或类似点。如果已知事物或事件与预测对象之间无类似性或共同性可言，则不能应用类推性原理进行预测。

四、系统性原理

市场预测应坚持以系统观点为指导，把预测对象看作一个由多种要素构成的系统，坚持采用系统分析的方法，注意分析系统内外各种要素的变化，从而做出预测推断。

五、因果性原理

在市场预测中，必须重视对影响预测目标的因果关系的分析，可以把握影响预测目标诸因素的不同作用，由因推果，预测出市场的必然趋势和偶然因素可能产生的干扰。

六、可知性原理

全部的预测活动都是建立在可知性原理的基础上，人们能否预测事物未来发展趋向，都取决于能否找出预测目标的演变规律。尽管市场变化多端，只要我们敢于探索、善于分析，在市场预测的过程中是可以逐步揭示它的变化规律的，从而提高市场预测的准确性。

七、可控制性原理

人们对所预测的客观社会经济事件的未来发展趋向和进程在一定程度上是可以控制的。在市场预测中，应尽可能利用可以控制的因素，即利用不确定性较小的经济变量，来推测所要预测的市场变量。

八、必然性原理

任何事物的发展变化都有一定的必然性和偶然性，偶然性中隐藏着必然性，必然性是通过对偶然性的大量观察而揭示出来的。在市场预测中，应注意运用大量观察对大量数据进行对比研究，先揭示现象发展变化的必然性，然后进行预测推断。

总之，市场预测的原理是很多的，预测者只有掌握和运用这些原理或规则，才能够有效地认识市场、分析市场和预测市场，才能够不断提高市场预测的准确性和可靠性，最大限度地降低预测误差。

任 务 五 市场预测的内容

一、市场环境预测

市场环境预测是在市场环境调研的基础上，运用因果性原理和定性与定量分析相结合的方法，预测国际、国内环境因素的变化对特定的市场或企业的生产经营活动会带来什么样的影响。

二、市场需求预测

市场需求预测是预测消费者和用户在一定时期、一定市场范围、一定货币支付能力的情况下，对某种商品的需求，包括量的预测，以及需求商品的品种、规格、花色、型号、款式、质量、包装及需要时间等变动趋势的预测等。消费者的市场需求受多种因素的影响，其中主要的因素有收入的变化、价格的变化，以及由此带来的消费倾向、消费心理的变化等。因此，要进行市场需求预测，应预测影响市场需求的各种因素的变化趋势。

三、市场供给预测

市场供给预测是指对一定时期和一定范围的市场供应量、供应结构、供应变动因素等进行分析预测。

四、商品供求动态预测

商品供求动态预测也就是商品供求平衡状况的预测。在市场上，商品供给与商品需求是对立统一的辩证关系，供求矛盾运动的基本形态是平衡和不平衡。

商品供求动态预测的内容是多层次的。对企业来说，主要是各种具体商品的可供量与需求量，以及品种、规格、花色、款式、型号的供需之间的平衡状况的预测，这是企业组织生产与经营必须掌握的信息。预测某种商品供求是否平衡，可以把某种商品的可供量与需求量的预测值加以对比，并计算出供求差额、供求比率、供求差率，从而判断两者的平衡状况以及该商品的满足程度。当然，企业对市场整个供求趋势及大类商品的供求动态也应有所了解，这是预测具体商品供求动态的前提条件。

五、消费者购买行为预测

消费者购买行为预测是指在对消费者进行调查研究的基础上，对消费者的购买行为做出预测。

六、产品市场预测

产品市场预测主要是对产品的生产能力、生产成本、产品的价格水平、市场占有率、产品要素、产品组合、品牌价值和产品的竞争格局进行预测。

七、商品生命周期预测

商品生命周期预测是指对商品进入市场直至退出市场的全过程中所处不同阶段的发展变化前景做出预测。商品生命周期的变化，既体现了需求的发展变化趋向，又反映商品生产和供应的变动趋势，以及企业间的竞争状况。商品生命周期预测常用的方法有以下几种。

（一）销售增长率分析法

销售增长率分析法是指以商品的销售量增减快慢的速度，来判定、预测该商品处于生命周期的哪个阶段。一般来说，导入期的销售量增长率为 0～5％，成长期往往超过 10％，成熟期为 0.1％～10％，衰退期一般为负值，且小于－10％。这种方法是一种经验数据判断标准，适用于中期、短期预测。

$$商品销售增长率＝\frac{本期销售量－上期销售量}{上期销售量}$$

（二）家庭普及率推断法

家庭普及率推断法主要用于高档耐用消费品生命周期的预测。根据经验数据，导入期的家庭普及率为 0～5％，成长前期为 5％～50％，成长后期为 50％～80％，成熟期为 80％～90％，有些耐用品的家庭普及率甚至可能超过 100％。

（三）对比类推法

对比类推法是指参考同类产品、相近产品或相关产品在国外或国内其他地区生命周期的发展变化趋势，来推断本地区某种产品生命周期的变化趋势。

八、产品销售预测

产品销售预测主要是指对产品的销售规模、销售结构、产销存平衡状态、销售变化趋势、销售季节变动规律、产品的市场占有率和覆盖率、销售客户分布、销售渠道变动、销售费用变动和销售利润变动进行预测。

九、市场行情预测

市场行情预测是指对整个市场或某类商品的市场形势和运行状态进行预测分析，揭示市场的景气状态。

十、市场占有率预测

市场占有率预测是指对一定市场范围未来某时期内，企业市场占有变动趋向做出估计，它是企业商品销售预测的重要内容。市场占有率是指在一定时期、一定市场范围内，企业所生产的某种商品的销售额（量）占市场同一种商品总销量的比例或者是本企业的商品销售量占市场商品销售量的比例。预测市场占有率的计算公式为

$$S_i = \frac{M_i}{\sum M_i} \times 100\%$$

式中，S_i 表示 i 企业的市场占有率；M_i 表示 i 企业某时期内市场中某种商品的销售额（量）；$\sum M_i$ 表示某时期内市场中同类企业某种商品销售额（量）的总和。

十一、市场竞争格局预测

市场竞争格局预测是指对生产某产品的同类企业的竞争状况进行预测分析。

十二、企业经营状况预测

企业经营状况预测主要是指对企业资产、负债、权益、收入、成本、费用、利润、经营效率、偿债能力和盈利能力等进行预测。

任务六 市场预测的步骤

一、明确目的

明确目的是开展市场预测工作的第一步，因为预测的目的不同，预测的内容和项目、所需要的资料和所运用的方法都会有所不同。明确预测目标，就是根据经营活动存在的问题，拟订预测的项目，制订预测工作计划，编制预算，调配力量，组织实施，以保证市场预测工作有计划、有节奏地进行。

二、收集资料

进行市场预测必须占有充分的资料。有了充分的资料，才能为市场预测提供进行分析、判断的可靠依据。在市场预测计划的指导下，调查和收集预测有关资料是进行市场预测的重要一环，也是市场预测的基础性工作。

三、选择预测方法

根据预测的目标以及各种预测方法的适用条件和性能，选择合适的预测方法，有时可以运用多种预测方法来预测同一目标。预测方法的选用是否恰当，将直接影响预测的精确性和可靠性。运用预测方法的核心是建立描述、概括研究对象特征和变化规律的模型，根据模型进行计算或者处理，即可得到预测结果。

四、预测分析和修正

分析判断是对调查收集的资料进行综合分析，并通过判断、推理，使感性认识上升为理性认识，从事物的现象深入到事物的本质，从而预计市场未来的发展变化趋势。在分析评判的基础上，通常还要根据最新信息对原预测结果进行评估和修正。

五、编写预测报告

预测报告应该概括预测研究的主要活动过程，包括预测目标、预测对象及有关因素的分析结论、主要资料和数据，预测方法的选择和模型的建立，以及对预测结论的评估、分析和修正等。

案例分析

三次失测，苦汁自饮

美国西部的佩珀尔基农庄从 1979—1984 年连续三次预测失误，使农庄遭受巨大的损失，自食苦果。

20 世纪 70 年代末，佩氏农庄几乎成为传统、优质副产品的代名词，无论是新鲜的蔬菜或冰冻制品，只要是冠以"佩氏"的牌子，在市场上总是很抢手。

1979 年，佩氏农庄准备扩大战果。农庄的董事们云集一起，进行了长时间的酝酿。他们认为，人们的饮食模式正在改变，传统的家庭饮食模式已经过时，人们需要在无规则的时间里食用味道鲜美、数量不多却饶有趣味的"非餐食"食品。1980 年 3 月，这条食品线在加州的贝克斯菲尔德经过了小型试验，试验结果表明，这种食品比三明治更能引起人们的食欲，且烹饪方便、价格便宜。于是，他们将其命名为"得利"食品。董事们预测，这种食品上市一年后，销售额不会低于 4 000 万美元。

可是一年之后，"得利"食品的销售额只有 3 500 万美元，大大低于佩氏农庄董事们的预测。这是佩氏农庄有史以来的第一次严重失利。农庄的老板克鲁奇先生承认，"得利"食品的牛肉馅肉质太老，令人极不满意，消费者并没有接受"得利"的新风味。更主要的是，"得利"食品在早期决策过程中没有一个明确的定位策略，目标顾客在哪儿、是谁，至今尚不清晰。

"看来，我们的运气不佳，我们必须寻求新的机遇。"克鲁奇说，"产品也要有特色！"1982 年 5 月，佩氏农庄的董事们又坐到了一起，重新设计新的方案。"我们一直销售着别人的优质饼干，为何不自己生产呢？"一位董事说。董事们对这一提议很感兴趣，他们决心将此次的目标市场找准。"据可靠消息，系列电影《星球大战》将于 1983 年春上映，这将赐予我们开发儿童饼干市场的良机。"另一位董事开口了。后经考察，证实了《星球大战》上映的内容和时间，董事会又形成了一个所谓"万无一失"的方案。

就在《星球大战 3：西斯的复仇》上映的 1983 年春天，佩氏农庄的"星球大战饼干"批量上市。起初，该饼干确实迎合了儿童的心理，销势看好，佩氏农庄信心十足地加快了生产步伐。"当时，我们确定有垄断儿童饼干市场的雄心壮志。"克鲁奇先生回忆。但是，时隔几个月，形势急转直下，许多超级市场都不愿销售这种饼干。这些零售商认为佩氏农庄的饼干出厂价太高，他们不得不将零售价定为 1.39 美元，这在当时已超过了任何儿童饼干的价格。佩氏农庄设法降低生产成本，这样又使"星球大战饼干"的质量标准低于正常标准，由于已与卢卡斯电影公司签订了专利许可协议，因而在亏本的情况下，佩氏农庄不得不硬着头皮生产。这个老牌农庄又遇到了新的问题。

在"星球大战饼干"刚刚滞销的同时，佩氏农庄的董事们又进行了"拯救佩珀尔基"商讨会，计划引进一种新的高质量产品——非过滤优质苹果汁。当时，美国消费者们购买的苹果汁80％都是经过过滤的,十分清净,且儿童消费占据很大的比重。他们将新产品投入康涅狄格州的哈福特和新哈劳两地试销,取得了令人振奋的结果。于是,佩氏农庄就购买了一家大型食品加工厂。1984年年初,印有佩氏农庄名称的苹果汁在康涅狄格州铺天盖地地上市了。但是,当这种所谓"味美甘润的天然苹果汁"投入美国其他市场时,却招致了不幸。那时,美国人对天然饮料并未发生浓厚的兴趣,人们对这种未经过滤的、有很多絮状物的东西望而生畏。另外,产品名称和广告中没有一点"适宜于儿童"的宣传字样。苹果汁的销售不畅使农庄不得不以优惠价格出售产品,而降价又引起人们更大的猜疑。这种恶性循环使佩氏农庄陷入第三次困境。1984年财政年度,佩珀尔基农庄的经营利润下降了18％。1985年,这家巨型食品加工厂整个关闭,至此,优质苹果汁只能作为自饮的"苦汁"了。

思考:什么原因导致佩珀尔基农庄落到如此下场?试叙述市场预测的要求和原则。

课后实训

就"某企业食堂满意度调查"做一份调查方案,本项实训旨在加深学生对调查方案的内容的理解,锻炼和培养根据具体的实践项目撰写市场调查方案的能力。每5～7人为一组,组成市场调查项目组,各小组分别提交市场调查方案。

项目九

实施定性预测

学习目标 ☞

1. 了解定性预测的含义和种类；
2. 能够熟练应用综合意见法；
3. 能够熟练应用德尔菲法；
4. 能够熟练应用头脑风暴法；
5. 能够根据市场调查的需要，选择合适的定性预测方法。

案例引入

预测失误，太太药业败走"汉林清脂"

2001 年年底，太太药业正式推出汉林清脂，截至 2002 年 6 月 30 日，太太药业在汉林清脂的推广上花费了 3 410.79 万元。2002 年 7 月以后，已经很少看到汉林清脂的电视广告。

2002 年 11 月初，汉林清脂的电视广告已停播。屡战屡胜的太太药业在汉林清脂上走了麦城！我们现在来探究太太药业失败的原因，可以发现主要是对市场研究不够彻底，对市场容量和竞争程度盲目乐观，对目标市场的增长率和开发难度预测失误，对市场的贸然进入导致了最后的失败！

1. 太太药业的市场预测分析报告

1) 目标市场分析——"钱"景广阔

据有关部门统计分析表明，在我国，由心脑血管疾病导致的人口死亡数约占人口死亡总数的 40%，死亡人数每年在 200 万以上，在人口死亡原因中占第一位。另有数据表明，中国现有高血脂患者约 8 000 万，据估算，调节血脂类产品的市场需求潜力在 100 亿元人民币以上。当绝大多数功能产品的市场被开发完毕时，调节血脂类的产品无疑将成为极具诱惑力的市场之一。

2) 竞争对手分析——缺乏领导品牌

来自卫生部的统计数据表明，截至 2002 年年底，在我国已批准的近 3 000 种保健食品中，主打调节血脂功能的有 1 000 多种，还有医药及处方类市场降血脂类药品大约 200 个，同时加上一些洋保健品，据估算大约有 700 个品种。这样算来，我国目前市场中大约有 2 000 种调节血脂的保健产品。但在这么多的地方小品牌中，尚无一个全国性的领导品牌。

3) 目标消费群体分析——"三高"人群

汉林清脂的目标消费群定位在生活于都市的、以男性为主的中青年白领。他们普遍存在"三高"的特点——高薪、高压力、高血脂。太太药业认为，这些高薪的年轻白领们会愿意在他们的健康上投资。

2. 太太药业的预测失误之处

1) 目标市场增长率预测失误

降血脂市场是个隐形市场，因为高脂血症是慢性病，不到发病之时（往往以冠心病、脑中风等形式发作），消费者没有任何感觉。等到有感觉的时候，就已经发病了。消费者难以感知，是降血脂产品开发市场的壁垒。而一旦在医院中检查出高血脂，更多的人会选择药品。这样，营销的重心应放在进行市场教育上，让重点人群主动采取措施预防，这就需要对消费者进行深度沟通。可以想象，在这个增长率十分缓慢的市场培育过程中，市场开发会比较艰难，同时会非常漫长，这将考验操作者的资金实力、信心与耐力。

2) 目标消费群体开发难度预测失误

中国医药保健品市场的实践证明，只有儿童、女性最多加上老人市场有可能运作成功，男性市场还远未成熟，甚至连"犹太商法"都绝口不提"男性淘金术"就是这个道理。盘点保健品行业历来的成败案例，能拿下"大城市男性白领"这块"硬骨头"的产品屈指可数，所以男性市场三五年根本不应涉足。男性市场的开发难度与男性的消费心理行为特征有密切的关系：第一，男性对健康都颇为自信，对一个连生病都不吃药的人，再好的产品也无法让他心动；第二，男性都颇有主见，无论是广告还是导购对他都没有影响（甚至以受影响为耻），对一个常坐在电视面前评点广告的人，再好的推广也无可奈何；第三，男性的注意力常常是"天下事"而不是"身边事"，对于房子、车子、股票、家电等的高度关注，自然就照顾不到一小片药这样的小东西。而城镇市场的儿童、女性和老年群体才是保健品永恒的三大"钱袋"——这也是脑白金为什么牢牢盯死中老年消费群体的奥妙所在。

汉林清脂的同门，大名鼎鼎的"太太口服液"曾经在大城市女性市场中呼风唤雨，可是男性白领和女性白领在医药保健品消费心态方面的差异，简直就和彼此间的性别差异一样泾渭分明。如果汉林清脂能注意到保健品的购买者并不一定就是最终使用者，并巧妙利用这一规律针对成功的男性白领背后的女人们进行重点诉求，汉林清脂的市场前景或许还别有洞天，然而遗憾的是它没有。

3. 市场吸引力的评价

市场吸引力是决定公司未来销售额和利润增长的关键因素。从公开的资料来看，太太公司也进行了精心的准备。概念的提炼、定位都非常准确，可是公司没有意识到降血脂市场的"隐性"特点，以为只要沿袭以前的思路，就能迅速获得成功，这可能是汉林清脂失败的主要原因。相比之下，健特生物从 2001 年年初，就投入了相当多的人力、物力去研究降血脂市场，前后历时近 1 年时间（仅市场研究和前期策划，不包括产品研发阶段的论证），才弄清楚降血脂市场增长率较低，难以快速启动，并最终放弃。

我们建议像太太药业这样有资本、有抱负的厂家，在决定是否进入一个市场时，先做一个理性的分析和长期的规划，根据市场吸引力的评价因素来分析、决定是否投入。在市场增长缓慢的情况下，不妨深做重点区域，市场推广资金分两三年投入下去，沉淀出扎实的市场基础，待市场成熟后再发力，一定可以有更好的前途。

资料来源：胡振林. 市场调研、预测与决策分析[D]. 武汉大学硕士学位论文，2005.

思考：太太药业的市场预测失误之处主要体现在哪些方面？

实施了市场调查活动之后，将市场调查资料进行整理和初步分析，最后以频数分布表和统计分析图的形式对调查资料进行了列示，如果想进一步获得预测数据，还必须以这些资料为基础，运用预测方法对相关内容进行预测分析。

市场预测是在市场调查的基础上，利用数据资料或以往经验，对事物未来的发展趋势做出预测的活动，是市场调查的延伸工作。市场预测的方法根据是否采用数学模型分为定性预测法和定量预测法。其中，定性预测法有综合意见法、德尔菲法、头脑风暴法，它们具有不同的优缺点和应用范围，在很多领域得到广泛应用。

定性预测法是指依靠熟悉业务知识、具有丰富经验和综合分析能力的专家，根据已掌握的信息资料、个人经验和分析判断能力，对事物的未来发展做出判断后，再综合各方面的意见，对事物未来的发展做出预测的方法。

定性预测适用于数据资料掌握不充分、影响因素复杂或对主要影响因素难以进行数量分析的情况。定性预测注重对事物发展性质的预测，灵活简单，省时省力。但是，定性预测易受主观因素的影响，易受预测者知识、经验和能力的束缚，缺乏对事物发展数量上的精确描述。下面介绍几种常用的定性预测方法。

任 务 一 综合意见法

一、综合意见法的含义和特点

综合意见法也称集合意见法，是指将相关人员集中起来，对市场调查和预测的目标进行分析和讨论，并做出个人判断，通过对各预测值的综合统计处理，得出最终市场预测结果的方法。

综合意见法能够集合多数人的意见，利用集体的经验和智慧，避免个人经验判断的片面性，提高了预测的准确性与可靠性。

二、综合意见法的实施步骤

▶ 1. 组成预测小组，提出预测要求

选择若干熟悉预测对象的人员组成预测小组，并向预测小组成员提供预测对象的相关资料，提出预测目标和预测要求。

▶ 2. 预测小组进行预测

预测人员根据预测目标和预测要求，凭借个人的经验和智慧对预测对象进行预测，在分析时尽量将定性分析与定量分析相结合，最终提出个人的预测值，并说明预测的方法与依据。在每个成员的预测结果中要确定三个要点，如果是预测某产品未来销售量，即要确定以下三个要点：

（1）确定未来该产品市场的可能状态；

（2）确定每种市场状态出现的概率（主观概率）；

（3）确定每种状态下产品销售量可能达到的水平（状态值）。

▶ 3. 收集预测值并进行统计

组织人员收集每个预测人员的预测值，并计算其预测的期望值。期望值等于各项主观概率与状态值的乘积之和。

▶ 4. 对不同的预测人员的预测值赋予权重

由于预测人员对市场的了解程度和经验不同，他们对最终预测结果的影响程度也不同。为了达到最高的准确性，要对预测人员的预测值分别给予不同的权数表示这种预测差异，然后再采用加权平均法计算最终预测值。如果各位预测人员的预测值所占权重相同，即各位预测人员对预测结果的影响程度相同，则直接采用算术平均法计算最后的预测值。

▶ 5. 确定最终预测值

略。

三、常用的综合意见法

（一）经理判断意见法

经理判断意见法就是将熟悉企业和市场发展情况的各部门经理或负责人聚集起来，组成预测小组，对市场的某个问题发表意见，进行分析判断，最后将大家的意见进行综合处理得出预测值的方法。

▶ **1. 经理判断意见法的优点**

（1）预测成本低，采用本方法只需较少的预测费用，成本低廉。

（2）简单易行，迅速及时，只需集合管理方面的人员进行定性预测，操作过程简单，不需要太长时间，预测速度快。

（3）经理判断意见法综合了熟知市场情况且有经验的管理人员的预测意见，发挥集体智慧，预测结果较为可靠。

（4）经理判断意见根据管理者的经验进行判断，不需要大量的统计资料，更适用于不可控因素较多的预测场合。

▶ **2. 经理判断意见法的缺点**

（1）主观性。经理判断意见法的预测过程是综合分析个人经验的过程，预测结果具有一定的主观性。

（2）片面性。经理判断意见法主要集中了企业内部的有经验的管理人员进行分析判断，忽视了市场变化和消费者的意见。在市场变化较快，消费者的需要发生变化时，这种方法的预测准确性较低。

【例 9-1】某电子产品生产企业，组织甲、乙、丙三位厂长进行销售量预测，他们根据个人的经验和知识，对企业产品未来一年的销售状况进行了预测，得到预测值，如表 9-1 所示。

表 9-1　三位厂长销售预测值统计表　　　　　　　　　　单位：万件

厂　长	销售情况较好		销售情况中等		销售情况较差		期　望　值
	销售预测值	概率	销售预测值	概率	销售预测值	概率	
甲	200	0.1	150	0.8	130	0.1	153
乙	300	0.3	200	0.5	150	0.2	220
丙	280	0.2	200	0.7	180	0.1	214

表 9-1 中，每个厂长根据自己的经验预测了未来一年企业产品销售情况较好、中等和较差时，产品销售预测值及每种值可能出现的概率，根据每种预测值出现的概率，计算甲、乙、丙三位厂长的期望值：

$$甲厂长期望值 = \frac{200 \times 0.1 + 150 \times 0.8 + 130 \times 0.1}{0.1 + 0.8 + 0.1} = 153（万件）$$

$$乙厂长期望值 = \frac{300 \times 0.3 + 200 \times 0.5 + 150 \times 0.2}{0.3 + 0.5 + 0.2} = 220（万件）$$

$$丙厂长期望值 = \frac{280 \times 0.2 + 200 \times 0.7 + 180 \times 0.1}{0.2 + 0.7 + 0.1} = 214（万件）$$

根据各位厂长在企业的地位、作用和权威不同，假定乙厂长是主管市场营销业务的，其预测方案具有较大权威性，给予较大的权数 2，对甲厂长和丙厂长的预测方案给予较小的权数 1，则本次厂长预测的综合预测值 $= \frac{153 \times 1 + 220 \times 2 + 214 \times 1}{1 + 2 + 1} = 201.75（万件）$。

（二）销售人员意见法

销售人员意见法是指将各地区的销售代表或普通销售人员集合起来，组成预测小组，对某产品的销售状况进行预测的一种综合意见法。由于销售人员是最接近消费者的人员，能够直接了解消费者的需求倾向，以及不同花色、品种、规格、式样产品的销售状况，因此对产品的相关情况进行预测时，销售人员的预测意见具有较强的影响力。

▶ **1. 销售人员意见法的优点**

（1）简单易行。

（2）能反映消费者需求情况。销售人员是顾客的直接接触者，甚至是消费者意见的最直接接收者，因此，销售人员对消费者的意向有较深刻的了解，对市场有很敏锐的洞察力，预测结果能够反映消费者的意见。

（3）销售人员意见法可应用于商品销售量预测，商品需求量预测，消费者对产品花色、品种、规格的需求预测。

反映消费者意见的预测都可以采取这种方法，应用范围较为广泛。

▶ **2. 销售人员意见法的缺点**

（1）片面性。销售人员可能对宏观经济形势及企业的总体规划缺乏了解，只能从微观情况出发进行预测，降低了预测的准确性。

（2）存在误差。销售人员受知识、能力和经验所限，其预测判断存在误差，预测意见受情绪的影响较大。

（3）主观性。当预测任务关系销售人员利益时，预测意见可能带有很大的主观性。例如，有些销售人员为了能超额完成下年度的销售配额指标，获得奖励或升迁机会，可能会故意压低预测值。

（4）销售人员的预测积极性不高。很多销售人员对预测任务不感兴趣，给出预测值时非常草率，导致预测误差比较大。

（三）顾客意见法

顾客意见法是指对消费者在未来购买某种商品的意向进行调查，根据多名消费者的意向调查，对该商品的需求量或销售量做出量的推断。顾客意见法的基本原理是凭借多名消费者购买商品的决策倾向，反映他们未来对商品的需求状况，以此来对商品未来的销售状况进行预测。

顾客意见法与市场调查中的消费者意见调查有相似之处，它也通过编制问卷、抽取样本、调查实施、统计分析等程序进行预测，但它的目的不仅是进行市场调查，还包括进行定性预测。由于顾客意见法所得结论的准确性较低，大多时候是作为参考资料，因此，顾客意见法一般作为其他定性预测方法的辅助，而不单独使用进行定性预测。

任务二 德尔菲法

一、德尔菲法的含义

德尔菲法是在 20 世纪 60 年代初由兰德公司提出的，是为了避免集体讨论存在的屈从于权威或盲目服从多数的缺陷而提出的一种定性预测方法。

德尔菲法又名匿名专家意见法，是运用匿名的方式反复多次征询专家意见，进行背靠背的交流，充分发挥专家们的智慧、知识和经验，经过反复征询、归纳、修改，最后汇总成基本一致的看法，作为预测结果的方法。由于通过多轮次、背对背的调查，专家对问卷所提问题的看法不受他人影响，得出的预测结果较为可靠。

二、德尔菲法的特点

德尔菲法由于其独特的特点，在进行定性预测时，具有较广的应用范围。

▶ 1. 德尔菲法的优点

（1）准确性高。

（2）具有专业性，充分利用专家的经验和学识进行预测。

（3）匿名性。采用背靠背的方式进行意见的征询，每一位专家独立、自由地做出判断，专家之间互不联系，保证了意见的客观性和创新性。

（4）收敛性。专家给予意见回执后，马上进行分类汇总，并及时反馈给专家，以便他们分析判断，直到大家的意见达成一致。这种方法对于解决涉及利益的敏感问题，有困难的、有争论性的和带有感情色彩的问题具有独特的效果。

▶ 2. 德尔菲法的缺点

（1）难以控制和掌握专家的回答情况和回答态度。如果专家时间紧张或工作较忙，则有可能回答问题时比较草率。

（2）存在一定的主观性。专家提出自己的预测意见后，组织者要对各种意见进行统计处理，但由于多采用主观判断法进行统计处理，预测值存在一定的主观性。

（3）专家选择难度大。由于轮番征询次数较多，反馈时间较长，有的专家可能因工作或其他原因而中途退出，影响预测的准确性，因此，专家的选择存在难度。

（4）不适用于短期预测。由于整个德尔菲法的实施需要较长时间的反馈与综合，因此不适用于时间要求较短的预测。

（5）过程复杂，耗时长。

尽管如此，德尔菲法由于其独特的背靠背征询意见的方式，在很多时候，仍不失为一种有效的定性预测法。

三、德尔菲法的作用

市场经济中充满了不确定因素和未知事件，准确的市场预测为决策提供了可靠的依据，德尔菲法对企业的正确经营管理和决策发挥了重要的预测作用，主要体现在以下几个方面。

▶ 1. 为开发新产品提供依据

通过德尔菲法进行长期销售预测，可以了解产品目前所处的生命周期，从而为新产品的开发提供依据。

▶ 2. 为编制生产计划及采购计划提供依据

根据德尔菲法的预测编制销售计划，并根据预测值制订年度和月度生产计划以及采购计划。

▶ 3. 德尔菲法的预测值为企业投资计划及人事计划提供参考

通过德尔菲法对销售量的预测，可以为企业未来的投资方向和人事安排提供参考资料。

▶ 4. 为定价策略的制定提供依据

根据销售量和市场占有率的预测值，为企业制定正确的价格策略提供依据。

▶ 5. 为库存量的确定提供依据

正确的销售预测可以指导企业库存不会出现生产过剩或库存不足的现象。

四、德尔菲法的操作步骤

▶ 1. 确定预测主题，拟订征询提纲

预测之前必须明确本次预测的目的和主题，并根据预测目标列出含义明确的征询问题，对所询问的程序和问题列出提纲，以利于预测的顺利进行。

▶ 2. 选择专家，组成专家小组

尽量选择本领域的专家，并尽量选择在理论和实践方面都比较权威的专家。专家的数量一般不超过 20 人，专家人数太少不利于预测的准确性，专家人数太多会延长预测时间，加大预测的工作量。

▶ 3. 专家首次预测

以通信方式向各位专家发出调查表、相关背景资料和其他材料，使各位专家明确预测的目的、时间期限以及调查表的填写要求，并要求专家背对背地发表各自的观点，进行预测。

▶ 4. 首次预测总结

对专家首次预测的结果进行反馈，并及时整理和统计，进行对比、分析整理之后，将整理结果提供给大家，进行第二轮预测，并要求专家对别人的意见做出评价。这一轮预测还要询问专家需要哪些新资料，收集这些资料提供给专家，并对再次预测提出要求。

▶ 5. 轮番征询专家意见

轮番征询专家意见是德尔菲法的主要环节，一般每一轮征询时间为 7～10 天，经过三、四轮征询之后，当各位专家的意见趋于一致时，结束征询。

▶ 6. 分析总结

最后对预测结果进行统计分析，并计算最后的预测值，最好能以图表的形式给出预测值。

五、德尔菲法实施的注意事项

▶ 1. 灵活掌握德尔菲法的实施步骤

对于有些问题的预测，也许经过三轮征询就得出了趋于统一的意见，这时候可不必再次进行第四轮征询。

▶ 2. 保证专家的匿名性

专家的匿名性不仅指每种观点上不标注专家姓名，更重要的是指专家之间互不知情，要完全杜绝专家间的横向联系，以保证德尔菲法的客观性。

▶ 3. 专家的选择要基于其对企业的了解程度

针对企业的问题进行预测，既可以选择高层管理人员，也可以选择一线的管理人员或者外请专家，取决于专家对企业的了解程度。例如，在预测企业未来劳动力需求状况时，企业可以选择人事部门、计划部门、市场开发部门、生产及销售部门的一线经理作为专家，也可以选择高层领导人或社会专家组成预测小组，根据他们对企业的了解程度进行选择。

▶ 4. 提供的资料要详细

每次预测都要根据预测主题，为专家提供充分的背景资料，使其有足够的依据做出判断。首次预测还要附加填表说明和预测要求。轮番征询时，也要轮番询问专家是否需要其他资料并及时提供，如果有新的要求，要及时向专家说明。

▶ 5. 过程尽量简化

调查表应准确表达意思，不询问与调查无关的问题，所提问题应是专家能够回答的问题，允许专家粗略地估计数字，不要求精确。

▶ 6. 结果不统一时，应采取进一步的统计整理方法

向专家说明预测对于企业的意义，并争取得到他们的支持。如果轮番征询后仍然没有得出统一意见，也可以用中位数和上下四分位数来做结论。事实上，很多情况下的预测结果都是不统一的，还需要进一步的统计整理。

任 务 三 　头脑风暴法

一、头脑风暴法的含义

头脑风暴法又称智力激励法、自由思考法，是由美国创造学家 A. F. 奥斯本于 1939 年首次提出、1953 年正式发表的一种激发性思维方法。"头脑风暴"一词的含义是"无限制的自由联想和讨论"，其目的在于激发人们在自由联想和讨论的过程中出现新观念或新设想。

实施头脑风暴法的关键在于以会议的形式让与会者敞开思想，使各种设想在相互碰撞中激起创造性的思维风暴。该方法是保证群体决策的创造性，激发最具创新性的意见和观点，改善群体决策质量的典型方法。

本书把头脑风暴法的含义界定为：集合相关专家，采用会议形式，在一定时间内围绕某个中心议题，广开言路，畅所欲言发表各自的观点，激发创造性思维的一种方法。整个过程就像在专家头脑中掀起一场风暴，因此，称为头脑风暴法，又称畅谈法、集思广益法。

二、头脑风暴法的特点

头脑风暴法作为集合群体智慧的有效方法，被广泛地应用到各行各业进行问题分析和

决策制定，在市场预测中的应用也越来越多。头脑风暴法的特点主要体现在以下几个方面。

▶ 1. 头脑风暴会议时间较短

一般情况下，头脑风暴会议的时间只有一小时左右，这是根据人的思维特点安排的，时间太长会产生疲倦感，不利于创造性思维的出现。

▶ 2. 头脑风暴会议得出的意见是专家意见的综合和改善

头脑风暴会议上提出的各种想法，会在大家的讨论中不断完善和改进，最后得出的创新想法是集体智慧的结晶。

▶ 3. 头脑风暴会议讲究即兴发言

头脑风暴会议上各位专家的发言不是事先准备好的，而是在会场上的即兴发言，以此来激发专家的创新思维。

▶ 4. 头脑风暴会议气氛自由

头脑风暴会议要求大家打破常规，不要受到习惯性思维的限制，畅所欲言，各抒己见。即使是不合理的想法，也要提倡，不打击。

▶ 5. 头脑风暴会议根据所探讨问题的大小可以多次进行

如果问题复杂，可以分为几次头脑风暴会议进行分阶段讨论，最后再总结汇总。

三、头脑风暴法的种类

头脑风暴法根据其开展过程的特点不同，可分为直接头脑风暴法和质疑头脑风暴法。前者是在专家群体决策的基础上尽可能激发创造性，产生尽可能多的设想的方法；后者则是对前者提出的设想、方案逐一质疑，对方案的现实可行性进行评估的方法。直接头脑风暴法就是我们通常所说的头脑风暴法，如果不加特别说明，本书中所指的头脑风暴法就是直接头脑风暴法。

直接头脑风暴法是质疑头脑风暴法的前提和基础，只有经过直接头脑风暴法得出一系列的创造性想法和方案之后，才能够对这些想法和方案进行质疑。质疑头脑风暴法是直接头脑风暴法的必要补充，提高直接头脑风暴法所得想法和方案的可行性，是保证群体决策正确性、可行性的必要步骤。

四、头脑风暴法的操作步骤

（一）会前准备阶段

▶ 1. 明确会议议题

头脑风暴会议策划方应明确会议议题，设定会议要解决的问题，弄清问题的实质，并提前对要讨论的问题进行研究，收集相关资料。

▶ 2. 确定会议参加人

选定参加头脑风暴会议的专家人数和人员，人数一般以 8～12 人为宜，不宜太多。所选专家应是所讨论问题的专业人员，也可选择一些研究领域较广泛的专家，总体上要根据所讨论的问题和实际情况进行专家选择。除了专家的选择，还要确定主持人和记录人员，记录工作也可由主持人负责。

▶ 3. 确定时间、地点

确定时间、地点，并提前通知专家做准备。

(二) 会议进行阶段

▶ 1. 热身阶段

热身阶段是会议的开始阶段，是主持人活跃现场气氛的时候，要求主持人创造一种自由、宽松、活跃的会议氛围，使大家以一种无拘无束的状态进入议题讨论。

主持人在宣布开会之前，先说明会议的规则，然后以有趣的话题引入要讨论的问题，使大家的思维处于轻松和活跃的状态。会议氛围越是轻松活跃，头脑风暴的效果就越好。

▶ 2. 说明问题

主持人扼要地介绍有待解决的问题。介绍时应简洁、明确，过多的信息会限制人的思维，干扰创新思维的激发。

▶ 3. 初步讨论阶段

请各位专家阐述各自的观点和想法。主持人或记录人员记录大家的发言。

▶ 4. 重新表述问题

主持人和记录人员通过对各位专家的意见进行整理和归纳，总结出有创意的见解和方案，并把总结内容宣读给在场专家，以便大家进一步向着一个方向畅谈。主持人不仅要激发大家的创新性思维，还要把大家的思维紧紧地拉拢在所研究和探讨的问题上。

▶ 5. 畅谈阶段

畅谈阶段是出现创意的阶段。在事先制定的规则下，引导大家自由发言，彼此相互启发，相互补充，真正做到畅所欲言，然后将会议发言记录进行整理。

(三) 会后补充阶段

▶ 1. 补充阶段

会议结束后的一两天内，主持人应向与会者询问会后有无新想法和新思路，以补充会议记录。

▶ 2. 筛选阶段

补充阶段结束后，将大家的想法整理成若干方案，再根据各个方案的可识别性、创新性、可实施性等标准进行筛选。经过多次反复比较和筛选，最后确定 1～3 个最佳方案。这些最佳方案往往是多种创意的优势组合，是会议专家集体智慧综合发挥的结果。

▍五、头脑风暴法的实施要点

(一) 专家人选的确定

所谓专家，是指在某一特定领域具有专门技能、知识和经验的个人或组织，因此，组织专家进行预测具有一定的准确性。头脑风暴法的应用过程中，专家的选择主要考虑以下几个方面。

▶ 1. 人数限制

在数目上，专家人数一般以 8～12 人为宜，也可略有增减（5～15 人）。与会者人数太少不利于交流信息、激发思维，而人数太多则不容易掌控会议时间，并且每个人发言的机会相对减少，也会影响会场气氛。只有在特殊情况下，与会者的人数可不受上述限制。

▶ 2. 专业限制

要尽量选择相关专业领域的专家，同时这些专家还应具有较高的分析能力、演绎能力和归纳总结能力，不仅在学术上有较深的造诣，在逻辑分析和方法论的应用上也应具有较强的能力。同时，头脑风暴会议的参加者不应固定在某一领域，也可以选择一些不同背景的参会者，不同背景的参会者或许能提供不同的信息，为会议增添创新元素。

▶ 3. 级别限制

在专家的职位级别上，具体考虑以下原则：如果参加者相互认识，要从同一职位（职称或级别）的人员中选取。领导人员不应参加，否则可能对参加者造成某种压力；如果参加者互不认识，可从不同职位（职称或级别）的人员中选取。开会时不应宣布参加人员职称，不论成员的职称或级别的高低，都应同等对待。

（二）主持人的任务和技巧

▶ 1. 对主持人的要求

主持人应对所研究问题有全面的了解，并且熟知头脑风暴法的操作程序和规则，具有较强的逻辑演绎和总结归纳能力，并且能够随机应变，调节会议气氛。

▶ 2. 主持人的任务

主持人是控制会议进程、促进头脑风暴进行的关键人物。他的主要任务是在头脑风暴会议开始时介绍讨论的议题、讨论规则，在会议进程中启发引导，掌握进程；在会议进行到一定阶段时，总结归纳发言的核心内容，通报会议进展情况，提出自己的设想，激发专家思维；活跃会场气氛，安排会议进程。

▶ 3. 主持人的技巧

（1）善于营造活跃的会场气氛。可以采取小幽默、小例子的形式创造轻松的讨论气氛，为专家思维的自由碰撞创造条件。

（2）点名发言，创造均等机会。主持人点名让参会专家轮流发言，并有意控制每个人的发言时间。

（3）保持中立的态度，使用中立的语言。主持人要用中立的语言语气、微笑点头等行为鼓励与会者多出想法。对每个参会者的发言都不做评论，只做进一步的引导，激发思维的进一步深入。可以用"请解释一下你的意思""请详细说一下你的想法"等语句，但禁止说"这样不可能""太离谱了""这个想法好"等评论性的语言。

（4）鼓励多出点子。强调数量要求，对每一位会议参加人规定发表观点的数量，使大家产生压力，以鼓励多出想法。

（5）使用发言板。为每一位参会者准备一个书写板，方便大家书写整理自己的思路，也可准备一个公共的发言板，让大家轮流写出各自的意见，可以根据实际需要选择不同的方法。一般情况下，为每人准备一个发言板，更有利于各位专家思路的整理和观点的综合。

（6）能够控制会议的高潮和低谷。在大家思维激荡的时候，应积极地促进大家观点的发表和进一步的畅想，并做好总结和记录。在会议的低谷，大家的思维出现暂时停滞时，组织专家进行休息、散步、唱歌或喝水等调整活动，之后再进行畅想和讨论。

（三）会议时间的掌握

会议时间由主持人灵活掌握，不宜会前硬性规定。经验表明，创造性较强的设想一般在会议开始 10～15 分钟后逐渐产生，因此，会议时间最好安排在 40～60 分钟，时间太短，难以达到畅所欲言的效果，时间太长容易导致疲劳，反而得不偿失。在创造性思维不断产生的时候，应适当延长会议时间；相反，如果预定时间还没有到，但是 10 分钟内仍然没有新主意和新观点出现，会议可暂告一段落。

（四）会议纪律的制定

要达到头脑风暴法的预期目的，参会人员必须遵循会议的纪律和规则。

（1）注意力集中并积极投入，不消极旁观。

（2）不准私下议论，以免分散注意力。

（3）只谈自己的想法，不评论别人的想法。

（4）发言开门见山，简洁明了，一次发言只谈一种见解。

（五）不可忽视记录员

头脑风暴会议需要设置 1 名记录员。记录员的主要任务是将与会者的所有想法进行及时整理记录，不可主观修改别人的观点，并且最好记录在大黑板等醒目处，方便参会者看清楚。

（六）选择适宜的会议环境

实施头脑风暴法，应选择整洁、简单、没有外界打扰的环境。会场最好布置成圆形或者 U 形，创造平等的参会氛围，有利于大家在公平的环境中自由讨论和畅想。

六、头脑风暴法的原则

头脑风暴法在使用中有五个原则：自由畅想、会后评判、追求数量、一律平等及改进补充，这些原则就是为了鼓励多出主意，出新主意。在市场预测中，应用头脑风暴法不仅可以避免一言堂，还可以碰撞出创新的火花，该方法已经成为市场预测中一种常用的定性预测方法。

▶ 1. 自由畅想

参会者在自由、活跃的气氛中，尽量放松思维，让思维自由驰骋，针对问题，从不同方向和角度大胆设想，尽可能地标新立异，即使是荒唐的想法也要第一时间提出来，在这样的情况下，尽可能地多提设想和方案。

▶ 2. 会后评判

头脑风暴会议进行时，不容许任何人对别人的想法和观点进行或好或坏的评论，所有的评判都放在会议结束后进行，一方面是为了参会者不受别人评判的影响，积极大胆发言；另一方面，也使头脑风暴会议有章可循，使工作安排合理。

另外，禁止在会议上对想法进行评判，包括发言者对自己想法的批评，有些人习惯用一些自谦之词，在头脑风暴会议上，也是禁止的。

▶ 3. 追求数量

追求数量是头脑风暴会议的首要任务，该方法认为，会上提出的方法和设想越多，创造性的想法也就越多，头脑风暴会议得出观点的质量也就越高，因此，整个会议要求各位参会者尽可能多地提出新设想、新方案。

▶ 4. 一律平等

平等，一方面指参会人地位的平等，不论领导还是员工，都有自由发表意见的权利；另一方面，更重要的是指"新想法"的平等。记录人员对参会人的意见应以完全忠诚的态度去记录，即使是荒诞的想法也要认真完整地记录，因为这个荒诞的想法也许正是创造性思维的来源和启发。

▶ 5. 改进补充

鼓励大家自由畅想的目的是最终能综合出一个或几个有创造性的、可实施的想法。因此，在会议进程中，主持人要积极引导参会人员综合大家的意见，对他人的意见和观点进行补充、改进，以便最终提出几个有创造性的、集合众人智慧的想法或方案。

案例分析

20世纪60年代以前，"日本制造"往往是"质量差的劣等货"的代名词，首次进军美国市场的丰田汽车，同样难逃美国人的冷眼。丰田公司不得不卧薪尝胆，重新制定市场规划，投入大量人力和资金，有组织地收集市场信息，然后通过市场细分和对消费者行为的深入研究，去捕捉打入市场的机会。具体策略有两个：一是钻对手的空子。要进入几乎由通用、福特独霸的美国汽车市场，对初出茅庐的丰田公司来说，无异于以卵击石。但通过调查，丰田公司发现美国的汽车市场并不是铁板一块，随着经济的发展和国民生活水平的提高，美国人的消费观念、消费方式正在发生变化。在汽车的消费上，美国人已经摆脱了那种把车作为身份象征的旧意识，而是逐渐把它视为一种纯交通工具，许多移居郊外的富裕家庭开始考虑购买第二辆车作为辅助。石油危机着实给千千万万个美国家庭上了一堂节能课，美国车的大马力并不能提高其本身的实用价值，再加上交通阻塞、停车困难，从而引发对低价、节能车型的需求，而美国汽车业继续生产以往的高能耗、宽车体的豪华大型车，无形中给一些潜在的对手制造了机会。二是找对手的缺点。丰田定位于美国小型车市场，即便小型车市场也并非是没有对手的赛场，德国的大众牌小型车在美国就很畅销。丰田雇用美国的调查公司对大众牌汽车的用户进行了详尽的调查，充分掌握了大众牌汽车的优点与缺点。除了车型满足消费者需求之外，大众品牌高效、优质的服务网打消了美国人对外国车维修困难的疑虑；而暖气设备不好、后座空间小、内部装饰差是众多用户对大众汽车的抱怨。对手的空子就是自己的机会，对手的缺点就是自己的目标。于是，丰田把市场定位于生产适合美国人需要的小型车，以国民化汽车为目标，吸收其长处，克服其缺点，如针对美国人的需求进行改良的花冠小型车，性能比大众汽车高两倍，车内装饰也高出一截，连美国人个子高、手臂长、需要的驾驶室大等因素都考虑进去了。

资料来源：〔美〕苏珊. 现代策划学［M］. 北京：中共中央党校出版社，2002.

思考：丰田汽车进入美国市场的切入点是什么？他们是怎样预测到的？

课后实训

某手机企业要预测某型号手机在某省来年第一季度的销售量，该企业召集了负责该省销售工作的三名营销人员，请他们分别根据各自的经验对该型号手机的销售量做出估计，如表 9-2 所示。

表 9-2 手机营销人员预测的手机销售数据

营 销 人 员	估计销售量/万部		概率/%
甲	最高	900	20
	最可能	700	50
	最低	600	30
乙	最高	1 000	30
	最可能	900	60
	最低	800	10
丙	最高	700	20
	最可能	600	60
	最低	500	20

请运用销售人员意见综合法对该手机来年在某省第一季度的销售量做出预测。

项目十

实施定量预测

案例引入

在日常生活中，有时需要对未来可能发生的现象进行预测。我们可以把历史数据按照时间顺序排列起来进行分析、归纳、总结，从中得出一些规律，并利用这些规律进行预测。例如，某地区历年小汽车保有量的统计数据如表 10-1 所示。

表 10-1 某地区历年小汽车保有量的统计数据   单位：万辆

年份	2000	2001	2002	2003	2004	2005	2006	2007	2008	2009	2010	2011	2012	2013
小汽车保有量	139.9	151.3	169.8	189.9	212.4	229.6	258.3	312.8	350.4	401.9	480.9	498.4	501.7	539.8

思考：如何根据历年的数据预测未来几年该地区的小汽车保有量？

市场预测分析时，除了可采用简单易行的定性预测法以外，还可采用准确性较高的定量预测法。为了获得科学、准确的预测数据，需要建立数学模型、运用统计软件，分析计算预测值。定量预测法是根据较为全面的历史和现状资料，通过建立数学模型，找出预测目标与其他因素的规律性联系，对事物的发展变化进行量化推断的方法。

任务一 时间序列预测法

一、时间序列预测法概述

（一）时间序列的含义和类型

时间序列是指某一经济现象的指标值按照时间先后顺序排列而成的数列。例如，某公司 2010—2018 年每年的产品销售量记录就组成一个时间序列。通过将某种现象的数量变化按照时间的先后顺序排列，揭示这一现象随时间推移的发展变化规律，从而预测该经济现象的发展方向。

根据时间序列的发展变化以及数据指标在散点图上呈现的变化趋势，时间序列分为以下几种类型。

▶ 1. 水平型时间序列

水平型时间序列是指整体序列无明显变化趋势，整体水平相对稳定的时间序列。水平型时间序列的走势无倾向性，后序值既不倾向于逐步增加，也不倾向于逐步减少，总是在某一水平上下波动，且波动不大、无规律性，故水平型时间序列又称稳定型时间序列或平稳型时间序列。

通常，呈现水平型时间序列的经济现象有日用生活必需品的销售量、耐用消费品的开箱合格率、耐用消费品的返修率等。

▶ 2. 季节型时间序列

季节型时间序列是指整体序列的变化趋势按照日历时间周期起伏波动的序列，即在某日历时间段内，时间数列的后序值逐步向上，到达顶峰后逐步向下，探谷底后又逐步向上，周而复始。因为最初研究产生于伴随一年四季气候变化而出现的经济现象，故称为季节型时间序列。其实，这里的"季节"可以是一年中的四季、一年中的 12 个月、一月中的 4 周、一周中的 7 天等，只要呈现类似季节变动的现象，就可以利用季节型时间序列进行分析。

通常，呈现季节型时间序列的经济现象有啤酒、雪糕、羊绒衫等与气候有关的季节性商品的季度或月度销售量。

▶ 3. 循环型时间序列

循环型时间序列是指变动周期不固定的周期变动。序列的变化呈现周期变动，但是变动周期不固定，可能是两年或数年，例如商业周期、资本主义社会的周期性经济危机等。

▶ 4. 直线趋势型时间序列

直线趋势型时间序列是指变化趋势呈现直线变化的序列。时间序列的后序值逐步增加或逐步减少，呈现一种向上或向下的线性趋势，相当于给水平型时间数列一个斜率。常见的直线型时间序列有某新产品的销售量、某段时期的人均收入等。

▶ 5. 曲线趋势型时间序列

曲线趋势型时间序列是指呈现不规则的、随机的变化趋势的序列。这种时间序列的变动倾向不固定，不发生周期性变化，后序值增加或减少的幅度会逐渐扩大或缩小。它包括除以上四种变动趋势以外的一切变动，通常是由意外事件、偶然因素引起的。例如，战争、水灾、地震、测量误差等都会引起不规则变动，呈现曲线变动趋势。季节型时间序列和循环型时间序列是特殊的曲线趋势型时间序列。

（二）时间序列预测法的含义和特点

时间序列预测法就是指运用统计方法，编制和分析时间序列，找到时间序列发展变化的规律性，并将时间外推或延伸，以预测经济现象未来发展趋势的一种预测方法。这种方法将预测目标的影响因素都综合到"时间"这一要素上来，通过对时间的延伸，根据预测对象过去的发展规律，预测其未来发展趋势，因此，又称为历史延伸预测法、时间序列分析法。

根据时间序列预测法的基本预测思想，时间序列预测法主要有以下特点。

▶ 1. 假设时间序列过去的变化规律会延伸到未来

由于时间序列预测法用"时间"将所有的影响因素综合起来进行分析，因此，它的预测前提是假定某种经济现象过去的变化规律会延伸到未来，这是时间序列预测法的基本前提。

▶ 2. 以时间为主要指标进行统计分析

事物在发展过程中会受到很多因素的影响，时间序列分析法撇开了事物发展的因果关系，只从"时间"这一指标出发分析市场的过去和未来，这是时间序列分析法的一大特点。其实，从时间序列的类型可以看出，时间序列分析法并不是没有考虑其他影响因素，而是以时间为主要指标，综合所有其他影响因素的作用进行的分析预测。

▶ 3. 时间序列的变动趋势是综合因素影响的结果

时间序列根据影响因素的不同，会呈现不同的变动趋势，不同类型时间序列的变动趋势是综合多种因素的影响结果得出的。如果某经济现象主要受到稳定因素的影响，那么它很可能呈现直线变动趋势，而突然发生的地震、水灾会带来经济现象的不规则变动。

（三）时间序列预测法的分类

根据预测时期的长短，可分为短期预测、中期预测和长期预测。

根据资料分析方法，可分为平均预测法（包括简单算术平均数法、加权算术平均数法、简单移动平均法和加权移动平均法）、指数平滑法、趋势外推预测法、季节指数法等。

（四）时间序列预测法的实施步骤

第一步，编制时间序列。收集历史资料，加以整理并汇编成时间序列。

第二步，分析时间序列。时间序列的变动趋势是多种因素共同作用的结果，因此需要根据时间序列资料绘制散点图，分析确定时间序列的变化趋势，即时间序列的类型。

第三步，根据时间序列的变动趋势确定预测模型。

第四步，根据预测模型确定预测值。

二、平均预测法

（一）算术平均法

算术平均法指是对一定观察期内预测目标时间序列各期数值求平均数作为下期预测值的时间序列预测法。这种预测方法是时间序列预测法中最简单的一种预测方法，常常用于变动趋势较稳定的时间序列，例如没有季节性变化的粮油食品和日常用品的销售量序列。

算术平均法的计算公式为

$$Y_{n+1} = \frac{\sum Y_i}{n} = \frac{Y_1 + Y_2 + \cdots + Y_n}{n}$$

式中，Y_{n+1} 为第 $n+1$ 期预测值；Y_i 为第 i 期的实际值；n 为期数。

算术平均法分为简单算术平均法和加权算术平均法。

▶ 1. 简单算术平均法

简单算术平均法是将观测期内的时间序列数据的简单算术平均数作为预测值的预测方法。计算公式为

$$\overline{X} = \frac{x_1 + x_2 + \cdots + x_n}{n} = \frac{\sum x}{n}$$

式中，$\overline{X}$ 是算术平均数；X_i 是观测期内的观测值；n 是观测期，$i=1, 2, \cdots, n$。

【例10-1】某企业 2018 年 1—8 月销售额统计如表 10-2 所示，请运用简单算术平均法预测该企业 9 月的销售额。

表 10-2　某企业 2018 年 1—8 月销售额统计表　　　　　单位：万元

月　份	1	2	3	4	5	6	7	8	合计
销售额	200	320	280	230	245	300	400	450	2 425

解：$\overline{x} = \dfrac{\sum x}{n} = \dfrac{200 + 320 + 280 + 230 + 245 + 300 + 400 + 450}{8} = 303.125（万元）$

根据简单算术平均法，该企业 2018 年 1—8 月销售额的算术平均数 303.125 万元就可

以看作 9 月销售额的预测值。

这种方法的优点是计算简单易行，缺点是计算平均数时没有考虑各期观测值对预测值影响程度的大小，因而预测值与实际值往往会发生较大偏差，准确性低。

▶ 2. 加权算术平均法

在时间序列预测中，不同观测期的观测值与预测值的关联度是不一样的，距离预测期越近的观测值对预测值的影响越大，距离越远的影响越小。因此，我们可以根据每期观测值对预测值影响作用的大小，对每期观测值赋予不同的权数，采用加权算术平均法进行预测。

加权算术平均法就是对观测期内不同观测值，根据其对预测值的影响程度赋予不同的权数，将各观测值与权数相乘之和除以权数之和，求得加权平均数作为预测值的预测方法。计算公式为

$$\overline{X} = \frac{x_1 f_1 + x_2 f_2 + \cdots + x_n f_n}{f_1 + f_2 + \cdots + f_n} = \frac{\sum xf}{\sum f}$$

式中，$\overline{X}$ 是加权算术平均数；x_i 是观察期内的观测值；f_i 是各观测值的权数；n 是观测期，$i = 1, 2, \cdots, n$。

加权算术平均法计算的关键在于观测期观测值权数的正确赋值，一般在时间序列预测法中，由于事物发展的连续性，权重的赋值原则为离预测期越近权重越大，离预测期越远权重越小。

【例 10-2】某生产企业 2018 年 1—8 月销售额如表 10-3 所示，为了预测 9 月的销售额，特对 1—8 月的销售额分别赋予权重为 1、2、3、4、5、6、7、8，请运用加权算术平均法预测该企业 9 月的销售额。（保留小数点后两位）

表 10-3　某生产企业 1—8 月销售额统计表　　　　　　单位：万元

月　份	1	2	3	4	5	6	7	8
销售额	200	230	245	280	300	320	400	450

$$\overline{X} = \frac{\sum xf}{\sum f} = \frac{200 \times 1 + 230 \times 2 + 245 \times 3 + 280 \times 4 + 300 \times 5 + 320 \times 6 + 400 \times 7 + 450 \times 8}{1 + 2 + 3 + 4 + 5 + 6 + 7 + 8}$$

$$\approx 342.64 (万元)$$

所以，根据加权算术平均法，9 月的销售额预测值为 342.64 万元。

（二）移动平均法

移动平均法是在简单平均法的基础上发展而来的，是一种简单平滑预测技术。移动平均法是指根据时间序列资料逐期推移，以一定的跨越期依次计算跨越期内数据的算术平均值，保持跨越期不变，随着观测期的逐期推移，观测期内的数据也随之向前移动，最后将离预测期最近的一个平均数作为预测值。

移动平均法的优点是逐期移动平均，具有很强的"修匀"作用。当时间序列的数值由于受周期变动和随机波动的影响，起伏较大，不易显示出现象的发展趋势时，使用移动平均法可以消除这些因素的影响，显示出现象的发展方向与趋势，使预测值更为准确。

移动平均法的缺点是需要收集一定期限的数据资料，如果没有一定期限的观测值，移动平均就无法进行。

移动平均法根据移动平均的次数不同，可以分为一次移动平均法和二次移动平均法，一次移动平均法适用于变动趋势较为稳定的时间序列，如果时间序列的变动趋势不明显，经过一次移动之后，长期趋势仍然没有显现出来，就需要对时间序列再进行一次移动平均，即二次移动平均。这里主要介绍一次移动平均法。

一次移动平均法根据计算方法不同，又分为简单一次移动平均法和加权一次移动平均法两种。

▶ 1. 简单一次移动平均法

简单移动平均法是指对时间序列的观测值，按照一定的跨越期，连续计算算术平均数，并将时间数列向前移动，以最后一个算术平均数作为预测值的方法。计算公式为

$$\hat{y}_{t+1} = M_t = \frac{x_t + x_{t-1} + x_{t-2} + \cdots + x_{t-n+1}}{n}$$

式中，M_t 为移动平均数；n 为跨越期；x_1，x_2，x_3，$\cdots$，x_n 为时间数列的实际观测值；$\hat{y}_{t+1}$ 为第 $t+1$ 期的预测值，即 M_t。

【例 10-3】某电视生产企业 2018 年 1—10 月销售量统计如表 10-4 所示，假定跨越期为 3 和 5，试用移动平均法预测 11 月的商品销售量(取整数)。

表 10-4 某电视生产企业 1—10 月销售量统计表

月　份	电视销售量/台	一次移动平均数 M_t	
		$n=3$	$n=5$
1	200		
2	160		
3	170	177	
4	210	180	
5	230	203	194
6	240	227	202
7	250	240	220
8	260	250	238
9	250	253	246
10	280	263	256

解：以跨越期为 3 进行移动平均，得出移动平均值如表 10-4 第三列所示；以跨越期为 5 进行移动平均，得出移动平均值如表 10-4 第四列所示。具体计算过程如下。

当 $n=3$ 时：

第一个移动平均数为

$$\hat{y}_4 = M_3 = \frac{x_3 + x_2 + x_1}{3} = \frac{200 + 160 + 170}{3} \approx 177$$

第二个移动平均数为

$$\hat{y}_5 = M_4 = \frac{x_4 + x_3 + x_2}{3} = \frac{210 + 170 + 160}{3} = 180$$

……

当 $n=5$ 时：

第一个移动平均数为

$$\hat{y}_6 = M_5 = \frac{x_5 + x_4 + x_3 + x_2 + x_1}{5} = \frac{230 + 210 + 170 + 160 + 200}{5} = 194$$

第二个移动平均数为

$$\hat{y}_7 = M_6 = \frac{x_6 + x_5 + x_4 + x_3 + x_2}{5} = \frac{240 + 230 + 210 + 170 + 160}{5} = 202$$

……

通过移动平均计算，当跨越期是 3 时，该企业 11 月的商品销售量预测值为 263 台，当跨越期是 5 时，该企业 11 月的商品销售量预测值为 256 台。

那么，跨越期不同的情况下计算出的预测值哪一个更准确呢？需要对每种预测方法的标准差进行计算比较，标准差是指各预测值与实际值离差平方和的平均数的平方根，计算公式为

$$\sigma = \sqrt{\frac{\sum (x_i - \hat{y}_i)^2}{f}}$$

式中，x_i 为第 i 期的实际值；$\hat{y}_i$ 为第 i 期的预测值；f 为预测值的个数（不包括最后一个预测值）。

由公式可得，例 10-3 中，$\sigma_{n=3} = \sqrt{945}$，$\sigma_{n=5} = \sqrt{1\,912}$。

当 $n=3$ 时，虽然跨越期短，修匀效果差一些，但是标准差小，数据的离散程度就小，数据就越聚集，预测的准确性更强。因此，选择 $n=3$ 时的预测值为最终预测值。

总结：移动平均数组成的数列比实际值组成的数列的波动幅度小，长期趋势更为明显，可见移动平均法能够更好地揭示原时间序列的发展趋势，但跨越期选择的不同，也会带来不同的效果。一般情况下，在时间序列观测值数目一定的情况下，跨越期取值越小，得到的移动平均数越多，可以很好地观察时间序列的长期趋势，但是修匀效果较差；跨越期的取值越大，得到的移动平均数越少，长期趋势越模糊，但是对时间序列的修匀效果越强。因此，跨越期的选择要根据历史资料的特点来确定，已有时间序列波动较大时，跨越期取值应该大一些，会有更好的修匀效果，已有时间序列波动较小时，跨越期取值应该小一些，能够得到更好的长期趋势。

▶ 2. 加权一次移动平均法

在移动平均的过程中，跨越期内不同的观测值对预测值的影响程度是不同的，如果能对重要的观测值赋予较大的权数，预测值将更为准确。

加权移动平均法是指根据跨越期内不同的观测值对预测值的不同影响，赋予不同的权数，用观测值与权数的乘积之和除以权数之和作为加权移动平均数进行预测的方法。其计算公式为

$$\hat{y}_{t+1} = M_t = \frac{x_t \omega_1 + x_{t-1} \omega_2 + x_{t-2} \omega_3 + \cdots + x_{t-n+1} \omega_n}{\omega_1 + \omega_2 + \omega_3 + \cdots + \omega_n}$$

式中，M_t 为加权移动平均数；n 为跨越期；x_1，x_2，x_3，$\cdots$，x_n 为时间数列的实际观测值；$\hat{y}_{t+1}=M_t$ 为第 $t+1$ 期的预测值；ω_1，ω_2，$\cdots$，ω_n 为跨越期内各观测值对应的权数。

【例 10-4】承例 10-3，某电视生产企业 2018 年 1—10 月销售量统计如表 10-5 所示，假定跨越期为 5，对跨越期内各实际值由远及近赋予的权数为 1、2、3、4、5，试用加权移动平均法预测 11 月的商品销售量（取整数）。

表 10-5 某电视生产企业 1—10 月销售量统计表

月 份	电视销售量/台	权数 ω_i	一次加权移动平均数 $M_t(n=5)$
1	200	1	
2	160	2	
3	170	3	
4	210	4	
5	230	5	201
6	240	6	217
7	250	7	233
8	260	8	246
9	250	9	250
10	280	10	261

解：以跨越期为 5 进行加权移动平均，得出加权移动平均值如表 10-5 第三列所示。具体计算过程如下。

当 $n=5$ 时，第一个加权移动平均数为

$$\hat{y}_6 = M_5 = \frac{230 \times 5 + 210 \times 4 + 170 \times 3 + 160 \times 2 + 200 \times 1}{1+2+3+4+5} \approx 201$$

第二个加权移动平均数为

$$\hat{y}_7 = M_6 = \frac{240 \times 5 + 230 \times 4 + 210 \times 3 + 170 \times 2 + 160 \times 1}{1+2+3+4+5} \approx 217$$

依此类推。

通过加权移动平均计算，当跨越期为 5 时，该企业 11 月的商品销售量预测值为 261 台。这一预测值由于考虑了实际观测值对预测值的不同影响，比简单移动平均法的预测值更准确。

三、指数平滑法

（一）指数平滑法的含义和公式

对于变动趋势具有稳定性或规律性的时间序列，随着时间的推延，一般情况下，最近的过去态势会延续到最近的未来，所以预测时应将较大的权数放在最近的资料上。在此思想的指导下，指数平滑法应运而生。

指数平滑法是指通过计算指数平滑值，配合时间序列预测模型进行预测的方法。其基

本原理是任一期的指数平滑值都是本期实际观测值与前一期指数平滑值的加权值，由于权数由近到远按照指数规律递减，故称为指数平滑法。

简单平均法是对时间序列的过去数据一个不漏地全部加以同等利用；移动平均法则不考虑较远期的数据，并在加权移动平均法中给予近期资料更大的权重，指数平滑法摒弃了简单平均法和加权移动平均法的缺点，不舍弃过去的数据，对时间序列赋予按照指数规律递减的权数，增加了预测的灵活性，适用于短期经济发展预测。

假设时间序列实际值为 x_1，x_2，x_3，$\cdots$，x_n，指数平滑法的基本公式为

$$S_t = \alpha x_t + (1-\alpha)S_{t-1}(t=1, 2, 3, \cdots, n)，\hat{y}_{t+1} = S_t$$

式中，S_t 为第 t 期的平滑值；x_t 为第 t 期的实际值；S_{t-1} 为第 $t-1$ 期的平滑值；$\hat{y}_{t+1}$ 为第 $t+1$ 期的预测值；α 为平滑系数，取值范围为 $[0, 1]$。

（二）指数平滑法的特点

▶ 1. 平滑系数 α

当 $\alpha=1$ 时，$S_t = x_t$；当 $\alpha=0$ 时，$S_t = S_{t-1}$。当 $0 \leqslant \alpha \leqslant 1$ 时，S_t 是 x_t 和 S_{t-1} 的加权平均数。平滑系数 α 越接近于 1，远期实际值对预测值的影响程度越小；平滑系数 α 越接近于 0，远期实际值对预测值的影响程度越大。

根据实践经验总结，α 的选择应遵循以下原则：

（1）当时间序列呈现相对平稳的变化趋势时，可取较小的 α 值，如 0.1～0.3；

（2）当时间序列波动较大时，α 应取中间值，如 0.3～0.5；

（3）当时间序列具有明显的上升或下降趋势时，α 应取较大值，如 0.6～0.9，加大近期值的影响力。

在实际计算中，要选取多个 α 值进行计算并检验误差的大小，选择误差最小的 α 值进行预测。

▶ 2. 指数平滑法考虑时间序列的全部数据

因为对所有的时间序列数据进行加权计算，指数平滑法比加权移动平均法更合理。

▶ 3. 计算相对简单

尽管指数平滑法进行预测时考虑了所有时间序列数据对预测值的影响，但在实际计算时，却仅需要两个数值，即 x_t 和 S_{t-1}。利用 Excel 进行计算统计时，需要的历史数据不多，为预测带来了很大的方便。

▶ 4. 灵活确定初始值

指数平滑值数列的初始值是 S_0，它是第一个指数平滑值，用公式无从计算，只能进行定性估计。一般情况下，如果时间序列的观测期 n 大于 15，初始值对预测值的影响程度较低，可以直接把第一期实际值作为初始值；如果时间序列的观测期 n 小于 15 或者更少，则需要进行简单的计算估计，一般取最初的三个实际值的简单算术平均数作为初始值。

（三）指数平滑法的分类

根据指数平滑的次数不同，指数平滑法分为一次指数平滑法、二次指数平滑法和多次指数平滑法。下面举例说明一次指数平滑法和二次指数平滑法的计算步骤。

▶ 1. 一次指数平滑法

当时间序列变化趋势较为平稳时，可采用一次指数平滑法进行预测。其预测公式为

$$S_t^{(1)} = \alpha x_t + (1-\alpha)S_{t-1}^{(1)} \ (t=1, \ 2, \ 3, \ \cdots, \ n), \quad \hat{y}_{t+1} = S_t^{(1)}$$

式中，$S_t^{(1)}$ 为第 t 期的一次平滑值，上标(1)表示一次指数平滑；$S_{t-1}^{(1)}$ 为第 $t-1$ 期的一次平滑值；x_t 为第 t 期的实际值；$\hat{y}_{t+1}$ 为第 $t+1$ 期的预测值；α 为平滑系数，取值范围为 $[0, 1]$。

【例 10-5】 某服装生产企业 2008—2017 年的服装销售额如表 10-6 所示，试用一次指数平滑法预测 2018 年的服装销售额，保留到小数点后两位（α 分别取 0.1、0.6、0.9）。

表 10-6　某服装生产企业 2008—2017 年服装销售额　　　单位：万元

年　份	2008	2009	2010	2011	2012	2013	2014	2015	2016	2017
销 售 额	400	500	650	700	650	550	600	710	750	700

解：第一步，确定初始值。

该例中时间序列的期数为 10 期，初始值对预测值的影响较大，取前三期实际值的算术平均数作为初始值。

$$S_0^{(1)} = \frac{400+500+650}{3} \approx 516.67 \text{（万元）}$$

第二步，选择平滑系数，计算各年一次指数平滑值。

根据题目要求，分别取 $\alpha=0.1$、$\alpha=0.6$、$\alpha=0.9$ 计算各年一次指数平滑值，可以利用 Excel 进行计算。

当 $\alpha=0.1$ 时：

$$S_1^{(1)} = \alpha x_1 + (1-\alpha)S_0^{(1)} = 0.1 \times 400 + 0.9 \times 516.67 \approx 505.00 \text{（万元）}$$
$$S_2^{(1)} = \alpha x_2 + (1-\alpha)S_1^{(1)} = 0.1 \times 500 + 0.9 \times 505.00 \approx 504.50 \text{（万元）}$$

依此类推，当 $\alpha=0.6$、$\alpha=0.9$ 时也按照这一公式进行计算，最后计算值如表 10-7 后三列所示。

表 10-7　一次指数平滑计算表　　　单位：万元

年　份	期数 t	销售额 x_t	平滑值 $S_t^{(1)}$		
			$\alpha=0.1$	$\alpha=0.6$	$\alpha=0.9$
初始值 $S_0^{(1)}$	—	—	516.67	516.67	516.67
2008	1	400	505.00	446.67	411.67
2009	2	500	504.50	478.67	491.17
2010	3	650	519.05	581.47	634.12
2011	4	700	537.15	652.59	693.42
2012	5	650	548.43	651.03	654.34
2013	6	550	548.59	590.41	560.43
2014	7	600	553.73	596.17	596.04
2015	8	710	569.36	664.47	698.60
2016	9	750	587.42	715.79	744.86
2017	10	700	598.68	706.31	704.49

第三步，误差分析，确定平滑系数。

通过计算各平滑系数下平滑值的平均绝对误差或标准差，对不同平滑系数下取得的平滑值进行误差分析，确定应选取进行预测的平滑系数。

$$平均绝对误差 = \frac{\sum |x_t - S_t^{(1)}|}{n}$$

误差分析计算如表 10-8 所示。利用 Excel 计算各平滑系数下平滑值的绝对误差及绝对误差和，见表 10-8 中第五、七、九列。

表 10-8　误差分析计算表　　　　　　　单位：万元

年　　份	期数 t	销售额 x_t	$\alpha = 0.1$		$\alpha = 0.6$		$\alpha = 0.9$	
			$S_t^{(1)}$	$\lvert x_t - S_t^{(1)} \rvert$	$S_t^{(1)}$	$\lvert x_t - S_t^{(1)} \rvert$	$S_t^{(1)}$	$\lvert x_t - S_t^{(1)} \rvert$
初始值 $S_0^{(1)}$	—	—	516.67	—	516.67	—	516.67	—
2008	1	400	505.00	105	446.67	46.67	411.67	11.67
2009	2	500	504.50	4.5	478.67	21.33	491.17	8.83
2010	3	650	519.05	130.95	581.47	68.53	634.12	15.88
2011	4	700	537.15	162.85	652.59	47.41	693.42	6.58
2012	5	650	548.43	101.57	651.03	1.03	654.34	4.34
2013	6	550	548.59	1.41	590.41	40.41	560.43	10.43
2014	7	600	553.73	46.27	596.17	3.83	596.04	3.96
2015	8	710	569.36	140.64	664.47	45.53	698.60	11.4
2016	9	750	587.42	162.58	715.79	34.21	744.86	5.14
2017	10	700	598.68	101.32	706.31	6.31	704.49	4.49
合计	—	—	—	957.09	—	315.26	—	82.72

表 10-8 中，$S_t^{(1)}$ 为不同平滑系数下的一次平滑值；$\lvert x_t - S_t^{(1)} \rvert$ 为不同平滑系数下一次平滑值的绝对误差。由表 10-8 可得以下平均绝对误差。

$\alpha = 0.1$ 时，平滑值的平均绝对误差为

$$\frac{\sum |x_t - S_t^{(1)}|}{n} = \frac{957.09}{10} = 95.709$$

$\alpha = 0.6$ 时，平滑值的平均绝对误差为

$$\frac{\sum |x_t - S_t^{(1)}|}{n} = \frac{315.26}{10} = 31.526$$

$\alpha = 0.9$ 时，平滑值的平均绝对误差为

$$\frac{\sum |x_t - S_t^{(1)}|}{n} = \frac{82.72}{10} = 8.272$$

通过比较，$\alpha = 0.9$ 时，一次平滑值的平均绝对误差最小，因此选择 $\alpha = 0.9$ 为平滑系数进行预测。

第四步，确定预测值。

根据一次平滑法的预测公式得 2018 年的销售额预测值为

$$\hat{y}_{11} = S_{10}^{(1)} = \alpha x_{10} + (1-\alpha)S_9^{(1)} = 0.9 \times 700 + 0.1 \times 744.86 \approx 704.49 (万元)$$

▶ **2. 二次指数平滑法**

当时间序列呈现线性变化趋势时，可采用二次指数平滑法进行预测。其计算公式为

$$S_t^{(1)} = \alpha x_t + (1-\alpha)S_{t-1}^{(1)} (t=1, 2, 3, \cdots, n)$$

$$S_t^{(2)} = \alpha S_t^{(1)} + (1-\alpha)S_{t-1}^{(2)} (t=1, 2, 3, \cdots, n)$$

式中，$S_t^{(1)}$ 为第 t 期的一次指数平滑值；$S_{t-1}^{(1)}$ 为第 $t-1$ 期的一次指数平滑值；x_t 为第 t 期的实际值；$S_t^{(2)}$ 为第 t 期的二次指数平滑值；$S_{t-1}^{(2)}$ 为第 $t-1$ 期的二次指数平滑值；α 为平滑系数，取值范围为 $[0, 1]$。

二次指数平滑法的预测模型为

$$\begin{cases} \hat{y}_{t+T} = a_t + b_t T \\ a_t = 2S_t^{(1)} - S_t^{(2)} \\ b_t = \dfrac{\alpha}{1-\alpha}(S_t^{(1)} - S_t^{(2)}) \end{cases}$$

式中，$\hat{y}_{t+T}$ 为第 $t+T$ 期的预测值；t 为期数；T 为由第 t 期到预测期的间隔期数；a_t、b_t 为第 t 期预测模型参数。

【例 10-6】承例 10-5，取 $\alpha=0.9$，试用二次指数平滑法预测 2018 年该企业的服装销售额（保留到小数点后两位）。

解：第一步到第四步与例 10-5 相同。

第五步，计算二次平滑值和二次平滑预测模型的参数 a_t、b_t，如表 10-9 后三列所示。

表 10-9　$\alpha=0.9$ 时的二次指数平滑计算表　　　　　　　单位：万元

年　份	期数 t	销售额	一次平滑值 $S_t^{(1)}$	二次平滑值 $S_t^{(2)}$	a_t	b_t
初始值 $S_1^{(1)}$	—	—	516.67	516.67	—	—
2008	1	400	411.67	422.17	401.17	−94.5
2009	2	500	491.17	484.27	498.07	62.1
2010	3	650	634.12	619.14	649.12	134.87
2011	4	700	693.42	685.99	700.85	66.86
2012	5	650	654.34	657.51	651.18	−28.49
2013	6	550	560.43	570.14	550.73	−87.37
2014	7	600	596.04	593.45	598.64	23.31
2015	8	710	698.60	688.08	709.12	94.64
2016	9	750	744.86	739.18	750.54	51.10
2017	10	700	704.49	707.96	701.02	31.22

初始值 $S_1^{(2)}$ 为 516.67，计算二次平滑值如第五列所示。

$$S_2^{(2)} = \alpha S_2^{(1)} + (1-\alpha) S_1^{(2)} = 0.9 \times 411.67 + 0.1 \times 516.67 = 422.17 (万元)$$

$$S_3^{(2)} = \alpha S_3^{(1)} + (1-\alpha) S_2^{(2)} = 0.9 \times 491.17 + 0.1 \times 422.17 = 484.27 (万元)$$

······

依此类推，计算 a_t 的值如第六列所示。

$$a_1 = 2S_1^{(1)} - S_1^{(2)} = 2 \times 411.67 - 422.17 = 401.17$$

$$a_2 = 2S_2^{(1)} - S_2^{(2)} = 2 \times 491.17 - 484.27 = 498.07$$

······

依此类推，计算 b_t 的值如第七列所示。

$$b_1 = \frac{\alpha}{1-\alpha}(S_1^{(1)} - S_1^{(2)}) = \frac{0.9}{1-0.9}(411.67 - 422.17) = -94.5$$

$$b_2 = \frac{\alpha}{1-\alpha}(S_2^{(1)} - S_2^{(2)}) = \frac{0.9}{1-0.9}(491.17 - 484.27) = 62.1$$

······

第六步，建立二次指数平滑预测模型，并进行预测。

由于 $T = 2018 - 2016 = 2$，则预测模型为

$$\hat{y}_{t+2} = a_t + 2b_t$$

将时间序列最末期 2017 年的参数 a_t、b_t 的估计值代入预测模型，预测 2018 年该企业服装销售额为

$$\hat{y}_{10+2} = a_{10} + 2b_{10} = 701.02 + 2 \times 31.22 = 763.46 (万元)$$

四、趋势外推法

趋势外推法是指根据时间序列的发展趋势，建立一定的数学模型，以时间的延伸推断未来的一种预测方法。趋势外推法假设现象未来的发展趋势是过去和现在连续发展的结果，因此，趋势外推法常用于长期趋势预测。趋势外推法按照时间序列呈现的不同趋势形态，分为直线趋势外推法和曲线趋势外推法。趋势外推法所应用的函数模型很多，常用的有线性函数、抛物线函数、指数函数、双曲线函数等。下面仅介绍直线趋势外推法和曲线趋势外推法。

(一) 直线趋势外推法

▶ 1. 直线趋势外推法的含义和模型

如果时间序列数据随时间变化的规律近似为一条直线，就可以拟合直线方程作为预测模型进行预测，这种类型的趋势外推法称为直线趋势外推法，又称直线趋势预测法、线性趋势预测法，这种方法的关键是求出直线趋势模型，利用直线趋势的延伸求得预测值。

直线趋势外推法的预测模型为

$$\hat{y}_t = a + bt$$

式中，t 为时间变量；$\hat{y}_t$ 为时间为 t 时变量 y 的预测值；a、b 为模型参数。

▶ 2. 直线趋势外推法的实施步骤

(1) 利用已知时间序列数据绘制散点图，确定时间序列是否具有直线趋势。

(2) 建立直线趋势模型。用最小二乘法确定模型参数。参数 a、b 的计算公式为

$$a = \frac{\sum y - b \sum t}{n}, b = \frac{n \sum ty - \sum t \sum y}{n \sum t^2 - (\sum t)^2}$$

式中，y 为时间序列的观测值；t 为时间序号变量；n 为时间序列期数。

为了计算方便，我们通常可以通过使 $\sum t = 0$，把参数 a、b 的计算公式简化为

$$a = \frac{\sum y}{n}, b = \frac{\sum ty}{\sum t^2}$$

要得到简化的计算公式，使 $\sum t = 0$，必须采取以下方法对时间序号进行编号。

① 当时间序列的项数为奇数时，取中间项的时间序号 $t = 0$，中间项之前的时间序号由近及远取 -1、-2、-3、$\cdots$，中间项之后的时间序号由近及远取 1、2、3、$\cdots$，这样 $\sum t = 0$。

② 当时间序列的项数为偶数时，取中间两项时间序号为一对相反数，如可取 -1 和 1，这两项前后各项取对应相反数，例如，对时间序列中间项前半部分取 -1、-3、-5、$\cdots$，时间序列中间项后半部分取 1、3、5、$\cdots$，这样 $\sum t = 0$。

③ 注意对时间序号赋值时，时间序列连续两项之间的时间序号间隔相等。

（3）利用建立的直线趋势模型，随着时间的推移，确定预测值。

【例 10-7】某超市 2009—2017 年每年营业额情况如表 10-10 所示，试用直线趋势外推法预测该超市 2018 年和 2019 年的营业额（计算结果取小数点后两位）。

表 10-10　某超市 2009—2017 年的营业额　　　　　　　　单位：万元

年　份	2009	2010	2011	2012	2013	2014	2015	2016	2017
营业额	80	100	200	280	350	380	450	500	550

解：第一步，利用已有时间序列数据通过 Excel 绘制散点图，如图 10-1 所示。由图 10-1 可以看出，时间序列数据随时间变化呈现直线变化趋势，可以采用直线趋势外推法进行预测。

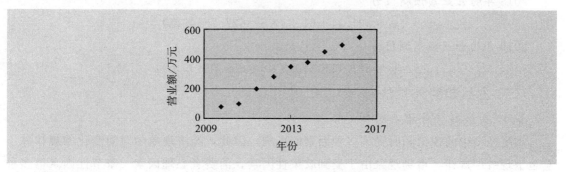

图 10-1　某超市 2009—2017 年营业额散点图

第二步，设直线预测模型为 $\hat{y}_t = a + bt$，确定参数 a、b。

按照最小二乘法计算参数 a、b。本时间序列的项数是 9，为了使计算简便，取中间项的时间序列号 $t = 0$，中间项之前的时间序号由近及远取 -1、-2、-3、-4，中间项之后的时间序号由近及远取 1、2、3、4，使 $\sum t = 0$，则计算 t^2、ty、$\sum t^2$、$\sum ty$、$\sum y$ 等。直线预测模型参数计算如表 10-11 所示。

表 10-11 直线预测模型参数计算表

年 份	营业额 y/万元	时间序号 t	t^2	t_y
2009	80	-4	16	-320
2010	100	-3	9	-300
2011	200	-2	4	-400
2012	280	-1	1	-280
2013	350	0	0	0
2014	380	1	1	380
2015	450	2	4	900
2016	500	3	9	1 500
2017	550	4	16	2 200
合计	2 890	0	60	3 680

将有关数据代入参数简化公式，可得：

$$a = \frac{\sum y}{n} = \frac{2890}{9} \approx 321.11, b = \frac{\sum ty}{\sum t^2} = \frac{3680}{60} \approx 61.33$$

那么，直线预测模型为

$$\hat{y}_t = a + bt = 321.11 + 61.33t$$

第三步，根据直线预测模型，将时间外推到 2018 年和 2019 年，求预测值。由第二步的简化规则可知，2018 年的时间序号为 $t=5$，2019 年的时间序号为 $t=6$。

2018 年的营业额预测值为

$$\hat{y}_5 = 321.11 + 61.33 \times 5 = 627.76（万元）$$

2019 年的营业额预测值为

$$\hat{y}_6 = 321.11 + 61.33 \times 6 = 689.09（万元）$$

（二）曲线趋势外推法

▶ 1. 曲线趋势外推法的含义

市场经济中的现象随时受到多种因素的影响，因此，经济现象随时间变化的规律并不总是呈现线性规律，市场现象由于受到政策性因素、消费者心理因素、季节性因素等多种因素的影响，其时间序列有时会呈现不同形状的曲线变动趋势。在这种情况下，就需要建立曲线模型，然后对时间进行延伸，确定预测值。

曲线趋势外推法是指根据时间序列所呈现的曲线趋势，建立曲线趋势预测模型，随着时间的推移进行趋势预测的预测方法。由于市场影响因素的多种多样，使得曲线模型也多种多样，主要有二次曲线、三次曲线和指数曲线等。下面着重介绍二次曲线趋势外推法。

▶ 2. 二次曲线趋势外推法的预测模型和预测步骤

二次曲线趋势外推法的预测模型类似于抛物线方程，预测模型为

$$\hat{y}_t = a + bt + ct^2$$

式中，$\hat{y}_t$ 为时间序列的预测值；t 为时间序号变量；n 为时间序列期数。式中的 a、b、c 三个参数同样可以利用最小二乘法进行计算，根据直线趋势模型计算的简化原理，使 $\sum t = 0$、$\sum t^3 = 0$，可得计算参数的简化公式如下：

$$a = \frac{\sum y \sum t^4 - \sum t^2 \sum t^2 y}{n \sum t^4 - \left(\sum t^2\right)^2}$$

$$b = \frac{\sum ty}{\sum t^2}$$

$$c = \frac{n \sum t^2 y - \sum y \sum t^2}{n \sum t^4 - \left(\sum t^2\right)^2}$$

二次曲线趋势外推法的预测步骤类似于直线趋势外推法，下面以实例说明。

【例 10-8】某啤酒厂 2009—2017 年的销售额如表 10-12 所示，试用曲线趋势外推法预测 2018 年的啤酒销售额(计算过程取小数点后两位)。

表 10-12　某啤酒厂 2009—2017 年的销售额　　　单位：万元

年　份	2009	2010	2011	2012	2013	2014	2015	2016	2017
销 售 额	450	500	620	680	750	710	680	640	600

解：第一步，通过 Excel 根据已有时间序列数据绘制散点图，如图 10-2 所示。由图 10-2 可以看出，时间序列数据随时间变化呈现类似于抛物线的变化趋势，可以采用二次曲线趋势外推法进行预测。

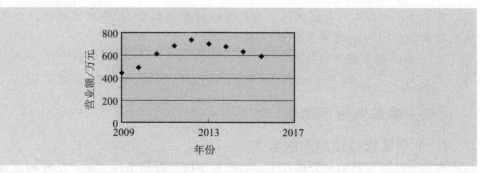

图 10-2　某啤酒厂 2009—2017 年销售额散点图

第二步，设二次曲线趋势预测模型为 $\hat{y}_t = a + bt + ct^2$，确定参数 a、b、c。

按照最小二乘法计算参数 a、b、c。本时间序列的项数是 9，为了使计算简便，取中间项的时间序号 $t = 0$，中间项之前的时间序号由近及远取 -1、-2、-3、-4，中间项之后的时间序号由近及远取 1、2、3、4，使 $\sum t = 0$，$\sum t^3 = 0$，则计算 $\sum y$、$\sum t^2$、$\sum ty$、$\sum t^4$、$\sum t^2 y$ 等数据，如表 10-13 所示。

表 10-13 二次曲线预测模型参数计算表

年 份	销售额 y/万元	时间序号 t	t^2	t^4	ty	$t^2 y$
2009	450	-4	16	256	$-1\ 800$	7 200
2010	500	-3	9	81	$-1\ 500$	4 500
2011	620	-2	4	16	$-1\ 240$	2 480
2012	680	-1	1	1	-680	680
2013	750	0	0	0	0	0
2014	710	1	1	1	710	710
2015	680	2	4	16	1 360	2 720
2016	640	3	9	81	1 920	5 760
2017	600	4	16	256	2 400	9 600
合计	5 630	0	60	708	1 170	33 650

将有关数据代入参数简化公式，可得：

$$a = \frac{\sum y \sum t^4 - \sum t^2 \sum t^2 y}{n \sum t^4 - \left(\sum t^2\right)^2} = \frac{5\ 630 \times 708 - 60 \times 33\ 650}{9 \times 708 - 60^2} \approx 709.61$$

$$b = \frac{\sum ty}{\sum t^2} = \frac{1\ 170}{60} = 19.5$$

$$c = \frac{n \sum t^2 y - \sum y \sum t^2}{n \sum t^4 - \left(\sum t^2\right)^2} = \frac{9 \times 3\ 3650 - 5\ 630 \times 60}{9 \times 708 - 60^2} \approx -12.61$$

那么，二次曲线趋势预测模型为

$$\hat{y}_t = 709.61 + 19.5t - 12.61t^2$$

第三步，根据二次曲线预测模型，将时间外推到 2018 年求预测值。由第二步的简化规则可知，2018 年的时间序号为 $t=5$。

2018 年的销售额预测值为

$$\hat{y}_5 = 709.61 + 19.5 \times 5 - 12.61 \times 5^2 = 491.86（万元）$$

五、季节指数预测法

(一) 季节指数预测法的含义

在社会经济现象的研究过程中，有些现象由于自然条件、生产条件和生活习惯等因素的影响，随着季节的转变而呈现周期性变动。我们把这种跟随季节变动呈现周期变动的现象称为季节变动，季节变动的周期通常为一年。季节变动的特点表现为逐年同月（或季）有相同的变化方向和大致相同的变化幅度，且变化幅度不大。

季节指数预测法是指利用季节变动的规律性，根据预测变量按月或按季编制的时间序列资料，测定反映季节变动规律的季节指数，并以此为依据进行短期预测的方法。季节指数预测法又称季节周期法、季节指数法、季节变动趋势预测法。

（二）采用季节指数预测法的条件

（1）时间序列数据必须按照季度或月份来收集。

（2）必须具有三年以上的历史资料才能采用季节指数预测法。

（三）季节指数预测法的分类和预测模型

季节指数预测法应用的关键在于季节指数的确定，根据是否考虑长期趋势对时间序列的影响，季节指数的计算方法也不同，可分为不考虑长期趋势的季节指数法和考虑长期趋势的季节指数法。

▶ 1. 不考虑长期趋势的季节指数法

不考虑长期趋势的季节指数法是假定预测对象的时间序列不受长期趋势的影响，呈现明显的季节变动，计算季节指数的方法是直接平均季节指数法，它的预测模型为

$$f_i = A_i \div B \times 100\%$$
$$\hat{y}_i = x_i \times f_i$$

式中，f_i 为季节指数；A_i 为观测期内各季观测值的平均数；B 为观测期数据的总平均数；x_i 为预测季的趋势值；$\hat{y}_i$ 为预测期的预测值。

不考虑长期趋势是指时间序列的变化趋势没有明显的长期变动趋势的影响，可以假设长期趋势不存在，用直接平均季节指数法计算季节指数进行预测。

【例10-9】某空调生产企业2014—2017年各季度销售量如表10-14所示，试用季节指数法预测2018年各季度的销售量(计算结果取小数点后两位)。

表 10-14 某空调生产企业 2014—2017 年各季度销售量　　　　单位：万台

销售量　季度　年份	第一季度	第二季度	第三季度	第四季度
2014	20	60	30	70
2015	30	75	40	80
2016	35	80	40	85
2017	40	95	50	90

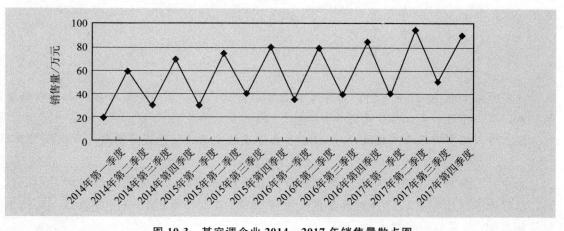

图 10-3　某空调企业 2014—2017 年销售量散点图

解：第一步，将表 10-14 的数据按照时间先后顺序排成一列输入 Excel 表格，做曲线图，如图 10-3 所示，观察该时间序列的趋势变动。根据图 10-3 可以看出，该时间序列具有明显的季节变动趋势，且受长期趋势的影响不大，属于不考虑长期趋势的季节指数计算，我们可以采用直接平均法计算季节指数。

第二步，计算季节指数，需要先计算 A_i 观测期内各季度观测值的平均数和 B 观测期数据的总平均数，用 Excel 进行计算，如表 10-15 所示。

表 10-15　不考虑长期趋势的季节指数计算表　　　　　　　单位：万台

年份	第一季度	第二季度	第三季度	第四季度	同年各季度平均 x_i
2014	20	60	30	70	45
2015	30	75	40	80	56.25
2016	35	80	40	85	60
2017	40	95	50	90	68.75
各季度平均数 A_i	31.25	77.5	40	81.25	—
总平均数 B	—	—	—	—	57.5
季节指数 $f_i/\%$	54.35	134.78	69.57	141.30	—
2018 年各季度预测值 $\hat{y}_i$	37.37	92.66	47.83	97.14	—

其中，各季度观测值的平均数 A_i 为

$$A_1 = \frac{20+30+35+40}{4} = 31.25$$

$$A_2 = \frac{60+75+80+95}{4} = 77.5$$

……

计算结果如表 10-15 第六行。

观测期的总平均数 B 为 4 年 16 个季度的平均数 57.5。计算结果如表 10-15 第七行。

季节指数 $f_i = \dfrac{A_i}{B} \times 100\%$，即

$$f_1 = \frac{A_1}{B} \times 100\% = \frac{31.25}{57.5} \times 100\% = 54.35\%$$

$$f_2 = \frac{A_2}{B} \times 100\% = \frac{77.5}{57.5} \times 100\% = 134.78\%$$

……

计算结果如表 10-15 第八行。由季节指数可以看出，第二季度和第四季度是空调销售的旺季，第一季度和第三季度是淡季。

第三步，根据所得季节指数，对 2018 年各季度的空调销售量进行预测，预测模型为

$$\hat{y}_i = x_i \times f_i$$

式中，x_i 是预测季的趋势值。由于该例只包含季节变动，不受长期趋势的影响，因此，取时间序列最末年 2017 年的各季度平均值 68.75 万台作为 2018 年各季度预测的趋势值，如表 10-15 最后一列所示。

$$x_1 = \frac{20+60+30+70}{4} = 45$$

$$x_2 = \frac{30+75+40+80}{4} = 56.25$$

······

那么，2018年该企业各季度销售量的预测值为

$$\hat{y}_1 = x_4 \times f_1 = 68.75 \times 54.35\% = 37.37（万台）$$

$$\hat{y}_2 = x_4 \times f_2 = 68.75 \times 134.78\% = 92.66（万台）$$

$$\hat{y}_3 = x_4 \times f_3 = 68.75 \times 69.57\% = 47.83（万台）$$

$$\hat{y}_4 = x_4 \times f_4 = 68.75 \times 141.30\% = 97.14（万台）$$

▶ **2. 考虑长期趋势的季节指数法**

考虑长期趋势的季节指数法是将长期变动趋势与季节变动趋势综合起来进行预测的方法。它的基本思想是将长期趋势预测模型和季节指数分别进行计算，之后再将两个因素相结合进行预测。长期趋势的预测可以采用移动平均法、指数平滑法或趋势外推法。基本预测模型为

$$\hat{y}_t = T_t S_i$$

式中，$\hat{y}_t$ 为预测值；t 为时间序列的时期数；T_t 为长期趋势模型；S_i 为第 i 季的平均季节指数。

需要注意的是，季节指数用百分比来表示，由于计算周期不一定，季节指数的计算方法也不同。计算周期可能是天，也可能是周、月或季度。如果以天为计算周期，一周七天的季节指数之和为700%；如果以月为计算周期，一年12个月的季节指数之和为1 200%；若以季为周期，一年四季的季节指数之和为400%。如果计算时由于存在误差使季节指数之和不等于相应的标准，应采用比例法将其调整为标准形式。

在市场经济中，季节性商品的销售量变化往往也受长期趋势的影响，因此，包含季节变动的预测更多的情况要考虑长期趋势的影响，这里只介绍受直线趋势影响的季节变动，采用直线趋势比率平均法进行预测。直线趋势模型的计算采用趋势外推法。

直线趋势比率平均法的预测模型为

$$\hat{y}_t = T_t S_i$$

$$S_i = \frac{y_t}{T_t}$$

式中，$\hat{y}_t$ 为预测值；t 为时间序列的时间期数；T_t 为直线趋势方程；S_i 为第 i 季的平均季节指数。

【例 10-10】某饮料生产企业 2014—2017 年销售额如表 10-16 所示，试用直线趋势比率平均法预测 2018 年第一季度和第二季度的饮料销售额（计算结果取小数点后两位）。

表 10-16　某饮料生产企业 2014—2017 年销售额　　　　单位：万元

销售额＼季度＼年份	第一季度	第二季度	第三季度	第四季度
2014	5	9	13	8

续表

销售额 季度 年份	第一季度	第二季度	第三季度	第四季度
2015	12	18	22	14
2016	16	24	28	16
2017	20	30	35	20

第一步，将表 10-16 中的数据按照时间先后顺序排成一列输入 Excel 表格，做曲线图，如图 10-4 所示，观察该时间序列的趋势变动。

根据图 10-4 可以看出，该时间序列具有明显的季节变动趋势，且受到明显长期线性变动趋势的影响，属于考虑长期趋势的季节指数计算，我们可以采用直线趋势比率平均法计算季节指数。设预测模型为 $\hat{y}_t = T_t S_i$。

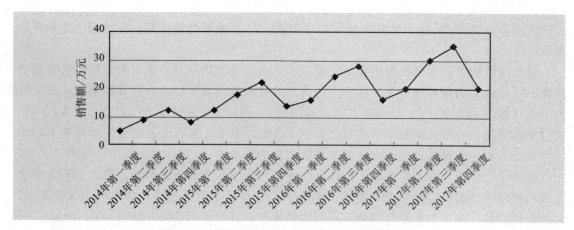

图 10-4 某饮料企业 2014—2017 年销售额散点图

第二步，确定长期直线趋势 T_t。

由于已有时间序列呈现的线性趋势不明显，因此需要加权移动使时间序列更为平滑。这里我们先采用跨越期为 3 的加权移动平均法，移动平均之后，再利用直线趋势外推法确定直线长期趋势 T_t。设直线趋势方程为 $T_t = a + bt$，根据最小二乘法，计算 t^2、ty、$\sum t^2$、$\sum ty$、$\sum y$ 等数据，如表 10-17 所示，具体步骤从略。

计算得：

$$a = \frac{\sum y}{n} = \frac{265.48}{14} = 18.96$$

$$b = \frac{\sum ty}{\sum t^2} = \frac{355.57}{280} = 1.27$$

代入直线趋势方程得 $T_t = 18.37 + 1.35t$。

表 10-17　直线趋势外推法计算表（一）　　　　　　　单位：万元

季　度	销售额实际值 y_t	实际值 $y_t(n=3)$	时间序号 t	t^2	ty
2014 年第一季度	5				
2014 年第二季度	9				
2014 年第三季度	13	10.33	−7	49	−72.31
2014 年第四季度	8	9.83	−6	36	−58.98
2015 年第一季度	12	10.83	−5	25	−54.15
2015 年第二季度	18	14.33	−4	16	−57.32
2015 年第三季度	22	19	−3	9	−57
2015 年第四季度	14	17.33	−2	4	−34.66
2016 年第一季度	16	16.33	−1	1	−16.33
2016 年第二季度	24	19.67	1	1	19.67
2016 年第三季度	28	24.67	2	4	49.34
2016 年第四季度	16	21.33	3	9	63.99
2017 年第一季度	20	20	4	16	80
2017 年第二季度	30	24.33	5	25	121.65
2017 年第三季度	35	30.83	6	36	184.98
2017 年第四季度	20	26.67	7	49	186.69
合　　计	—	265.48	0	280	355.57

第三步，计算时间序列各期的季节指数 F_t。

根据直线趋势方程 $T_t=18.96+1.27t$，取时间序号 $t=1，2，3，\cdots，18$，得到 2014 年第一季度到 2018 年第二季度的趋势值 T_t，如表 10-18 第四列所示，根据饮料销售额的实际值与趋势值，计算时间序列各期的季节指数 $F_t=y_t/T_t$，如表 10-18 第五列所示。

表 10-18　直线趋势外推法计算表（二）　　　　　　　单位：万元

季　度	销售额实际值 y_t	时间序号 t	趋势值 T_t	季节指数 F_t
2014 年第一季度	5	1	20.23	0.25
2014 年第二季度	9	2	21.5	0.42
2014 年第三季度	13	3	22.77	0.57
2014 年第四季度	8	4	24.04	0.33
2015 年第一季度	12	5	25.31	0.47
2015 年第二季度	18	6	26.58	0.68
2015 年第三季度	22	7	27.85	0.79
2015 年第四季度	14	8	29.12	0.48

季　度	销售额实际值 y_t	时间序号 t	趋势值 T_t	季节指数 F_t
2016 年第一季度	16	9	30.39	0.53
2016 年第二季度	24	10	31.66	0.76
2016 年第三季度	28	11	32.93	0.85
2016 年第四季度	16	12	34.2	0.47
2017 年第一季度	20	13	35.47	0.56
2017 年第二季度	30	14	36.74	0.82
2017 年第三季度	35	15	38.01	0.92
2017 年第四季度	20	16	39.28	0.51
2018 年第一季度	—	17	40.55	—
2018 年第二季度	—	18	41.82	—

第四步，计算平均季节指数。计算公式为

$$S_i = \frac{n \, 年第 \, i \, 季度的季节指数和}{n}$$

根据该公式，计算 2014—2017 年 4 年 16 个季度的平均季节指数，如表 10-19 所示。

$$S_1 = \frac{0.25 + 0.48 + 0.52 + 0.56}{4} = 0.4525$$

……

2018 年第一、第二季度趋势值 T_t 已根据直线趋势方程在第三步中求出，如表 10-18 所示。

第五步，确定预测值。根据预测模型 $\hat{y}_t = T_t S_i$ 确定 2018 年第一季度和第二季度的预测值，如表 10-19 最后一行所示。

2018 年第一季度销售额预测值为

$$\hat{y}_{17} = T_{17} S_1 = 40.55 \times 0.4525 \approx 18.35 (万元)$$

2018 年第二季度销售额预测值为

$$\hat{y}_{18} = T_{18} S_2 = 41.82 \times 0.67 \approx 28.02 (万元)$$

表 10-19　平均季节指数和预测值计算表　　　　　单位：万元

季节指数　　季度　年份	第一季度	第二季度	第三季度	第四季度
2014	0.25	0.42	0.57	0.33
2015	0.47	0.68	0.79	0.48
2016	0.53	0.76	0.85	0.47
2017	0.56	0.82	0.92	0.51

续表

季节指数　季度　年份	第一季度	第二季度	第三季度	第四季度
平均季节指数 S_i	0.452 5	0.67	0.782 5	0.447 5
2018 年各季度趋势值 T_t	40.55	41.82	—	—
2018 年各季度预测值 $\hat{y}_t$	18.35	28.02	—	—

任务二　回归分析预测法及其应用

一、相关分析和回归分析

（一）相关关系的含义

在现实世界中，任何事物与现象都不是孤立的，总是与其他事物或现象发生这样那样的联系。当某些现象发生变化时，另一现象也随之发生变化。例如，商品价格的变化会刺激商品销售量的变化，劳动力素质的提高会影响企业的效益，居民收入的降低会影响消费者的购买力等。

在自然科学研究中，现象间的关系是——确定的关系，即函数关系，可以用一个确定的函数关系式表示。例如，某种股票的成交额 y 与该股票的成交量 x、成交价格 p 之间的关系可以用 $y = px$ 来表示，如果一个时期，股票的成交价格固定，那么根据函数关系式，x 每变动一个值，y 就有一个确定的值与其对应。

在社会经济研究中，现象间的关系并不一定是函数关系，现象之间存在的、数量上不具有严格确定性的关系称为相关关系。例如，广告的投入与销售量之间有着密切的关系，但是广告投入与销售量之间没有确定的数量对应关系，因为影响销售量的因素除了广告投入之外，还有价格、产品质量、顾客偏好及其他偶然因素，一个时期销售量的增长不能全部归因于广告投入的增加。

（二）相关关系的特点

▶ 1. 现象之间确实存在数量上的依存关系

数量上的依存关系是指一个现象发生数量上的变化，另一个现象也会相应地发生数量上的变化。

▶ 2. 现象间的数量依存关系是不确定的

如果一个现象发生数量上的变化，另一个现象会有几个可能值与之对应，而不是唯一确定的值。

▶ 3. 相关关系中包含因果关系

因果关系是指某一现象或若干现象的变化是引起另一现象变化的原因，另一个现象的变化是前一个现象变化的结果。例如，资金投入与产值之间，前者为因，后者是果。因果关系表明原因现象和结果现象之间具有较强的相关关系，因此，因果关系属于相关关系。

（三）相关分析和相关系数

▶ 1. 相关分析的含义

相关分析就是研究现象之间是否存在依存关系，并探讨具有依存关系的现象间的相关程度的一种统计方法。

两个现象间的相关程度用相关系数 r 来描述，进行相关分析，首先要对相关系数进行分析，以确定现象间的相关程度。

▶ 2. 相关系数的取值

相关系数 r 的取值为 $-1\sim1$，$r=1$ 时说明现象间完全正相关；$r=-1$ 时说明现象间完全负相关；$r=0$ 时说明 X 和 Y 两个现象之间无相关关系。

r 的取值为 $0\sim1$ 时，表示两个现象之间呈正相关，散点图是斜向上的，这时一个变量增加，另一个变量也随之增加；r 取值为 $-1\sim0$ 时，两个现象之间呈负相关，散点图是斜向下的，此时一个变量增加，另一个变量将随之减少。

$|r|$ 越接近 1，两现象的相关程度越强；$|r|$ 越接近 0，两现象的相关程度越弱。通常，当 $|r|$ 大于 0.75 时，即认为两个现象有很强的相关关系。

（四）相关分析和回归分析

▶ 1. 回归分析的含义

在社会经济研究中，为了更准确地确定变量之间的关系，仅仅进行相关分析是不够的。相关分析只研究现象之间是否相关、相关的方向和密切程度，一般不区分自变量和因变量，而如果要分析现象之间相关的具体形式，确定其因果关系，并用数学模型来表现其具体关系，就需要进行回归分析。

回归分析是指通过规定因变量和自变量，建立回归模型，根据实测数据求解模型参数，评价回归模型拟合优度，最后依据回归模型确定变量间的因果关系进行预测的分析方法。

例如，如果要研究"产品质量"和"用户满意度"之间的因果关系，从实践意义上讲，产品质量会影响用户的满意情况，因此设用户满意度为因变量，记为 Y；质量为自变量，记为 X。可以建立线性方程为

$$y=a+bx+e$$

式中，a 和 b 为待定参数，a 为回归直线的截距；b 为回归直线的斜率，表示 x 变化一个单位时，y 的平均变化情况；e 为随机误差。

▶ 2. 相关分析与回归分析的区别和联系

相关分析与回归分析的区别：①相关分析只观察变量间相关的方向和密切程度，不研究两变量间相关的具体形式。回归分析主要分析自变量与因变量之间的因果关系，并可根据回归方程用自变量的数值推算因变量的估计值。②相关分析中的两变量是随机变量，不区分自变量和因变量；回归分析中的两变量区分自变量和因变量，且因变量是随机变量，自变量是给定量。

相关分析与回归分析的联系：回归分析以相关分析为基础，是相关分析的延伸；回归

分析是相关分析的深入研究，能够更进一步说明变量间的数量关系。

二、回归分析预测法的分类和步骤

回归分析预测法是指在相关分析的基础上，建立回归方程，利用回归模型和已知变量预测另一个变量的市场预测方法。回归分析能够找到变量间的因果关系进行分析预测，因此在市场调查与预测中具有重要的地位。在对市场现象未来发展状况和发展水平进行预测时，如果能确定影响市场预测对象的主要因素，并获得其数据资料时，就可以采用回归分析预测法进行预测。

(一)回归分析预测法的分类

回归分析预测法依据回归分析中自变量的个数不同，可分为一元回归分析预测法、二元回归分析预测法及多元回归分析预测法。在一元回归分析预测法中，自变量只有一个；二元回归分析预测法中，自变量有两个；而在多元回归分析预测法中，自变量有两个以上甚至多个。

回归分析预测法依据自变量和因变量之间是否存在线性关系，可分为线性回归分析预测法和非线性回归分析预测法。线性回归预测分析中，变量间的关系表现为直线型；非线性回归预测分析中，变量间的关系表现为曲线型。

(二)回归分析预测法的操作步骤

▶ 1. 明确预测目标，确定因变量与自变量

根据预测的问题明确预测的具体目标是采用预测方法的前提。明确预测目标之后，因变量就确定了，因变量就是预测目标。例如，要预测下一年度某品牌汽车的销售量，则销售量 y 就是因变量。

自变量的确定需要经过认真的定性分析，结合历史和现实资料，并参考预测人员的经验和知识，最终确定与因变量关系最密切的变量为自变量。

▶ 2. 进行相关分析，确定相关方向和相关程度

回归分析是以相关分析为基础的，只有具有相关关系且相关程度较高的两个变量才有进行回归分析的可能性。因此，进行回归分析之前，分析自变量与因变量之间的相关方向和相关程度是必要步骤。

1)分析自变量与因变量的相关方向

采取绘制散点图的方法，即将自变量与因变量的数值在坐标系中的相应位置描点绘图，根据这些点所呈现的趋势，判断自变量与因变量之间的相关方向是正相关还是负相关、是线性相关还是非线性相关，从而为回归模型的建立提供依据。

2)分析自变量与因变量的相关程度

可以采用计算相关系数的方法分析自变量与因变量的相关程度，相关系数的计算公式为

$$r = \frac{n\sum xy - \sum x \sum y}{\sqrt{n\sum \overline{x}^2 - (\sum x)^2}\,\sqrt{n\sum \overline{y}^2 - (\sum y)^2}}$$

式中，r 为相关系数；x 为自变量的值；y 为因变量的值；$\overline{x}$ 为自变量的平均数；$\overline{y}$ 为因变量的平均数。

▶ **3. 建立回归预测模型**

依据自变量和因变量的相关关系建立两者的相关关系式，即回归方程，并利用历史统计资料确定回归方程的参数，最终确定回归分析预测模型。

线性回归的一般预测模型为

$$y = a + b_1x_1 + b_2x_2 + \cdots + b_nx_n$$

较常用的一元线性回归预测模型是 $y = a + bx$，其他线性回归模型称为多元线性回归模型。当变量间的关系呈现非线性关系时，则需要建立非线性回归方程，如抛物线回归方程。回归方程的参数通常使用最小二乘法计算求得。

▶ **4. 回归预测模型的检验**

回归预测模型的建立是为了准确的预测，因此预测之前必须对回归方程的拟合优度和回归参数的显著性进行检验，只有达到要求的回归方程才能应用于预测。常用的检验方法有回归系数检验(相关系数越大，拟合优度越好)、F 检验和 T 检验等。

▶ **5. 确定预测值**

利用通过检验的回归预测模型计算预测值，并对预测值进行综合分析，确定最后的预测值。预测值的确定通常分为两种情况：一种称为点预测，即所求得的预测值是一个数值；另一种称为区间预测，预测所得的结果是一个区间范围。

三、一元线性回归分析预测法

（一）一元线性回归分析预测法的含义和公式

当影响预测目标因变量的众多自变量中，有一个最基本的并起到决定性作用的因素时，可以采用一元回归分析，如果此时自变量与因变量之间呈现线性关系，就可以运用一元线性回归分析预测法进行预测。一元线性回归分析的预测模型为

$$y = a + bx$$

式中，x 为自变量；y 为因变量；a、b 为待定参数，b 称为回归系数，表示 x 每增加一个单位时，y 平均增加的数量。a、b 用最小二乘法求得，公式为

$$a = \frac{\sum y - b\sum x}{n}$$

$$b = \frac{n\sum xy - \sum x\sum y}{n\sum x^2 - (\sum x)^2}$$

（二）一元线性回归分析预测法的步骤

【例10-11】某地区 2008—2017 年的居民收入总额与商品年销售总额如表 10-20 所示，已知 2018 年居民收入总额为 210 百万元，试用回归分析预测法预测 2018 年的商品销售总额(计算结果保留小数点后两位)。

表 10-20　某地区 2008—2017 年居民收入总额与商品销售总额表　单位：百万元

年　份	2008	2009	2010	2011	2012	2013	2014	2015	2016	2017
居民收入 x	80	88	95	100	115	123	130	145	155	168
销售总额 y	55	60	70	73	85	90	98	110	120	130

解：第一步：明确预测目标，确定因变量与自变量。

本例的预测目标是 2018 年的商品销售总额，因此商品销售总额就是因变量。每年居民收入总额是决定消费者购买力的关键性因素，居民收入总额与年商品销售量有相关关系，并且居民收入的多少对销售总额的多少有很大的影响。因此，把居民收入总额作为自变量。

第二步：进行相关分析，确定相关方向和相关程度。

根据居民收入总额与年销售总额的数值在坐标系中的相应位置描点绘制散点图，如图 10-5 所示。从图 10-5 中可以看出，居民收入总额与销售总额之间呈现线性变化关系。可以利用一元线性回归分析预测法进行预测。

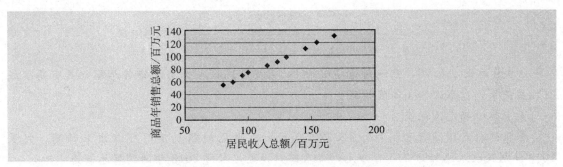

图 10-5　某地区居民收入总额与商品年销售总额关系散点图

第三步：建立回归预测模型。

依据自变量和因变量的相关关系，设一元线性回归方程为

$$\hat{y}=a+bx$$

式中，$\hat{y}$ 为因变量的预测值；x 为自变量。根据最小二乘法，计算参数 a、b 的值。利用 Excel 计算 $\sum y$、$\sum x$、$\sum xy$、$\sum x^2$、$\sum y^2$ 等数据的值，如表 10-21 所示。

表 10-21　一元线性回归分析计算表　　　　　　　　单位：百万元

年　份	居民收入 x	销售总额 y	xy	x^2	y^2
2008	80	55	4 400	6 400	3 025
2009	88	60	5 280	7 744	3 600
2010	95	70	6 650	9 025	4 900
2011	100	73	7 300	10 000	5 329
2012	115	85	9 775	13 225	7 225
2013	123	90	11 070	15 129	8 100
2014	130	98	12 740	16 900	9 604
2015	145	110	15 950	21 025	12 100
2016	155	120	18 600	24 025	14 400
2017	168	130	21 840	28 224	16 900
合计	1 199	891	113 605	15 1697	85 183

由于有 10 期历史数据，因此 $n=10$，参数 a、b 的计算结果为

$$a = \frac{\sum y - b \sum x}{n} = \frac{891 - 0.85 \times 1\ 199}{10} = -12.82$$

$$b = \frac{n \sum xy - \sum x \sum y}{n \sum x^2 - (\sum x)^2} = \frac{10 \times 113\ 605 - 1\ 199 \times 891}{10 \times 151\ 697 - 1\ 199 \times 1\ 199} \approx 0.85$$

于是，得到一元线性回归方程 $\hat{y} = -12.82 + 0.85x$。

第四步，回归方程的检验。

采用相关系数检验法，检验该预测模型参数的拟合优度。计算 x 与 y 的相关系数如下：

$$r = \frac{n \sum xy - \sum x \sum y}{\sqrt{n \sum x^2 - (\sum x)^2} \sqrt{n \sum y^2 - (\sum y)^2}} \approx 0.999$$

0.999 远大于 0.75，且绝对值趋近于 1，因此居民收入 x 与年销售总额 y 具有高度线性相关关系，方程的拟合优度较好。

第五步，确定预测值。

根据检验，预测模型 $\hat{y} = -12.82 + 0.85x$ 有很高的精确度，可以用来预测。假设 2018 年居民收入总额为 210 百万元，带入回归模型，求得 2018 年的销售总额为

$$\hat{y} = -12.82 + 0.85 \times 210 = 165.68 (百万元)$$

四、二元线性回归分析预测法

市场经济活动中，经常会遇到某一市场现象的发展变化受到多因素影响的情况，也就是一个因变量和几个自变量具有依存关系，而且几个影响因素的主次难以区分，这时就需要考虑多个因素进行回归分析。例如，某一商品的销售量既与人口数量的增长变化有关，也与商品价格变化有关，这时采用一元回归分析预测法进行预测是不可行的，需要采用多元回归分析预测法。如果是两个影响因素的回归分析，且自变量与因变量之间呈现线性变化趋势，则采用二元线性回归分析法进行预测。

（一）二元线性回归分析预测法的含义

二元回归分析预测法是指通过对两个自变量与一个因变量的相关分析，建立预测模型进行预测的分析方法。当自变量与因变量之间存在线性关系时，称为二元线性回归分析法。

（二）二元线性回归分析预测法的预测模型

二元线性回归分析预测法的预测模型为

$$y = a + b_1 x_1 + b_2 x_2$$

式中，y 为因变量；x_1、x_2 为两个不同的自变量；a、b_1、b_2 为二元线性回归方程的参数。

a、b_1、b_2 的值利用最小二乘法，通过解下列方程组求得。

$$\begin{cases} \sum y = na + b_1 \sum x_1 + b_2 \sum x_2 \\ \sum x_1 y = a \sum x_1 + b_1 \sum x_1^2 + b_2 \sum x_1 x_2 \\ \sum x_2 y = a \sum x_2 + b_1 \sum x_1 x_2 + b_2 \sum x_2^2 \end{cases}$$

（三）二元线性回归方程的检验

二元线性回归方程的检验利用复相关系数 R，其计算公式为

$$R = \sqrt{1 - \frac{\sum (y - \hat{y})^2}{\sum (y - \bar{y})^2}}$$

复相关系数 R 越大，回归方程对样本数据点拟合的程度越强，自变量与因变量的关系越密切。

（四）确定预测值，包括点估计和区间估计

点估计是指将 x_1、x_2 的值代入预测方程 $y = a + b_1 x_1 + b_2 x_2$ 求得点预测值 y_0。

区间估计是指求出点预测值后，还要考虑标准差 S 的影响，在一定的置信度要求下，查表得到 t 值，确定预测区间为 $y_0 \pm tS$，标准差的计算公式为

$$S = \sqrt{\frac{\sum (y - \hat{y})^2}{n - 3}}$$

【例 10-12】某企业 2010—2017 年广告投入、居民收入和产品销售额的数据如表 10-22 所示，预计 2018 年广告投入为 10 万元、居民收入为 30 万元，试用二元回归分析预测法预测 2018 年的销售额（计算结果保留小数点后两位）。

表 10-22 某企业产品 2010—2017 年销售额与相关因素数据表   单位：万元

年　份	产品年销售额 y	广告投入 x_1	居民收入 x_2
2010	10	3	5
2011	12	4	7
2012	15	5	9
2013	18	6	10
2014	20	7	12
2015	22	8	15
2016	25	8	18
2017	28	9	20

解：广告投入、居民收入和产品销售额之间具有相关关系，广告投入多，能起到促进销售量的作用，居民收入的增多能够增强消费者的购买力，也能够促进产品的销售额，因此可以用二元回归法进行预测，设二元回归预测方程为 $y = a + b_1 x_1 + b_2 x_2$，$a$、$b_1$、$b_2$ 系数的确定采用最小二乘法，具体数据的计算如表 10-23 所示。

表 10-23　二元线性回归预测数据计算表　　　　　单位：万元

年份	销售额 y	广告投入 x_1	居民收入 x_2	x_1y	x_2y	x_1x_2	x_1^2	x_2^2
2010	10	3	5	30	50	15	9	25
2011	12	4	7	48	84	28	16	49
2012	15	5	9	75	135	45	25	81
2013	18	6	10	108	180	60	36	100
2014	20	7	12	140	240	84	49	144
2015	22	8	15	176	330	120	64	225
2016	25	8	18	200	450	144	64	324
2017	28	9	20	252	560	180	81	400
合计	150	50	96	1 029	2 029	676	344	1 348

把表 10-23 的数据代入方程组：

$$\sum y = na + b_1 \sum x_1 + b_2 \sum x_2$$

$$\sum x_1 y = a \sum x_1 + b_1 \sum x_1^2 + b_2 \sum x_1 x_2$$

$$\sum x_2 y = a \sum x_2 + b_1 \sum x_1 x_2 + b_2 \sum x_2^2$$

求出参数 $a = 2.6$、$b_1 = 1.33$、$b_2 = 0.65$，把参数代入方程得回归方程为

$$y = 2.6 + 1.33 x_1 + 0.65 x_2$$

计算复相关系数检验方程的拟合优度，如果方程的拟合优度较好，就可以根据回归方程进行预测。已知 2018 年广告投入为 10 万元、居民收入为 30 万元，则根据回归方程，2018 年的产品销售额为

$$y = 2.6 + 1.33 \times 10 + 0.65 \times 30 = 35.4(万元)$$

任 务 三　认识常用统计软件

随着计算机技术的发展，很多市场调查与预测的统计与计算工作电子化，应用统计软件进行计算分析，大大提高了工作效率和计算的精确度，为市场预测工作带来了巨大的便利。统计软件的种类非常多，在市场预测中应用比较广泛的统计软件有 SAS 软件、SPSS软件及 Excel 软件。

一、SAS 软件

（一）SAS 软件简介

SAS 软件(Statistics Analysis System)最早由北卡罗来纳大学的两位生物统计学研究生编制，并于 1976 年成立 SAS 软件研究所，正式推出了 SAS 软件。SAS 是用于决策支

持的大型集成信息系统，统计分析功能是它的重要组成部分和核心功能。

经过多年的发展，SAS 软件已被全世界 120 多个国家和地区的近三万家机构所采用，直接用户超过三百万人，广泛应用于金融、医药卫生、生产、运输、通信、政府和教育科研等领域。在数据处理和统计分析领域，SAS 系统被誉为国际上的标准软件系统，并一度被评选为建立数据库的首选产品，堪称统计软件界的巨无霸。

（二）SAS 软件的功能

SAS 软件是一个组合软件系统，它由多个功能模块组合而成。SAS 的主要统计功能有数据管理、数据的统计描述、单组或两组资料均数的比较、多组资料均数比较的方差分析、分类资料的统计推断、非参数统计分析、相关分析与线性回归分析、非线性回归、Logistic 回归、对数线性模型、聚类分析、典型相关分析和对应分析等，在统计方面的强大功能使用户能方便地实现各种统计要求。

（三）SAS 软件的特点

SAS 软件是用于数据分析与决策支持的大型集成式模块化软件包，经过多年的发展，现在已成为一套完整的计算机语言。SAS 软件有三个最重要的子窗口：程序窗口（Program Editor），运行记录窗口（LOG），输出窗口（Output）。Program Editor 窗口（窗口标签为 Editor）用于输入 SAS 语句，编程操作的所有内容都在该窗口内完成，分析结果以文本的形式在 Output 窗口输出，其用户界面如图 10-6 所示。通过对数据集的加工，用户可以完成统计分析、预测、建模和模拟抽样等工作。但是，由于初学者在使用 SAS 软件时必须要学习 SAS 语言，因此 SAS 软件的入门比较困难。

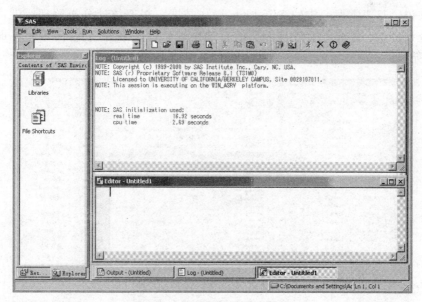

图 10-6　SAS 软件的用户界面

二、SPSS 软件

（一）SPSS 软件简介

SPSS(Statistical Package for the Social Sciences)即社会科学统计软件包，它是一款在

调查统计行业、市场调查行业、医学统计、政府和企业的数据分析应用中久享盛名的统计分析工具，是世界上最早的统计分析软件，由美国斯坦福大学的三位研究生于 20 世纪 60 年代末研制。1984 年，SPSS 软件首先推出了世界上第一个统计分析软件微机版本SPSS/PC＋，极大地扩充了它的应用范围，并使其很快地应用于自然科学、技术科学、社会科学等各个领域。在国际学术界有条不成文的规定，即在国际学术交流中，凡是使用 SPSS 软件完成的计算和统计分析，可以不必说明算法，由此可见其影响之大和信誉之高。

到目前为止，SPSS 软件在全球约有 25 万个产品用户，它们分布于通信、医疗、银行、证券、保险、制造、商业、市场调查、科研教育等多个领域和行业，是世界上应用最广泛的专业统计软件。

(二) SPSS 软件的功能

目前，最新的 SPSS 软件版本在原软件版本的基础上，融合了多项业界领先的统计分析技术，增加了新的功能模块，帮助企业总结过去，预测未来。

SPSS 软件的主要功能模块有关系分析模块、数据分析模块、分类数据的关系分析模块、对分类变量或连续变量的树结构模型预测模块、统计量及标准误差计算模块、全轮廓联合分析模块、精确检验模块、集成化地图分析模块、排除隐含偏差模块、操作程序自动化模块、回归分析预测模块、表格展现模块、时间序列分析模块等。

(三) SPSS 软件的特点

SPSS 软件最突出的特点就是操作界面极为友好，输出结果美观漂亮，能够使用 Windows 的窗口方式展示各种管理和分析数据的方法，使用对话框展示各种功能选择项，对于初学者来说，只要掌握一定的 Windows 操作技能，粗通统计分析原理，就可以使用该软件进行统计分析，是非专业统计人员的首选统计软件。SPSS 软件的用户界面如图 10-7 和图 10-8 所示。

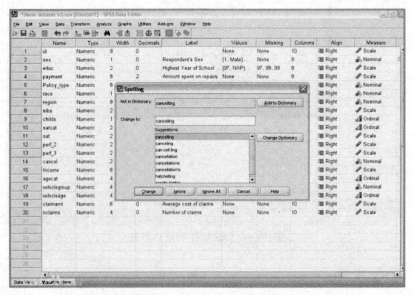

图 10-7　SPSS 软件的用户界面

另外，SPSS 采用类似 Excel 表格的方式输入与管理数据，数据接口较为通用，能方

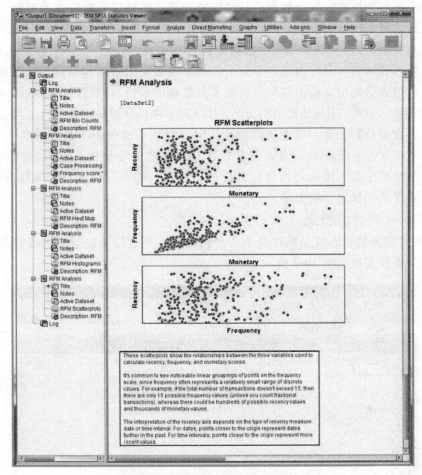

图 10-8　SPSS 软件的分析结果展示

便地从其他数据库中读入数据。SPSS 包括了常用的、较为成熟的统计过程，完全可以满足非统计专业人士的工作需要。对于熟悉编程运行方式的用户，SPSS 还特别设计了语法生成窗口，用户只需在菜单中选好各个选项，然后单击"粘贴"按钮就可以自动生成标准的 SPSS 程序，极大地方便了中、高级用户。

三、Excel 软件

(一) Excel 软件简介

Microsoft Excel 是微软公司的办公软件 Microsoft office 的组件之一，是由微软公司为 Windows 操作系统编写的一款电子制表软件。直观的界面、出色的计算功能和图表工具，使 Excel 成为最流行的数据处理软件之一。早在 1993 年，Excel 作为 Microsoft Office 的组件之一，就开始成为所有适用操作平台上电子制表软件的霸主。Excel 不仅可以进行办公操作，它还可以进行各种数据的处理、统计分析和辅助决策操作，广泛地应用于管理、统计财经、金融等众多领域。

(二) Excel 软件的功能

Excel 是一款设计精良、功能齐全的办公软件，它可以满足常用的办公所需。例如，可以通过电子表格的形式对数字数据进行组织和计算，将数字数据转化为可视化的图表和数据库。除此之外，Excel 还是一个十分强大而且使用非常方便的数据统计和分析工具。

Excel 软件的统计分析功能是通过数据分析工具实现的，它有一个"分析工具库"，在进行市场分析和预测时，只需为每一个分析工具提供必要的数据和参数，该工具就会使用合适的函数，以表格的形式输出结果，有些工具在输出表格的同时还能生成图表，使结果的表达更加直观、形象。Excel 提供的分析工具有 15 种，分别是方差分析工具、相关系数分析工具、协方差分析工具、描述统计分析工具、指数平滑分析工具、傅立叶分析工具、F 检验：双样本方差分析工具、直方图分析工具、移动平均分析工具、t 检验分析工具、随机数发生器分析工具、排位与百分比排位分析工具、回归分析工具、抽样分析工具、z 检验：双样本平均差检验分析工具。

(三) Excel 软件的特点

Excel 软件最大的优点就是操作简单、界面友好，经过简单的学习，很容易被广大初学者使用。其操作界面如图 10-9 所示。

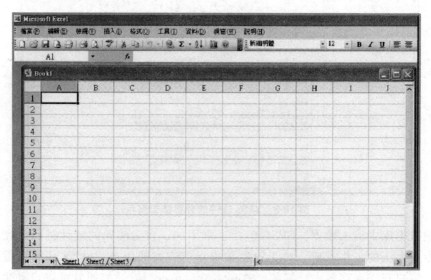

图 10-9　Excel 软件的操作界面

案例分析

孟山都公司回归分析的应用

密苏里州圣路易斯的孟山都(Monsanto)公司以一位创办人 500 美元的投资和密西西比滨江地带的一个布满尘土的仓库起家。在那儿，约翰·F. 奎尼(John F. Queeney)于 1901 年开始生产糖精。今天，孟山都公司已成为美国最大的化学公司之一，生产超过 1 000 种产品，从工业化学制品到用于现代运动场的人造地面，应有尽有。孟山都公司是一家在 65 个国家拥有生产设备、实验室、技术中心和市场营销机构的世界著名公司。

孟山都公司的营养化合物部生产并销售用于饲养禽类及猪、牛等牲畜的蛋氨酸补充物。由于家禽饲养者的工作量大，但边际效益低，因此他们需要经济实惠且尽可能富含营养的家禽饲料。在给定的饲料消化水平下，最理想的饲料成分能促进快速生长和肉鸡体重的提高。化工企业已经与家禽饲养者紧密合作，以生产出最优的家禽饲料，最终成功与否将取决于能否保持家禽价格相对低于牛肉及其他肉类的价格，孟山都公司运用回归分析模拟肉鸡体重（用 y 表示）与饲料中加入的蛋氨酸数量（用 x 表示）之间的关系。最初，它们建立了下面这一估计的简单线性回归方程：

$$y=0.21+0.42x$$

这个估计的回归方程证明了统计的重要性。然而，余下的分析表明曲线模型可以更好地表示这两者间的关系。

进一步的研究显示，虽然少量的蛋氨酸能提高肉鸡体重。但在某一点上，体重水平将下降，使增加的蛋氨酸仅有微小的收益或者根本没有收益，事实上，当蛋氨酸数量超过营养需要量时，肉鸡体重就倾向于下降。下面的多元回归方程被用于模拟肉鸡体重与蛋氨酸数量之间的曲线关系：

$$y=-0.189+1.32x-0.506x^2$$

通过回归分析的结果，孟山都公司确定了家禽饲料中最适宜的蛋氨酸含量水平。

思考：如何选择自变量建立曲线模型？

课后实训

某企业 2011—2018 年的广告投入与产品销售额数据如表 10-24 所示，公司预计 2019—2020 年，每年增加 10% 的广告投入，试根据这一资料预测该企业 2019 和 2020 年的销售额，据此测定继续增加广告费用的促销效果。

表 10-24 某企业 2011—2018 年的广告投入与产品销售数据统计表 单位：亿元

年　份	2011	2012	2013	2014	2015	2016	2017	2018
广告投入 x	0.8	1.2	2.1	2.3	2.6	2.8	3.0	3.1
销售额 y	1.7	3.8	6.8	7.9	8.3	9.1	9.5	10.7

实训要求：

（1）深入理解一元线性回归分析法的含义、预测原理和预测步骤，应用一元线性回归分析法对该企业 2019 和 2020 年的销售额进行市场预测。

（2）列出采用 Excel 软件进行计算的步骤。

项目十一

撰写市场调查报告

学习目标 ☞

1. 了解市场调查报告的含义、特点和重要性；

2. 掌握市场调查报告的结构和写作技巧；

3. 了解市场调查口头报告的意义；

4. 能够撰写市场调查报告。

案例引入

2009 年榆林房地产开发调研报告(节选)

关注民生，让百姓实现"住有所居"的目标，是党委、政府的中心工作之一，也是政协组织关心的重要议题。为了深入了解榆林房地产市场起伏较大的原因，促进榆林房产业的健康有序发展，按照 2009 年榆林市政协总体工作安排，就金融危机对我市房地产业的影响，向榆阳、神木、府谷等 7 个房地产市场较为完善的县区和市发改、房产、统计等 8 个相关部门及规模较大的房地产企业征集相关资料，并在榆林城区进行了实地视察。

为了切实搞好这次视察活动，视察前组织部分委员及相关部门负责同志召开座谈会，就视察路线、房产企业的确定、视察内容以及视察方法广泛征求意见。视察结束后，又召集榆林城区有代表性的房地产企业召开专题座谈会，认真听取他们的意见建议。现就有关榆林市房地产市场视察情况报告如下。

一、基本情况

二、我市房地产市场的主要表现及原因分析

(一)房价起伏较大，楼市回暖较快

(二)区域发展不平衡，南北差异较大

(三)投资型购房减少，消费者趋于理性

(四)土地价格大幅上升，土地开发成本提高

(五)房地产资金来源借贷比重增加，自筹资金比重减少

三、对规范我市房地产的几点建议

(一)政府要加强对房地产业的调控和监管

(二)加强土地管理，确保房地产业的土地供需平衡

(三)公开税费项目，规范税费征管行为

(四)加强城市配套建设，提高城镇居民收入，不断提高居民的居住水平

资料来源：百度文库.

思考：该报告是否符合市场调查报告的写作原则？

经过设计市场调查方案、选择市场调查方法和技术、设计抽样方案、带着问卷进行现场调查、对调查资料的初步整理以及预测分析，调查组得到了大量的数据和资料，市场调查与预测的工作也基本完成，最后一步便是撰写市场调查报告，将市场调查与预测过程中的工作内容、方法、获得的资料数据进行陈述，并为企业提出建议和意见，帮助企业决策。

市场调查报告的撰写和呈递是市场调查工作中的最后环节，是整个市场调查工作最终成果的集中表现，也是衡量整个市场调查质量和水平的重要标志，更是市场调查的实施人员将自己的成果向外界发布，与调查项目的委托者和使用者进行沟通的有效方式。对于企业来说，开展市场调查活动的目的就是把所获得的市场信息传递给决策者和领导者。因此，在进行了大量艰苦的市场调查研究之后，提交调查报告就成为整个调查过程中最重要的工作。

任务一 认识市场调查报告

一、市场调查报告的含义

市场调查报告是市场调查人员针对特定市场某一方面的问题进行深入细致的调查研究之后，通过一定形式表达市场调查结果的报告，是市场调查活动的最终成果。

调查报告可以是书面报告形式也可以是口头报告形式，或者是两种形式相结合。无论提交哪种形式的报告，其目的都是未来向报告的读者和听众介绍研究成果，实现双方之间的最佳沟通。但不同形式的报告在表达方式和技巧上有一定的差距，因此要根据报告的特点，针对性地掌握撰写技巧和要求，才能达到最佳的沟通效果。

二、市场调查报告的特点

(一) 针对性

针对性是指市场调查报告应该针对不同的调查目的和不同的阅读对象安排报告的内容和形式。市场调查报告是为满足企业营销决策对信息资料的需要，在营销调研的基础上形成的报告，无论是描述、评价还是意见和建议，都是为企业营销活动的开展而撰写的。而且每一份报告直接对应一项营销活动，如针对市场需求趋势分析、针对目标市场和细分市场、针对广告效果的收集、针对产品策略、价格策略的变化等，所以市场调查报告具有很强的针对性，对企业市场营销活动有十分重要的指导意义。

(二) 真实性

市场调查报告是在占有大量现实和历史资料的基础上，用叙述性的语言实事求是地反映某一客观事物。充分了解实情和全面掌握真实可靠的素材是写好调查报告的基础。

(三) 逻辑性

市场调查报告离不开确凿的事实，但又不是材料的机械堆砌，而是对核实无误的数据和事实进行严密的逻辑论证，探明事物发展变化的原因，预测事物发展变化的趋势，提示本质性和规律性的东西，得出科学的结论。

(四) 定量性

定量性是市场调查报告最显著的特点，企业营销变化的情况总是以一定的量表现出来，研究企业营销发展变化的动向、趋势、特点和规律，首先是从数量方面做起的。在企业市场调查中，对数据的收集、整理和分析占了很大比重，尽管也有很多对客观情况的反映和主观推理，但主要还是以一定的数量分析为基础，定量分析和定性分析相结合而进行的调查。因此，最终所形成的调查报告在很大程度上是用数据说话，具有明显的定量性，没有数据分析就不成为市场调查报告，也正因为如此，一份市场调查报告里一定会有统计数据的相关图表。

(五) 时效性

在当今高速发展的信息社会里，营销策略瞬息万变，市场机会稍纵即逝，企业决策者和营销策划人员都需要让自己的营销决策有前瞻性，想要掌握和驾驭市场的主动权就必须及时、准确地掌握市场信息。作为调查人员，必须及时将调查结果形成调查报告，迅速提供给决策者，以便管理者适时做出决策。时效性在很大程度上决定了市场调查报告的使用价值。

（六）科学性

市场调查报告的科学性主要体现在三个方面：第一，调查报告撰写的前提是对事实的客观反映；第二，调查报告的撰写是建立在运用科学分析方法，对数据、情况进行充分的定性、定量分析基础之上的；第三，调查报告的科学性还表现在它不但客观地反映客观事实，而且还对事实进行分析研究，揭示市场变化和企业经营活动的规律，这也是市场调查报告的科学价值所在。

三、市场调查报告的重要性

市场调查主体对调查活动最为关心的就是调查报告，调查主体提出进行市场调查活动的直接目的就是获得市场调查报告，所以，市场调查报告的重要性显而易见。

（一）市场调查报告能够反映市场调查活动质量

市场调查报告应对已完成的市场调查活动做出完整而准确的描述。这就决定了调查报告必须详细、完整地表达市场调查中的调查目标、调查方法、评价，以及以文字表格和形象化的方式展示的调查结果和建议等内容，对整个调查过程有总结性的作用。

（二）市场调查报告有助于企业经营决策

帮助企业进行经营决策是调查报告最主要的功能。市场调查报告是调查人员在对大量一手资料和二手资料进行定性、定量分析的基础上，从感性认识上升到理性认识所形成的结果，它的针对性强、简洁明了，是企业管理者科学决策的客观依据。

（三）市场调查报告有助于积累历史资料

市场调查报告作为企业营销调查结果，是经过审核、提炼、研究得出的综合材料，是对整个营销调查活动所了解内容的集中反映，是企业珍贵的历史资料。作为历史资料，它可能会被反复使用，从而实现其使用效果的扩大。

（四）市场调查报告有助于提高企业经营管理水平

一份好的市场调查报告能够使企业管理者清晰了解到企业在生产经营活动中存在的问题、策略实施的效果、行业的发展动态，以及市场需求变化趋势等，帮助企业管理者认识和掌握企业营销活动的规律，调整经营策略，不断提高生产经营管理水平。

任务二 撰写市场调查报告

一、市场调查报告的结构

调查报告的主要功能是把信息传递给决策者，市场调查报告的结构可以因项目和读者的不同而有所差异,在长期的商务实践中,逐渐形成了调查报告的常规结构。

1 标题页

1.1 调查报告的标题

1.2 调查报告的提交对象(调查项目的委托方)

1.3 调查报告的撰写者

1.4 发布日期

2 前言

3 目录

3.1 正文目录

3.2 图表目录

4 正文

4.1 调查研究的目的

4.2 市场调查背景资料介绍

4.3 市场调查过程以及调查方法的说明

4.4 调查结论

4.5 局限性

4.6 意见与建议

5 附录

(一)标题页

标题页是指调查报告的封面,内容包括调查报告的标题、调查报告提交对象、调查报告撰写者和发布日期。对于企业内部调研,报告的提交对象是企业高层领导,报告的撰写者通常是内设调查机构。对于社会调查服务,报告的提交对象是调查项目的委托方,报告的撰写者是提供调查服务的专业调查咨询机构。

调查报告的标题主要有两种形式:一种叫作公文式标题,由时间、调查对象和内容、文种名称组成,例如《关于 2017 年重庆市服装销售情况的调查报告》《2017 年北京市居民对空调需求量的调查报告》。值得注意的是,实践中常将市场调查报告简化为"调查"也是可以的。另一种叫作文章式标题,即用概括的语言形式直接交待调查的内容或主题,例如《全省城镇居民潜在购买力动向》。实践中,这种类型的市场调查报告标题多采用双题(正副题)的结构形式,更具有吸引力,例如《竞争在今天,希望在明天——全国洗衣机用户问卷调查分析报告》《市场在哪里——北京地区三峰轻型客车用户调查》等。

(二)前言

前言是市场调查报告正文的前置部分,要写得简明扼要、精练概括。一般应交待调查的目的、时间、地点、对象与范围、方法等与调查者自身相关的情况,也可概括市场调查报告的基本观点或结论,以便使读者对全文内容、意义等有初步了解,然后用一个过渡句承上启下,引出主体部分。例如一篇题为《关于全市 2017 年电暖器市场的调查》的市场调查报告，其引言部分撰写如下：

××市北方调查策划事务所受××委托，于2017年3—4月在国内部分省市进行了一次电暖器市场调查。现将调查研究情况汇报如下。

用简要文字交代了调查的主体身份，调查的时间、对象和范围等要素，并用一个过渡句开启下文，写得合乎规范。前言部分的文字务求精要，切忌冗长。视具体情况，有时亦可省略这一部分，以使行文更趋简洁。

（三）目录

调查报告因为篇幅比较长，所以通常都应该编写目录，以便读者能够快速查阅特定内容。目录分为正文目录和图表目录。正文目录包含报告所分章节以及相应的起始页码，通常只包括两个级别的标题，较短的报告也可以只包括一个级别的标题。

如果调查报告中含有大量的图和表，那么需要在目录中包含一个图表目录，可以帮助读者很快找到信息。因此，在图表目录中列出每一个图表的名称，并按在报告中出现的先后次序排列。

（四）正文

正文是调查报告的主要部分，必须包括调查研究的全部事实，从研究的开始直到结论的形成及其论证都要包含进去，同时也要包括全部资料，供决策人从调查结果中得出结论。

正文的具体构成一般应该包括以下主要内容。

▶ **1. 市场调查的背景**

对于有关市场方面的调查报告，其背景材料应该包括能影响企业销售前景的经济和社会的一般情况，如地理环境、气候条件、经济趋势、政治动向、文化环境、法律政策等，也包括市场规模、市场发展前景对产品销售潜力的影响，以及现有竞争者和他们在市场上的占有率、潜在顾客的消费习惯等。

▶ **2. 调查目的**

这部分要求简要概述本次调查的目的，紧扣调查中心，使有关人员对调查内容获得总体认识，或者提出人们所关注的通过调查认为需要迫切解决的问题，以引人注目。

▶ **3. 市场调查组织说明**

在报告正文中，应简要介绍调查过程中选用了哪些调查方法以及选择这些方法的原因，以说明调查报告的内容和结果的可信程度。例如，调查样本的抽选方法及结构，调查问卷的发放方式及回收率，各种访问方式的选择及走访的人数，方案调查资料的来源，对调查资料进行加工、整理、分析的方法等。总体来说，要阐明以下五个方面的内容。

（1）调查类型，说明所开展的项目属于探索性调研、描述性调研还是因果性调研，以及为什么使用这一特定类型的调研。

（2）资料收集方法，说明所采用的资料是一手资料还是二手资料，结果的取得是通过访问法、观察法还是实验法。

（3）抽样方法，说明目标总体是什么，抽样框是如何确定的，样本单位是什么，抽样数目是多少，选择的抽样方法及具体的抽样步骤。

（4）实地调查的组织实施，说明调查队伍的组织结构、调查任务的分工、调查监督的管理办法，这一部分对于最终结果的准确程度十分重要。

（5）预测分析方法，说明在预测阶段所使用的预测分析方法，具体到采取了哪一种定量分析方法和定性分析方法。

▶ 4. 市场调查的结果

结果在正文中占有较大篇幅，这部分应按问卷中的问题顺序，展现调查资料所显示的调查结果。可以采用在资料整理和分析过程中制作好的频数分布表和统计图，使调查结果更加形象化。

▶ 5. 局限性

分析调查报告的局限性是为正确评价调查成果提供依据，任何调查都不是完美无缺的，作为接受委托的调查项目，分析调查过程中可能存在的缺点、不足或不完善之处，有助于提高调查报告的信服力，同时体现科学的研究态度。

▶ 6. 意见和建议

调查人员应在调查结果分析的基础之上，进一步提出建议，具体说明调查的结果对公司的意义及以后经营中的对策建议。调查人员可以采取列举的方式说明目前公司可以采取哪些措施以及所需要的费用和将会得到的结果，必要时，调查人员还可以对怎样选择最佳方案提出建议。

总之，正文是调查报告的主体，这部分要写得具体深刻、层次分明、详略得当、逻辑严明、层层深入。通常采用的写作方式有：①按调查顺序，将调查的问题逐个阐述清楚，按照事物发生、发展、变化的过程撰写，如事物发生的时间、地点、原因、产生的作用和经验教训等，使之先后有序、条理清楚；②把两种事物加以对比来写，每个部分加上小标题，使之脉络清楚。总之，在写这部分内容时应注意使用的调查材料一定要经过分析研究，集中概括，不能简单地堆砌，要有理有据，逻辑性强。

（五）附录

市场调查往往要进行大量的数据调查和整理，支撑论点的资料和文件一定很多，但是这些技术性太强或太详细的材料不宜出现在正文部分，而应编入附录，以便阅读者在必要的时候查阅。附录是与市场调查报告内容有关的各种必要的参考资料，或者说它是调查报告论证、说明、分析的基本依据。每份附录都应有相应的编号，以便翻阅和查找。市场调查报告的附录部分一般包含以下内容：

（1）在报告正文中提及的各种统计表和统计图；

（2）调查对象的单位和个人名单与地址一览表；

（3）实地调查所回收的所有原始问卷；

（4）抽样调查的详细抽样步骤及资料；

（5）人员走访的谈话记录；

（6）编码表；

（7）调查期间获得并存档的统计图表及其他文件记录。

二、市场调查报告的写作技巧

市场调查报告撰写的重点是怎样设计正文的内容，即如何设计并安排调查报告的整体内容。撰写调查报告应掌握以下几个技巧。

（一）基本要求

▶ 1. 结构合理

市场调查报告是根据调查目的和调查主题的要求对大量市场信息情报资料进行收集、整理、分析的结果，因此，市场调查报告首先要根据调查主题的要求，来安排报告的写作结构，要选择简明、严谨又有逻辑性的文体结构去集中反映有关的文案调查和实地调查的全部成果。一份良好的市场调研报告应该主题鲜明、结构清晰，能够给报告阅读者一个清楚的轮廓。

▶ 2. 重点突出

在对市场调查主题的论述与说明过程中，问题的叙述要分轻重缓急，详略得当，对重要的问题要重点说明，在报告中可占有较大的篇幅和位置，也可以利用各种不同类型的图表来具体或突出说明报告中的重要部分，次要的问题可以一带而过，不必占用过多篇幅。

▶ 3. 选材适当

市场调查阶段的资料为市场调查报告的编写提供了丰富的论证依据。调查报告撰写人在选用时应注意材料的内容与调查报告论述的内容切实相符，并力求材料准确无误，对那些关系不大的资料应毫不犹豫地进行割舍。

▶ 4. 文字流畅

报告的行文要求自然、流畅、富有说服力。因为报告经常会提供给并不十分专业的人员参阅，如提供给具有一定决策权的某些政府部门的领导等，所以报告内容应尽量选择常用的和易懂的词句，避免使用晦涩、冷僻的字和词，一些专业技术性较强的术语也尽量少用。

（二）撰写要求

市场调查报告的撰写要按照市场调查的过程来开展，遵循市场调查活动的具体组织过程来撰写，前面一系列工作的完成将为调查报告的撰写提供丰富的资料。从一定程度上来说，市场调查报告是对调查工作及调查结果的整理分析，最具创新创造性的部分就是建议和意见的提出部分。所以，报告的撰写是对前序工作的总结，也是根据前序工作进行的分析和预测，需要以一个清晰的思路去对待和撰写。

撰写市场调查报告要注意条理性，注意突出重点，避免平铺直叙。报告初稿形成后要认真审查，仔细进行修改，使报告更加完整和丰满。

（三）明确调查报告的阅读者

由于不同的阅读者掌握的信息不同，需要做出决策的性质不同，从而决定了他们需要了解的信息也不同。同时，不同的阅读者素质决定了他们在兴趣上的差别，同样一份调查报告，提供给决策者和专家，所着重的信息是不同的。提供给决策者作为决策的依据，则可以着重描写"是什么""为什么会这样""如果……将会怎样"，以便他们尽快了解情况与原因，采纳自己的建议；提供给专家评审的调查报告，由于专家对于事实情况、引发的原因都十分清楚，他们关心的是报告中的结论是通过什么方法分析后得出的。

（四）图文并茂

调查报告的撰写要充分利用各类图表，图表不仅可以向阅读者提供一个简明、系统的资料，而且可以帮助阅读者进行直观的对比和分析，了解调查工作的成果。与使用文字相比，使用图表说明市场现象、某种数量关系及其变化趋势等问题能收到更为明显的效果。

在使用图表时应注意以下问题。

▶ 1. 图表简明

图表中所包括的内容不能过于烦琐，因为使用图表的目的在于使各种有关的数字资料能够得到简单、系统的说明。

▶ 2. 科学准确

图表反映的内容或结构设计必须明白易懂、一目了然，同时也可以适当地附加脚注，尽量避免发生误解。准确标明图表中有关栏目的名称和使用的计量单位，还应该注明资料的来源。

▶ 3. 方便阅读分析

图表所载录的资料必须按一定的顺序排列，或按高低次序，或按数值大小次序，或按地区等。图表所列的资料应尽量完整和准确，一般在使用百分比或者指数时，最好同时给出绝对数值资料，以便读者独立思考和正确分析。同时，为了方便阅读，要尽量使用整数。

三、撰写市场调查报告的注意事项

▶ 1. 实事求是

市场调查研究为了揭示事情的真相，在研究过程中要求实事求是地按照严格的程序进行科学的研究，最大限度地克服个人偏见和主观影响。因此，作为市场调查研究结果的调查报告也必须真实、准确，要以实事求是的科学态度，准确而全面地总结和反映调查结果。这就要求市场调查报告所使用的信息资料必须符合客观实际，不能有任何虚假的内容。同时，要注意信息资料的全面性，避免因结论和建议的片面性对决策者造成误导。

▶ 2. 重点突出

市场调查研究报告的内容编排应该密切结合调查主题，重点突出调查目标的完成和实现情况。一份高质量的调查报告既要具备全面性和系统性，又要具备针对性和实用性。因此，在编写调查报告时必须对信息资料进行严格分类和筛选，删除一些无关资料。

▶ 3. 篇幅适当

调查报告的价值需要以质量和有效性度量，而非篇幅的长短。因此，在撰写调查报告时，应根据调查目标和调查报告内容的需要确定篇幅的长短。市场调查阶段积累的大量信息资料非常珍贵，但是全部纳入调查报告中必然会使报告过于冗长，因此，调查报告篇幅的长短、内容的取舍、详略都应该根据具体需要来确定。

▶ 4. 注意保密

市场调查报告的保密是指防止企业商业秘密和被调查者个别资料泄漏的一种管理。调查者不得损害企业和被调查者的利益和合法权益。

任务三　市场调查口头报告

一、市场调查口头报告的意义

书面报告仅仅是提交市场调查结果的方式之一，口头报告是另外一种提交市场调查报告的方式，强调口头的解说、互动和沟通，使调查报告的内容在短时间内，详略适当地展现给委托方。

经验表明，口头报告不仅能补充和支持书面报告，同时还具有书面报告没有的功能。例如，允许听众提问，并可逐条回答；可以强调报告中最重要的内容，而人们在阅读时可能对此未引起注意。

由于已经有了市场调查书面报告，且需要介绍的内容涉及面较广，又要能够清晰回答可能出现的提问，所以口头报告对汇报者提出了很高的要求。只有明确口头报告的目标，认真策划，才能取得较好的效果。

二、市场调查口头报告的特点

（1）市场调查口头报告能用较短的时间说明需要研究的问题。

（2）市场调查口头报告生动、具有感染力。

（3）市场调查口头报告的互动性强，能与听众进行现场交流，便于增强双方的沟通。

（4）市场调查口头报告具有一定的灵活性，一般可根据具体情况对报告内容和时间做出必要的调整。

三、市场调查口头报告的实施要点

（一）市场调查口头报告的主要内容

▶ 1. 开场白

开场白就是对调查研究的主题、调查目标做简要概述，作为报告的开头，这部分要简洁，而且要直接触及关键问题，以引起听众的兴趣和注意。

▶ 2. 调查研究发现和结果

与书面报告一样，这部分是整个报告的重心，为了加深听众对调查研究结果的印象，可采用先提出结论后展示调查研究事实的介绍方式。这部分是展现调查过程的部分,最好以清晰的表达方式,将市场调查的组织过程和调查结果展示出来。

▶ 3. 建议

建议部分是市场调查报告中最闪亮的部分,也是最能说明市场调查的作用和质量的内容,需要以清晰的逻辑、合理的表达顺序、重点突出地加以介绍。有感染力的表达更具有说服力。

(二)市场调查口头报告的准备工作

▶ 1. 了解汇报对象

了解听众的特点,根据其身份地位、文化层次和目标要求确定口头报告的篇幅、重点和形式,市场调查者必须根据听众的性质来决定应该传递什么信息。企业高级主管往往对市场的未来走向及相应的对策感兴趣,而对市场调查活动中发现的那些细节资料则不以为然,他们较关心报告的结论和建议部分;中层管理人员对市场调查的每个环节都较熟悉,因此详细的报告对他们而言就很重要;如果报告的听众都是市场调查人员的话,那么他们可能更热衷于调查所运用的方法。

听众的人数往往影响口头报告的形式。如果听众较少(如 10 人以内),采用座谈形式效果较好,这样便于交流更多的信息,沟通也显得较为亲近。必要时,报告人员也可随时给予解答。如果听众人数较多,则需要足够大的房间,并采用必要的设备和装置,这种报告形式显得较为正规、严肃,以单向信息传递为主。当然,如有必要,报告人员可在结束报告之前留出一段时间用于答疑。

值得注意的是,报告人员事先一定要了解听众对报告的了解程度,听众是否已经看过书面报告,这对口头报告的策划是至关重要的。

▶ 2. 选择优秀的口头报告人员

1)报告人员的素质要求

报告人员的素质直接影响口头报告的效果,一位吐字不清或带浓重方言口音的报告人员,无论其做多大的事前努力,其报告效果是可想而知的;相反,一位训练有素、颇具演说家风度的报告人员,往往可以深深地吸引听众的注意力,使报告获得完美的效果。由此可见,对报告人员的选择和训练对于口头报告是非常重要的。

2)报告人员的选择

报告人员一般应从参与此项调查的人员中选择,一方面,他对市场调查过程较为熟悉,便于临场发挥;另一方面,可以提高报告的可信度。除了某些大型的市场调查报告会需要数位报告人员外,大多数的市场调查项目只需要一位报告人员进行口头报告就够了。而参与某项市场调查的调查者至少是一个小组,因此按照一定的标准选择适当的报告人员还是有余地的。

3)报告人员的训练

选定了报告人员,就要对其进行训练。训练可以在现场或模拟现场进行,这有助于报告人员熟悉环境。训练时最好找些模拟听众,让他们提出某些不足以便修正。通过训练可以增强报告人员的自信心，同时也可以掌握报告所需的时间，检验辅助器材的性能及相关资料是否齐全。

在进行正式口头报告时，报告人员最好以自由的风格来表达有关信息，切莫照本宣科。虽然脱稿讲解有时会语句重复，显得不够通顺，但是这样做能使表情更自然、表达更生动。当然，为了不至于忘记报告内容及前后顺序，报告人员可在小卡片上列出提纲，以便在必要时进行查询。需要提醒的是，报告人员的讲解语气一定要坚定，论点表达一定要肯定，切勿模棱两可，这有助于提高报告的可信度。

▶ 3. 辅助器材的准备

在口头报告时，许多报告人员都喜欢借助某些辅助器材来说明问题。辅助器材可使报告内容表达更直观、更简洁，有助于听众理解和记忆，同时也可以提高听众的兴趣。在听众较多、形式更正规的场合中，更有必要借助辅助器材来提高报告效果。

辅助器材中，比较常用的是各种视听器材，例如，投影仪可以帮助展示各种图表、主要内容以及复杂的图片，以此提高听众兴趣，增强理解水平；录放设备可以提供真实、生动的背景资料，加深听众的印象。因此，恰当利用视听器材，能够收到事半功倍的效果，但在具体使用视听器材时，要注意以下事项：

（1）一张幻灯片、投影片或图片最好只反映一个内容；

（2）视听器材主要用来反映重点内容，吸引人们关注主要成果；

（3）采用视听器材，要事先做好准备和调试。

任务四　市场调查结果的后续跟进

市场调查报告是调查方提交给委托方的调查结果和意见建议，帮助委托方明确市场情况，调整市场营销策略。提交调查报告后，市场调查工作还没有结束，需要继续跟踪调查建议是否被重视和采纳、采纳的程度和采纳后的实际效果，以及调查结论与市场发展是否一致，从而发现调查和预测过程中的不足，积累调查经验和分析经验，提高调查工作质量。

案例分析

为了解我市旅游市场的消费行为和需求状况，我们对泉州市旅游消费市场进行了调查。

调查发现，在休假时人们最喜欢的活动是外出旅游，占被调查者的23.4%，其他依次为看书看报、看电视、串门聊天和娱乐健身、业余学习、逛街购物、打牌玩麻将和其他，分别占19.8%、16.7%、9.5%、8.6%、4.2%、2.7%和5.5%。这说明，外出旅游已经逐渐成为人们假期休闲的主流。

调查显示，一年出游4次及以上的被调查者占5%，出游3次的占9%，出游2次的占 38.7%，出游 1 次的占 34.1%，基本不出游的占 13.1%。从以上数据可以看出，一年内出游多次的人数比例略高于基本不出游的人数比例。由此可见，旅游市场存在巨大的消费能力和潜力。

旅游花费的多少是人们生活水平高低的标志之一。在所有调查对象中，年旅游花费在 500 元以下的占 19.8%；500～1 000 元的占 25.2%；1 000～2 000 元的占 24.6%；2 000～4 000 元的占 23%；4 000～7 000 元的占 5%；7 000 元以上的占 2.3%。被调查者月收入在 1 000 元以下的占 35.6%；1 000～1 500 元占 41.3%；1 500～2 000 元占 14.9%；2 000～3 000 元占 5.9%；3 000～4 000 元占 1.8%；4 000 元以上的占 0.5%。这些数据反映了不同阶层居民的旅游消费水平。

在出游时间上，调查显示：12.2% 的人选择周末；17.6% 的人选择暑假；2.7% 的人选择元旦；13% 的人选择春节；选择五一和国庆节的人分别占 18.9% 和 19.4%；其他占 16.2%。粗略来看，人们对出游时间的选择比较理性，有利于避免节假日旅游过于拥挤的现象。调查比例也符合不同时间段的出游特点：周末和元旦由于时间短，比较适合各种短途旅行；春节、五一和国庆节时间较长且人们的假期统一，适合团体出游和长途旅行；暑假则多为学生和教师出游。基于此，各旅游景点如能按不同假期细分不同的目标市场，并针对具体目标市场制定相应的促销活动，定能把握极好的商机。

对人们出游逗留时间的调查显示：28.8% 的人是 1～3 天；36.9% 的人是 3～7 天；10.4% 的人是 7～15 天；15 天以上的仅占 2.7%；而 21.2% 的人选择了依假期来定。可见，目前的假期制度对大多数人的出游时间长短还是有一定影响的。

有关旅游主要方式的调查发现：42.8% 与友人结伴同游；22.1% 与家人同游；16.7% 参加旅行团；10.4% 由单位组织；6.8% 独自出游；1.2% 的人选择其他方式。目前，我国的旅游市场呈现团体旅游者逐渐下降、散客旅游者不断上升的趋势，旅行社可以根据此项数据所反映出的消费者需求，推出各种更受欢迎的旅游线路，或者尽量为消费者提供"超级市场式"的自选旅游项目，使他们有充分的挑选空间。

调查显示，人们近期将选择的旅游形式中，排在前两位的是个性化旅游和一人或几人的自助式旅游，分别占 42.8% 和 39.3%，其后依次为：度假式旅游占 23.9%；两人式蜜月游占 14.4%；探险式旅游占 6.8%；其他方式占 12.2%。

人们出门旅游的目的调查显示：放松自己，释放工作压力和增长见识分别占 42.3% 和 33.3%；与家人、朋友度假、度蜜月、游玩占 14%；探险、挑战自己占 3.6%；艺术采风、摄影创作占 2.3%；购物、品尝美食占 1.8%；开会出差顺便一游占 0.5%；其他占 2.2%。

思考：根据上述材料，按市场调查报告的写作要求，写出市场调查报告的框架及简要内容。

课后实训

教师进行实训指导，包括对调查报告撰写的说明、调查报告撰写的步骤、调查报告撰写的技巧和格式进行介绍。

学生根据案例分析中的旅游消费市场情况独立完成报告的撰写、组织学生口头汇报。

根据书面报告质量和口头汇报情况做出成绩评定。

参 考 文 献

[1] 陈凯. 市场调研与分析[M]. 北京：中国人民大学出版社，2016.

[2] 吕筱萍. 市场调研与预测[M]. 北京：科学出版社，2016.

[3] 王庆丰，张中英，凌利. 市场研究与预测[M]. 北京：清华大学出版社，2017.

[4] 马连福. 现代市场调查与预测[M]. 北京：首都经济贸易大学出版社，2016.

[5] 卫海英，陈凯，王瑞. 市场调研[M]. 北京：高等教育出版社，2016.

[5] 林红菱. 市场调查与预测[M]. 2版. 北京：机械工业出版社，2016.

[7] 党耀国，王正新，钱吴永，等. 灰色预测技术方法[M]. 北京：科学出版社，2016.

[8] 李红梅. 市场调研理论与实务[M]. 北京：人民邮电出版社，2015.

[9] 殷智红. 市场调研实务[M]. 北京：北京大学出版社，2016.

[10] 丰晓芳，涂志军，郭学慧. 市场调查与预测[M]. 广州：华南理工大学出版社，2016.

[11] 冯利英. 市场调查理论、分析方法与实践案例[M]. 北京：经济管理出版社，2017.

[12] 李昕. SPSS 22.0统计分析从入门到精通[M]. 北京：电子工业出版社，2015.

[13] 李桂华. 市场调研[M]. 天津：南开大学出版社，2016.

[14] 薛薇. 统计分析与SPSS的应用[M]. 北京：中国人民大学出版社，2014.

[15] 陈启杰. 市场调研与预测[M]. 4版. 上海：上海财经大学出版社，2014.

[16] 蒋萍. 市场调查[M]. 2版. 上海：格致出版社，2013.

[17] 马瑞学，黄建波. 市场调查[M]. 北京：中国财政经济出版社，2015.

[18] 宋专茂. 市场调研与分析[M]. 北京：中央广播电视大学出版社，2014.

[19] 简明. 市场研究定量分析[M]. 北京：中国人民大学出版社，2015.

[20] 马瑞学，黄建波. 市场调查[M]. 北京：中国财政经济出版社，2015.

[21] 孙山泽. 抽样调查[M]. 北京：北京大学出版社，2014.

[22] 李世杰，于飞. 市场调查与预测[M]. 2版. 北京：清华大学出版社，2014.

[23] 刘思峰. 预测方法与技术[M]. 北京：高等教育出版社，2015.

[24] 欧阳卓飞. 市场营销调研[M]. 2版. 北京：清华大学出版社，2013.

[25] 张梦霞. 市场调研方法与应用[M]. 2版. 北京：经济管理出版社，2014.

[26] 江晓东. 市场调研实验的SPSS操作教程[M]. 上海：上海财经大学出版社，2014.

[27] 庄贵军. 市场调查与预测[M]. 2版. 北京：北京大学出版社，2014.

[28] 简明. 市场调查方法与技术[M]. 3版. 北京：中国人民大学出版社，2012.

[29] 冯士雍，倪加勋，邹国华. 抽样调查理论与方法[M]. 北京：中国统计出版社，2012.

[30] 胡介埙，周国红，周丽梅. 市场营销调研[M]. 大连：东北财经大学出版社，2011.

［31］宋剑涛. 市场调查与预测［M］. 成都：西南财经大学出版社，2011.

［32］熊衍红. 市场调查与预测［M］. 北京：北京大学出版社，2011.

［33］屈援. 市场研究［M］. 北京：人民邮电出版社，2013.

［34］叶伟. 市场调查与预测［M］. 北京：北京理工大学出版社，2011.

［35］魏炳麟. 市场调查与预测［M］. 大连：东北财经大学出版社，2010.

［36］刘思峰，杨英杰，吴利丰. 灰色系统理论及其应用［M］. 7 版. 北京：科学出版社，2014.

［37］汤俊. 市场调查与分析［M］. 广州：暨南大学出版社，2010.

［38］景奉杰，曾伏娥. 市场营销调研［M］. 北京：高等教育出版社，2010.

［39］党耀国. 灰色预测与决策模型研究［M］. 北京：科学出版社，2009.

［40］A. 帕拉苏拉曼. 市场调研［M］. 2 版. 北京：中国市场出版社，2011.

［41］小卡尔·麦克丹尼尔等. 当代市场调研［M］. 北京：机械工业出版社，2012.

［42］纳雷希·K. 马尔霍特拉. 市场营销研究：应用导向［M］. 北京：电子工业出版社，2010.

［43］胡祖光，王俊豪，吕筱萍. 市场调研与预测［M］. 北京：中国发展出版社，2006.

［44］刘德寰. 市场研究与应用［M］. 北京：北京大学出版社，2006.

［45］宁宣熙，刘思峰. 管理预测与决策方法［M］. 北京：科学出版社，2009.

［46］刘红霞. 市场调查与预测［M］. 北京：科学出版社，2007.

市场营销学（第六版）

本书特色

"互联网＋"教材，本科适用，篇幅合理，结构新颖，名师佳作，广受好评。

教辅材料

教学大纲、课件

书号：9787302489832
作者：吴健安 钟育赣 胡其辉
定价：49.00 元
出版日期：2018.1

任课教师免费申请

市场营销学（应用型本科版）

本书特色

应用型本科和高职适用，篇幅合理，结构新颖，名师佳作，广受好评。

教辅材料

教学大纲、课件

书号：9787302407010
作者：吴健安 钟育赣 胡其辉
定价：35.00 元
出版日期：2015.9

任课教师免费申请

市场营销原理（第 15 版）（中文版）

本书特色

营销大师菲利普·科特勒的经典教材，课件齐全，译文流畅。

教辅材料

课件

书号：9787302520719
作者：[美] 菲利普·科特勒 加里·阿姆斯特朗 著，郭国庆 译
定价：75.00 元
出版日期：2019.4

任课教师免费申请

市场营销原理（第 17 版）（英文版）

本书特色

"互联网＋"教材、营销大师菲利普·科特勒的经典教材。英文影印，原汁原味，课件齐全。

教辅材料

教师手册、课件、试题库

书号：9787302576211
作者：[美] 菲利普·科特勒 加里·阿姆斯特朗
定价：89.00 元
出版日期：2021.5

任课教师免费申请

市场营销－大数据背景下的营销决策与管理（第二版）

本书特色

新形态教材，全新改版，实践性强，内容丰富，案例新颖，篇幅适中，结构合理，课件完备，便于教学。

教辅材料

教学大纲、课件

获奖信息

北京市优质本科教材课件

书号：9787302541387
作者：孔锐 高孝伟 韩丽红 陈黎琴 冯天天
定价：55.00 元
出版日期：2020.1

任课教师免费申请

市场营销学

本书特色

新形态教材，实践性强，体系完善，配套中英文 PPT、习题集、讲义，案例教学，配有慕课。

教辅材料

教学大纲、课件

获奖信息

2020 年江苏省高等学校重点教材立项建设项目、国家自然科学基金重点项目资金资助。

书号：9787302557647
作者：滕乐法 李峰 吴媛媛 马振峰
定价：59.80 元
出版日期：2020.9

任课教师免费申请

· 市场营销 ·

营销管理（精要版·第 6 版）

本书特色
营销大师菲利普·科特勒的经典教材《营销管理》的浓缩精华版，由著名营销学者王永贵教授主持翻译。

教辅材料
教学大纲、课件

书号：9787302454793
作者：菲利普·科特勒 等 著，王永贵 华迎 译
定价：45.00 元
出版日期：2017.1

任课教师免费申请

全球化商业环境下的营销管理（双语版）

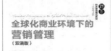

本书特色
营销管理双语版畅销教材，中英对照，案例配套资源丰富。

教辅材料
课件

书号：9787302476672
作者：李慧 李敬强 王克稳 李辉
定价：49.00 元
出版日期：2017.8

任课教师免费申请

高级品牌管理（第二版）

本书特色
名师佳作，新形态经典教材、全新改版，案例丰富，课件齐全。

教辅材料
教学大纲、课件、模拟试卷、案例分析思路

书号：9787302570363
作者：王海忠
定价：118.00 元
出版日期：2020.12

任课教师免费申请

品牌管理（第二版）

本书特色
畅销教材，全新改版，结构合理，案例丰富，课件齐全，新形态＋课程思政特色。

教辅材料
教学大纲、课件、模拟试卷、案例分析思路

书号：9787302570356
作者：王海忠
定价：69.00 元
出版日期：2020.12

任课教师免费申请

营销策划——方法、实务与技能

本书特色
作者充分运用在长期营销策划教学及管理咨询实践中取得的一手教学素材及企业案例，有机融合多年来在市场营销领域取得的相关科研成果，教材内容更具前瞻性、科学性、系统性和实用性。全书深入浅出、案例丰富、贴近实际，研究指导性强。

教辅材料
课件

书号：9787302537465
作者：姜岩
定价：52.00 元
出版日期：2020.7

任课教师免费申请

广告理论与实务

本书特色
应用型本科教材，案例新颖，教辅资源丰富，课件齐全。

教辅材料
课件

书号：9787302522836
作者：曾凡海
定价：59.00 元
出版日期：2020.4

任课教师免费申请

市场调查与预测（第2版）

本书特色

强化应用性和技能训练，突出案例教学。

教辅材料

课件

书号：9787302572497
作者：王秀娥 夏冬
定价：49.80 元
出版日期：2021.1

任课教师免费申请

营销渠道管理（第二版）

本书特色

名师佳作，畅销多年，中国高等院校市场学研究会指定教材，新形态教材，课程思政特色，教辅齐全。

教辅材料

教学大纲、习题答案、PPT

书号：9787302555933
作者：张闯
定价：42.00 元
出版日期：2020.8

任课教师免费申请

推销与谈判技巧

本书特色

30 年教学经验，应用型本科，案例丰富新颖，习题充足，教辅资源丰富。

教辅材料

教学大纲、课件

书号：9787302522881
作者：黄聚河
定价：39.80 元
出版日期：2020.6

任课教师免费申请

客户关系管理（第2版）

本书特色

在理论与实践结合的基础上，介绍了客户关系管理信息概念，描述了顾客知识管理，探讨了客户知识管理的不同方法和工具，以及客户关系管理的发展趋势。

教辅材料

课件、习题、大纲

获奖信息

"十一五"普通高等教育本科国家级规划教材

书号：9787302561880
作者：王永贵 马双
定价：59.00 元
出版日期：2021.1

任课教师免费申请

客户关系管理

本书特色

"互联网＋"教材，中央财经大学老师编著，篇幅适中，便于教学。

教辅材料

教学大纲、习题答案、课件

书号：9787302570370
作者：苗月新
定价：39.00 元
出版日期：2021.1

任课教师免费申请

国际市场营销学（第四版）

本书特色

国家级规划教材，全新改版，结构合理，案例丰富，课件齐全，新形态＋课程思政特色。

教辅材料

教学大纲、课件、习题答案、案例分析思路

获奖信息

"十二五"普通高等教育本科国家级规划教材

书号：9787302571032
作者：闫国庆
定价：69.00 元
出版日期：2021.2

任课教师免费申请

公共关系实务（第14版）

本书特色

具有极强的实践性，教辅资源丰富，并配有英文影印版。

教辅材料

中英文课件、教师手册、习题库

书号：9787302553038
作者：[美] 弗雷泽·P. 西泰尔著，张晓云译
定价：65.00 元
出版日期：2020.6

任课教师免费申请

体育市场营销

本书特色

将营销理论与体育产业实践紧密结合，案例丰富，以体育产业案例为主，与国际接轨，提供课件。

教辅材料

课件

书号：9787302489573
作者：吴盼 [英] 保罗·布莱基
定价：39.00 元
出版日期：2020.7

任课教师免费申请

金融营销学

本书特色

新形态教材，应用性强，篇幅适中，结构合理，课件完备，便于教学。

教辅材料

教学大纲、课件

书号：9787302550440
作者：刘磊
定价：39.00 元
出版日期：2020.4

任课教师免费申请

全球营销（第3版）

本书特色

"互联网+"教材、经典教材，名师佳作，多次印刷，适合高校及企业学习。

教辅材料

教学大纲、课件、习题答案、试题库、模拟试卷、案例解析

书号：9787302465706
作者：KATE GILLESPIE 著，叶文锦 译
定价：68.00 元
出版日期：2018.1

任课教师免费申请

营销管理

本书特色

"互联网+"教材，内容全面、结构合理、教辅丰富、方便教学。

教辅材料

教学大纲、课件、习题答案、试题库、案例解析、其他素材

书号：9787302562832
作者：李桂华 卢宏亮
定价：59.80 元
出版日期：2020.10

任课教师免费申请

市场营销学

本书特色

"互联网+"教材、江苏省精品课程，视频、习题、案例等教辅资源丰富。

教辅材料

教学大纲、课件、习题答案、试题库、模拟试卷、案例解析

书号：9787302549413
作者：焦胜利 朱李明 刘宇伟 等
定价：59.80 元
出版日期：2021.2

任课教师免费申请

数据库营销 - 顾客分析与管理

本书特色

"互联网 +"教材、全球最经典的数据库营销教材，案例丰富，实践性强，便于教学。

教辅材料

教学大纲、课件、习题答案、试题库、模拟试卷、案例解析

书号：9787302513704
作者：[美] 罗伯特·C.布来伯格 等 著 李季等 译
定价：98.00 元
出版日期：2018.10

任课教师免费申请